« RÉPONSES »

Collection créée par Joëlle de Gravelaine,
dirigée par Sylvie Angel et Abel Gerschenfeld

DU MÊME AUTEUR

chez le même éditeur

Votre esprit est votre meilleur médecin, 1999

LILIANE REUTER

L'ALCHIMIE DU CHEMIN PERSONNEL

Vivre est un art
que nous avons le devoir d'apprendre

ROBERT LAFFONT

ISBN 2-221-09621-5

Ce livre est dédié à la mémoire
de Francisco Varela
et de Pascal Boury
qui viennent de quitter cette réalité physique ;
que leur lumière reste éternelle.

Introduction

Tout est bien... tout. L'homme est malheureux, parce qu'il ne sait pas qu'il est heureux. Uniquement à cause de cela. Ceci est tout, tout.

Celui qui reconnaît ceci va être heureux, immédiatement, à l'instant même...

Dostoïevski, Les Démons

Suis-moi et apprends quel est le chemin
Car c'est par l'erreur que tu trouveras la voie droite
Et par la question l'accès à la réponse.

Rûmi

Prologue

Chaque matin, je me réveille, heureuse de me savoir engagée sur ce chemin que je sais être le mien et que je découvre à chaque instant. Se laisser porter par la vie, ressentir son flux naturel. Que nous nous refusions cette présence, écrasés par un effort d'adaptation trop important, et nous nous éloignons de nous-mêmes, de notre être authentique, de nos ressources profondes. Pour être vivant, il faut prendre soin de ce potentiel personnel, en dépit des obstacles qui se dressent chaque jour sur notre voie.

Je suis médecin de famille. Après plus d'une décennie de pratique parisienne, j'exerce depuis quelques années maintenant au Luxembourg, mon pays natal. J'ai en effet ressenti le besoin d'un autre mode de vie et, comme l'a joliment exprimé une de mes amies : « Tu t'es retirée du monde pour laisser venir l'univers à toi. » C'est vrai : j'ai eu envie de vivre plus près de la nature et de me laisser surprendre par le plaisir de voir mes rosiers pousser. L'énergie des grandes agglomérations, essentiellement humaine, n'a plus d'effet sur moi, et c'est dans un petit village que j'ai trouvé la qualité de recentrage à laquelle j'aspire. Je vis au rythme des saisons et ressens tout naturellement que mon corps et mon esprit traversent leurs propres saisons : c'est le mouvement de la vie qui m'accompagne à chaque instant, et en conscience.

J'écris après le 11 septembre 2001, et la guerre d'Irak vient de commencer. L'effondrement des deux tours a plongé le monde dans un état de choc ; un véritable raz de marée nous a submergés sans pitié ni exception. Après l'incroyable douleur des premières semaines, la reconstruction a suivi le déblayage. Reconstruction physique, mais reconstruction humaine aussi, par la création de réseaux de solidarité, de systèmes d'entraide par la parole adressée à celui que l'on ne connaît pas pour lui demander : « Comment vas-tu ? Puis-je faire quelque chose pour toi ? » J'ai en mémoire l'image du funambule Philippe Petit qui, il y a quelques années, avait tiré sa révérence, perché en haut entre les deux tours. Plus tard, lorsque je me suis trouvée moi-même là-haut, en sécurité sur la terrasse, par un beau matin de mai, des gardiens prenaient paisiblement leur café, légèrement en contrebas, à côté d'un poulailler — mais oui ! Comment quoi que ce soit aurait-il pu ébranler cette douceur de vivre ? Une matinée très banale en somme.

Le 11 septembre nous dit : tout peut arriver. Mais qu'allons-nous faire de cet avertissement ? L'avons-nous seulement entendu ? Je suis, pour ma part, persuadée que la dimension planétaire ne peut être appréhendée que par une prise de conscience de notre essence individuelle. S'il n'est pas le premier, cet événement me semble au moins le plus important d'une série d'appels à réagir enfin, à sortir d'une torpeur qui s'est saisie de nous, à nous réveiller finalement. Nous sommes nombreux à partager la sensation que nous ne vivons pas vraiment ce qui devrait trouver sa placc dans nos vies. C'est de notre compétence, mais aussi de notre devoir de veiller à *vivre* notre vie.

Dans ma pratique médicale, j'ai été amenée à changer en fonction de ma maturation personnelle et du changement de perspective qui a accompagné ce travail. Aujourd'hui, je considère plus que jamais l'homme dans son unité, unité qui s'inscrit dans la compréhension de l'intelligence d'un système quantique, c'est-à-dire capable de milliards de connexions instantanées, aussi bien à l'intérieur du système corps-esprit qu'au niveau du système supérieur d'organisation et d'intégration.

De même, je me suis rendu compte que nous avions collectivement et individuellement le devoir de prendre soin de cette unité, de reconnaître le piège des fragmentations et cloisonnements, si présents dans la vie de tout un chacun et qui nous guettent à chaque instant. Nous sommes le *Tout*, chacun de nous réflète à sa manière et en fonction de ce qu'il est cette expression globale du cours du monde. Le globalisme ne peut se réduire à l'expression de forces économiques ou idéologiques, mais représente un état de fait psychologique universel. Le civisme est le comportement souhaitable de la société à l'échelle de la ville ; le globalisme, c'est l'homme à l'échelle de la planète.

En tant que médecin, je reconnais un état de maladie à ses multiples dimensions et implications, avec de vastes conséquences : nous sommes malades, la société est malade, la planète est malade... Un sociologue ou un économiste utiliserait des termes propres à sa discipline pour exprimer cette idée, mais le constat final est identique pour tous : il y a urgence à prendre sa part de responsabilité, chacun à son niveau et en fonction de ses possibilités et de son savoir.

Autosabotage

Au cours de mes consultations, je constate quotidiennement qu'un grand nombre de personnes pratiquent l'autosabotage de leur vie. Cette expression forte, difficile à supporter, est la négation même des idées de complétude et de globalité, et se traduit par une attitude consciente, voire, plus souvent, inconsciente, de restriction duale, binaire : la vie est ceci ou cela, j'attends ceci ou cela, je juge ceci ou cela... Et ces attitudes ne laissent guère de place à l'expression naturelle de la créativité harmonieuse de l'instant.

Nous rêvons tous d'une vie épanouie, remplie d'amour, de bonheur et d'aventures. Mais nous avons tous aussi de nombreuses raisons qui nous empêchent de passer à leur réalisation. Ces raisons semblent bien fondées, mais à y regarder de plus près ou autrement, il devient clair que grâce à elles nous bâtissons une sorte de prison pour nous-mêmes, nous érigeons des murs qui nous interdisent de suivre le flux naturel de notre propre vie, maintenue à distance par nos exigences et, souvent, par notre quête de perfection. Nous continuons à attendre la vraie vie, en y travaillant dur, et, un beau jour, nous réalisons avec grande peine qu'elle vient de passer.

Notre corps est pensant

J'affirme que notre corps est pensant, une intelligence complexe y est active en permanence et comme le dit Caroline Myss, notre biographie devient notre biologie. Aussi, il est de notre devoir de considérer que la qualité de notre santé est en rapport direct avec notre capacité à rester *vivants*, à rester connectés à la force vitale dans tout son rayonnement, tout en honorant l'intégrité de notre existence.

Nous pouvons apprendre à reconnaître ce qui nous affaiblit et découvrir en même temps comment renforcer cette amplitude vitale pour accepter finalement, en toute confiance, de nous laisser porter par le cours naturel de la vie. Pour cela, nous devons prendre soin du lien avec notre être profond ; nous avons besoin de nous relier à la source de vie que chacun porte en soi, honorant ses besoins, ses aspirations aussi bien physiques que psychiques, mais aussi spirituelles, et ceci en restant à chaque instant en relation avec l'intelligence du système d'organisation supérieure dont notre unité corps-esprit fait partie.

Tout état est changeant : c'est précisément ce qui le caractérise. Notre santé elle aussi est le reflet d'un état plus profond et général, qui n'est immuable qu'en surface, car il s'agit bien d'un PROCESSUS en constante évolution et adaptation. C'est à ce niveau que notre responsabilité intervient : que faisons-nous de notre vie au jour le jour, comment prenons-nous soin de nous ?

Si nous prenons en compte l'intelligence innée et infinie de notre corps et considérons sa compétence naturelle d'autoguérison, que pouvons-nous faire alors pour préserver et réparer au besoin notre santé ? Comment soigner notre vie ? Comment agir et non pas subir ?

La santé ne se résume pas au bien-être physique ; elle s'exprime chaque jour par des degrés subtils et varie en permanence entre bien-être, mal-être, malaise et maladie, reproduisant les multiples facettes de l'existence. Cette balance naturelle doit trouver son équilibre dynamique, avec un besoin permanent de réévaluation, en tenant compte de nombreuses interrelations possibles, dont chacune exprime un niveau vital différent et qui sont toutes partie intégrante du processus que l'on appelle la vie.

La santé se construit sur cette dynamique du changement, suivant une des lois universelles du vivant : créer et défaire, dans un perpétuel mouvement.

Notre biologie connaît et suit ces mêmes variations ; le système immunitaire, en synergie avec les systèmes hormonal et nerveux, reconnaît et s'adapte en permanence à tout ce qui nous entoure, à tout ce qui nous constitue intérieurement, que ce soit au niveau physique, psychique, ou émotionnel. Ces multiples dimensions constituent un véritable langage qui nous est adressé. Pourquoi y restons-nous sourds ? Trop souvent nous attendons que la maladie s'installe pour réagir et commencer le travail de rééquilibrage. Notre soi biologique est unique et reflète à chaque instant notre soi profond, notre être essentiel, ce que nous sommes, ce que nous ressentons et vivons exprimé dans le langage du corps.

Nous modelons notre organisme grâce à la riche force créatrice de notre vie intérieure.

La vie est un processus d'apprentissage

La vie, cela est bien connu, est un processus, une suite de situations, d'événements joyeux, agréables, mais également et inévitablement douloureux et conflictuels. Naissance, petite enfance, enfance tout court, adolescence, vie adulte en pleine puissance qui peu à peu cède la place au vieillissement ; la vie humaine se caractérise par un enchaînement d'étapes qui nous emmènent plus loin dans notre croissance personnelle, pour peu que nous le voulions bien. Il y a un temps pour tout dans la vie, encore faut-il savoir le prendre et comprendre où nous en sommes dans notre cheminement, avant de changer précipitamment de direction.

À moins de rester sourds à l'appel de la vie, rien ne nous empêche de faire l'expérience de son opulence, de sa richesse et de son sens, autant de choses qui nous apparaissent déjà dans ce que nous sommes et dont nous apprenons à mieux utiliser son potentiel. La vie nous offre des « arrêts sur leçon » ; elle nous demande d'entendre les vérités universelles qui nous racontent le bonheur, le malheur, l'amour, la peur, la tristesse, le deuil, la souffrance ; et, dans ces leçons, c'est de *nous* qu'elle nous parle.

Si aujourd'hui nous sommes malheureux, ce n'est pas parce que notre vie est trop compliquée ou difficile, mais parce que nous peinons à intégrer le vécu de chaque situation dans une pratique de vie au jour le jour ; nous éprouvons les plus grandes difficultés à lui donner une place juste et adaptée. Trop souvent nous essayons de faire l'impasse sur ce qui nous fait mal ; nous préférons l'oublier et n'essayons même pas d'intégrer la douleur dans ce que nous sommes. De ce fait, nous sommes incapables de reconnaître la véritable et inévitable simplicité qui se trouve à la base de chaque situation.

Il ne s'agit pas de vivre une vie parfaite, ce qui est une illusion, mais bien d'être honnête avec soi-même, d'oser faire l'expérience de son authenticité, acceptant le bien et le mal, la lumière et l'ombre, de vivre une vie qui intègre le soi dans son intégralité, nous ouvrant ainsi à une nouvelle dimension du vivant, bien plus vaste et profonde. Notre identité n'est pas définie une fois pour toutes ; c'est une construction perpétuelle, ouverte sur le mouvement vital. La créativité au quotidien naît en grande partie de notre capacité à l'écoute de nous-mêmes, à nous demander si nous sommes toujours en résonance avec la mélodie de notre vie.

Chaque personne peut et doit vivre sa propre vie ; chacun de nous est invité à chercher et à découvrir sa propre connexion à la vaste intelligence universelle, souvent cachée ou oubliée, mais bien présente en chacun de nous ; réfléchir au sens de sa vie et aux valeurs que l'on défend me semble un pas essentiel dans l'évolution personnelle. Cela ne nous rendra pas plus heureux ou puissants du jour au lendemain, mais cela nous aidera à mieux comprendre ce que nous vivons, tout en appréciant le sentiment de paix qui accompagne cette nouvelle conscience.

La complexité, ce n'est pas la complication.

Vivre pleinement

Voici les questions qui me tiennent à cœur : « Comment vivre pleinement en harmonie avec nous-mêmes, avec ce et ceux qui nous entourent ? Comment rester en résonance, en connexion avec notre être essentiel, notre intuition, notre créativité ? Pourquoi sabotons-nous si souvent notre vie et la rendons-nous si compliquée, si triste, morne et étriquée ? » Bref, quel sens donner à notre existence ? Comment s'épanouir dans la vie au jour le jour, retrouver sa joie de vivre, redevenir le propre maître de sa propre vie ? Il s'agit d'un travail au quotidien : veiller à ne pas oublier ses véritables besoins, ne pas perdre de vue ses rêves d'enfance, souvent profondément enfouis, et, surtout, ne jamais oublier qu'il s'agit d'une attitude et d'un travail pratiques qui demandent de l'intégration et non de la théorisation.

J'ai été interpellée par cette phrase d'un philosophe contemporain : « Je ne suis pas doué pour la vie, aussi j'ai choisi le monde de la pensée. » Elle m'a fait réagir en ce qu'elle renvoie à une construction qui utilise la pensée pour justifier une certaine attitude devant la réalité quotidienne, qui fait passer l'idée de pratique et d'expérience à l'arrière-plan, privilégiant l'aspect théorique. Certes, les deux font appel à notre responsabilité personnelle ; l'une comme l'autre sont fort heureusement nécessaires et complémentaires ; là encore, c'est une question d'équilibre. Si nous nous enfermons dans le monde de la pensée, nous restons éloignés de l'expérience et ne faisons que peu confiance à la capacité humaine pour trouver une réponse propre.

J'ai reçu une éducation scientifique et médicale, mais mon travail quotidien avec les personnes que je reçois dans mon cabinet m'a fait très rapidement apercevoir les limites de « la » pensée qui vient sans arrêt buter contre le profond mystère de la vie.

D'un côté, il y a la philosophie avec ses beaux et séduisants énoncés théoriques ; de l'autre, il y a une pratique médicale en résonance directe avec la difficulté et la détresse de vivre et l'appréciation des conséquences directes de ce malvivre, voir de ce non-vivre dans les cas extrêmes, avec les dégâts considérables qu'il entraîne aussi bien au niveau psychospirituel que physique.

Mais il y a également ces formidables sursauts de vie, qui font qu'une situation dramatique se retourne à un moment donné et permet à la vie de reprendre librement son cours. Et la question, dans ces cas, est : que s'est-il donc passé ?

Nous sommes tous capables d'apprendre à écouter et à déchiffrer ce que la vie nous murmure à l'oreille chaque jour, nous avons tous la capacité de faire en sorte que cela devienne des leçons, parfois douloureuses, mais qui néanmoins nous invitent à avancer. Pour cela nous devons les accepter, les intégrer, tout en persévérant dans la pratique attentive et présente au quotidien, pour qu'enfin puissent paraître plénitude et sérénité. Là encore, la différence réside dans la prise en compte de la dimension spirituelle de la vie. Nous devons prendre nos responsabilités par rapport à ce que nous vivons, c'est-à-dire trouver nos propres réponses, qui départagent et différencient la théorie de la pratique. Or cela n'est possible qu'à une condition : faire tomber les cloisons que nous nous dressons nous-mêmes et qui freinent notre courant vital. Nous devons enfin avoir l'audace et le courage d'écouter notre réponse intérieure.

En matière de bonheur, nous savons tous que ce ne sont pas les personnes qui ont le plus de connaissances « théoriques » sur la vie qui sont les mieux loties ; chacun de nous peut apprendre à cultiver son propre art de vivre, en prenant soin de ses joies, mais aussi de ses peines.

Telle est ma conviction profonde : vivre est un acte créatif, accessible à tous. Pourquoi tant de personnes abandonnent-elles cette création du vivant ? Pourquoi la pratique du quotidien se résume-t-elle si souvent à un autosabotage ?

Pour devenir capables de reconnaître les cloisons que nous érigeons sans le savoir et qui ont pour effet de limiter et déformer notre expression vitale au quotidien, une sorte d'exorcisme est nécessaire, une remise en question de notre système de pensée, de notre attitude dans la vie en général. Un travail personnel, doublé d'un engagement sincère envers soi-même et d'une ouverture vers les autres. Faire le point sur son passé, afin de ne pas en rester prisonnier, victime de son histoire personnelle, perpétuant certaines attitudes ou conflits qui en fait ne sont pas les nôtres et ne nous concernent pas vraiment, c'est intégrer le passé à sa juste place dans notre réalité personnelle. Ceci est une condition importante pour faire tomber les murs et apercevoir enfin une ouverture sereine, qui reflète la capacité d'accepter la vie qui nous a été donnée, de la rendre vivante à chaque instant.

Vaste programme, pourtant nécessaire

La question est : comment faire ? Et aussi : sur quoi se baser, à qui et à quoi se fier ?

Répondre à la vie

Être responsable de sa vie, c'est être en harmonie avec elle ; c'est accepter le défi de vivre pleinement ses moments forts, mais aussi ses peines et ses difficultés, qui en sont des parties indissociables, alternant en permanence comme le jour et nuit, l'ombre et la lumière ; c'est puiser dans ses forces profondes, souvent méconnues et mystérieuses, pour découvrir à la fin que la pire détresse cache en fait un sens, souvent révélé bien plus tard, mais ouvrant toujours l'accès à une sagesse enfouie qui elle va nous guider et permettre de progresser sur la voie de la maturité psychique et spirituelle. C'est bien cela, être responsable de sa vie : trouver une réponse personnelle à chaque situation et cultiver une présence consciente, confiante. Même si nous sommes pris dans un enchevêtrement épais, opaque et douloureux, notre chemin de vie croisera toutes les expériences que la vie nous réserve et dont le but est bien de nous aider à apprendre l'essentiel, à condition de savoir rester à l'écoute de soi-même, en communication avec notre être profond et sa sagesse intuitive intérieure.

Les crises sont normales, nécessaires et inévitables. Libre à nous de les vivre soit de manière consciente et confiante, soit avec peur et blocages. La plupart du temps, nous oscillons entre ces deux pôles. Nous possédons les compétences pour résoudre un conflit ou une difficulté de façon directe, pratique, soit en nous détachant et en dépassant ainsi la situation douloureuse. J'ose affirmer que nous avons cette liberté, qui peut paraître choquante à première vue, de décider ce que sera notre vie. La réalité est une illusion que nous nous construisons, diraient certains, dont je suis. Nous sommes les cocréateurs de notre réalité, nous pouvons la modeler en suivant notre niveau de conscience à un moment donné. Mais cela demande de savoir reconnaître la situation, de savoir analyser subtilement le cadre, qui se révèle toujours bien plus complexe qu'il ne paraît de prime abord.

Chaque épreuve porte également ses fruits. La difficulté nous oblige à nous confronter à nous-mêmes, ce qui exige patience et encore une fois confiance. Confiance que nous faisons partie de l'univers, que nous sommes reliés à sa formidable intelligence qui va nous aider à reconnaître que nous sommes des êtres spirituels, entiers et responsables envers nous-mêmes, l'univers et les autres. Tout comme l'univers, nous sommes lumière et ombre, jour et nuit. Notre époque actuelle nous confronte au côté absurde et extrême de l'ombre. Accepter que ce côté obscur fasse partie intégrante de ce que nous sommes, le reconnaître, l'accompagner et pourquoi pas le prendre en amitié fait partie de la découverte de notre potentiel de croissance personnelle. Se relier à cette dimension intérieure profonde aide à établir un pont nous reliant à l'universel, nous permettant enfin de prendre soin de nous-mêmes, tout comme de ce qui nous entoure. Finalement, c'est en pétrissant longuement et parfois difficilement les différents aspects d'une vie humaine que se produit la transmutation de sa substance de base ; ainsi émergent les dimensions du sens et de la conscience.

Considérer les choix d'une vie, les engagements, déchiffrer les programmes conscients ou souvent inconscients et cachés, éclaircir le contexte d'une vie, d'une histoire, réfléchir à ses propres besoins, satisfaits ou laissés en friche, rencontrer son côté obscur et caché : tels sont pour moi, médecin, les fondements indispensables de la santé. C'est la base même d'une pratique globale de la médecine, prenant en compte aussi bien le corps que l'esprit, l'âme et la spiritualité. Ce sont les bases d'une santé nouvelle, d'une prévention nouvelle, permettant peut-être de poser les fondements d'une nouvelle société, responsable au niveau individuel, voire intermédiaire et, pourquoi, pas planétaire.

Il n'y a rien de véritablement nouveau ici : tout a déjà été dit et écrit. Nous n'avons pas besoin de nouvelles informations : nous les possédons toutes quelque part. C'est le lien entre ce savoir et notre potentiel de vie qu'il est urgent de rétablir. Tout a beau avoir été déjà dit, la sagesse du cœur nous impose de prêter à nouveau l'oreille aux messages, encore et encore, à la lumière de l'esprit du temps présent.

Vivre est un art que nous avons le devoir d'apprendre

Réagissez et réconciliez-vous avec votre dimension intime animée par l'intelligence du grand souffle universel. Voilà à quoi je vous invite dans cet ouvrage, en abordant les questions suivantes :

— Quel sens donner à notre vie ?

— Quelle importance donner à nos émotions et à nos sentiments ?

— Comment éviter que la peur ne devienne paralysante ?

— Comment aborder et gérer les crises ?

— Quelle place donner à notre passé, comment l'intégrer ?

— Comment faire confiance à notre capacité d'autoguérison ? Comment lâcher prise ?

— Comment se restructurer en fonction de ses besoins personnels ?

— Comment se relier à sa créativité, son intuition ?

— Comment faire la paix avec soi-même, comment accepter son côté obscur ?

— Comment trouver le chemin et, surtout, comment ne plus s'en écarter ?

1

État des lieux

Depuis un certain temps déjà nous traversons une période de profonds changements, qui font pour moi partie de l'évolution. De plus en plus, le globalisme s'impose comme une obligation de repenser le monde, à tous les niveaux.

Notre époque multiculturelle se caractérise avant tout par le fait que chacun de nous fonctionne selon un système développé par nous-mêmes ou la communauté à laquelle nous appartenons, qu'elle soit religieuse, politique ou sociale.

Chacun occupe sa case, avec ses propres règles, ses propres lois, mais l'on constate tous les jours que nous restons en même temps très attachés à nos différences : reconnaître et respecter, voire tolérer autrui, représente toujours une grande difficulté. En théorie cela est bien sûr possible, mais en pratique, dès lors qu'il s'agit de répondre aux petites sollicitations de l'autre, en allant tout simplement à sa rencontre, l'appréciation change. Intellectuellement, nous savons accorder une place à cette différence, mais émotionnellement nous sommes secoués, notre mémoire archaïque est sens dessus dessous. Aussi longtemps que nous restons accrochés à nos cases, quelles qu'elles soient, avec les jugements et attentes qui s'y réfèrent, nous ne progressons pas. C'est le fait de faire le premier pas pratique vers autrui qui nous permet enfin de voir que tous les humains peuvent avoir une même vérité en partage et d'aller au-delà de notre égocentrisme.

Notre société est en crise, et le malaise atteint des proportions telles que nous pouvons parler de maladie. La sonnette d'alarme se fait entendre de plus en plus souvent et de plus en plus fort. Qu'il s'agisse du 11 septembre, des tueries de Nanterre et d'Erfurt, du premier tour des élections présidentielles en France, on entend toujours la même réaction : « On ne s'y attendait pas, on n'a pas compris ou entendu le message, on ne pouvait pas savoir. »

Nous réalisons soudain que nous sommes comme les trois singes de la fable : aveugles, sourds et muets. Notre société se retrouve devant le cuisant constat d'échec de sa communication, dont l'impasse est évidente. Est-ce que la guerre contre l'Irak signe la fin de cette escalade ? Sincèrement, je pense que non.

Une vérité cependant commence à se faire jour : au lieu de considérer le tout, au lieu de cultiver notre potentiel dans sa totalité, nous avons choisi de rester unidimensionnels dans nos choix de vie et de société, privilégiant des valeurs globalement matérielles qui expriment toujours une dualité entre bien et mal.

Si nous-mêmes ne sommes pas suffisamment ancrés dans notre vie intérieure et extérieure, comment pourrions-nous transmettre des valeurs qui nous sont devenues étrangères ou négligeables ?

Après des décennies de matérialisme nous entreprenons enfin un retour vers la spiritualité. Les valeurs de consommation ont de plus en plus de mal à cacher leur insatisfaisante superficialité en même temps que se développe un sens accru de notre responsabilité envers la vie sur terre. Nous aspirons à vivre différemment, nous recherchons d'autres plaisirs, nous voulons ressentir pleinement l'expérience du vivant, quelle qu'elle soit, nous voulons assumer de manière conséquente les nouveaux choix que nous avons faits.

Jamais nous ne parviendrons à saisir l'essence fluctuante de la vie si nous continuons à considérer son mouvement comme linéaire, isolé, si nous continuons à l'observer de l'extérieur, sans connaître « de l'intérieur » la riche expérience intime du processus vital. Mais l'expérience seule ne suffit pas. Nous devons faire face à nos habitudes en toute conscience ; ces « vieilles amies » essayent sans fléchir de nous ramener sur le droit chemin, nous empêchent d'intégrer ce souffle d'une ampleur nouvelle dans une pratique de vie au quotidien, la seule à pouvoir nous relier à chaque instant à la force du vivant.

L'homme et ce qu'il vit sont indissociables de leur environnement, à petite et à grande échelle. Aujourd'hui, nous sommes entrés dans une ère de réseaux — de nouvelles connexions se forment chaque jour, reliant la dimension planétaire à la dimension cellulaire. Mais, pour nombre d'entre nous, tout cela va trop vite : nous nous sentons submergés, voire dépassés. Pourtant, ce langage, il nous faut l'apprendre ; nous devons travailler cette conscience, sous peine de rester à l'écart de cette évolution.

Approfondissons le lien qui nous relie au monde de la nature ; il nous révèle la trame complexe de la vie, tissu subtil qui connecte tous les aspects de l'existence. En nous éveillant à ce qui se trouve par-delà l'intérêt individuel, nous pouvons découvrir qu'il existe un lien vivant, organique, avec toutes les choses. La culture occidentale moderne redécouvre en ce moment le principe de l'interdépendance ; nous avons commencé à l'étudier, mais le stade de l'expérience pratique n'est que rarement atteint. Notre devoir de responsabilité envers la nature n'est pas assez encouragé ; nous oublions ce que nous lui faisons subir, nous finirons par le subir nous-mêmes. Les inondations, spectaculaires et dramatiques, qu'a connues le monde ces dernières années devraient nous inciter à élargir notre perspective.

Mais avant d'envisager les problèmes au niveau planétaire, nous devons d'abord nous situer dans notre propre réalité afin d'en faire une évaluation sincère. André Malraux disait : « Le XXIe siècle sera spirituel ou ne sera pas. » Quel sens cette phrase prend-elle aujourd'hui pour chacun de nous ?

Par-delà les religions particulières, il existe en effet une vérité spirituelle universelle que nous sommes de plus en plus nombreux à redécouvrir. Elle nous invite à honorer l'ouverture au mystère de la vie dans sa totalité, à accepter le processus qu'elle représente. Cela demande de vivre plus *attentivement*, unir nos corps au corps du monde, relier notre souffle au souffle universel.

La culture du chemin intégral

Les piliers de notre vie au cours du XXe siècle étaient l'économie, la politique et la finance. On a vu émerger au cours des dernières années une aspiration puissante au développement de notions comme la solidarité, l'écologie et la vie spirituelle. La vision binaire, polaire, les oppositions à deux termes comme Orient-Occident, Église-État, droite-gauche, corps-esprit ont été remplacées par une vision plus globale, prenant en compte la grande tribu mondiale, l'inscrivant dans un contexte relié et interdépendant.

On assiste au déplacement de la conscience collective vers d'autres valeurs. L'histoire de la première moitié du XXe siècle a été profondément marquée par les deux guerres mondiales, avec leurs cycles de destructions, de privations puis de reconstructions, accaparant toute l'énergie disponible avec pour résultat l'essor économique et l'entrée dans une ère matérialiste sans précédent.

Cependant, il me semble que la génération de mes parents a payé le prix fort de ce développement : dans les années cinquante et soixante, le travail primait, il fallait remonter le courant et reconstruire, au détriment de toute notion de développement personnel. Il fallait aller de l'avant, ne pas regarder les ruines et les champs de morts laissés derrière soi ; il était difficile d'entamer un travail de deuil, notion quasi inexistante à l'époque, deuil pour les êtres aimés disparus, mais aussi deuil d'une jeunesse volée, deuil d'une vie rêvée, puis abandonnée, privations essentielles compensées peu à peu par des acquisitions matérielles. Mais, nous le savons bien aujourd'hui, le travail de deuil non effectué, quel qu'il soit, finit par nous rattraper un jour ou l'autre. On ne peut en faire l'économie si nous voulons guérir de notre histoire personnelle transgénérationnelle pour enfin trouver l'accès à une autre dimension vitale.

Guérir nos histoires individuelles : cela entre en résonance avec la guérison historique, collective, de notre communauté, de notre pays. Mais pour que cette guérison profonde puisse avoir lieu, il faut dépasser le seuil actuel de la conscience individuelle, qui fait face aux forces puissantes du refoulement, du déni et de la peur du changement.

En ce début de millénaire, la donne a changé. Les limites de l'ancien modèle, basé avant tout sur l'expansion matérielle, sont devenues patentes. La nouvelle question, à mon avis inévitable, celle que se posent de plus en plus de personnes, est en effet celle du *sens*. Les anciennes valeurs sont-elles toujours valables ? Quels sont nos besoins actuels, nos rêves, mais aussi nos peurs pour le futur ? Comment élargir une vision individuelle intégrant notre famille, nos amis à notre pays, à notre continent, voire à la planète ? Quel sens donner à sa vie ? Où trouver ses objectifs existentiels ? Quelle est notre mission ?

Le retour vers *soi*, dans le sens d'une prise de responsabilité individuelle, est le principal fondement d'un mouvement social qui ne cesse de s'amplifier en dépit des fortes résistances que lui oppose notre monde matériel, rationnel, scientifique.

Cette tendance vient d'être étudiée par deux auteurs américains : ils l'ont baptisée « l'émergence des créatifs culturels ». Ils considèrent ces « créatifs culturels » comme étant les acteurs d'un véritable changement de société. Il s'agit d'un vaste mouvement, qui s'étend rapidement et touche environ le quart de la population des pays très développés, ce qui est tout à fait considérable, mais pas surprenant. Après un temps d'isolement et d'élaboration, on assiste à l'éclosion de cette nouvelle population qui a désormais atteint son seuil critique et devient donc visible. Selon ces auteurs, les créatifs culturels prennent leurs distances vis-à-vis de la société de consommation et de la technologie érigée en mythe ; ils cultivent une sensibilité résolument nouvelle et cohérente jusque dans leurs comportements quotidiens, conjuguant adroitement l'écologie, le développement personnel, les médecines complémentaires (je préfère ce terme à celui de médecines douces), les valeurs féminines, l'implication sociale, sans oublier une dimension spirituelle. Ils sont au cœur d'une transformation active de la société dans un sens plus humain, en accord avec la pensée systémique, intégrative. C'est ce que j'appelle la « culture du chemin integral ». Il s'agit de réconcilier la société et la sagesse avec ces mêmes points d'ancrage — et toujours en soulignant l'importance et la nécessité du développement et de l'intégration de la dimension spirituelle de la vie humaine.

Cette vision du monde, j'y souscris entièrement. Elle correspond à mon cheminement personnel depuis une dizaine d'années. Nous avons besoin de femmes et d'hommes qui nous enseignent l'interdépendance. Nous devons enfin prendre conscience du fait que toutes nos actions ont un coût invisible, pour nous mais également pour les autres.

Quelles sont nos intentions ? Comment résonnent-elles dans notre cœur ? Penser, parler, agir, vivre... Cela sonne-t-il juste ? Cela reflète-t-il à chaque instant l'harmonie intérieure dans notre monde extérieur ?

C'est seulement en se posant ces questions que nous pouvons entreprendre et approfondir notre mutation.

2

Le sens de la vie

Quel est le sens de ma vie ?

Qui ne s'est jamais posé cette question ?

Nos vies sont faites d'une suite de mystères, que nous ne cessons de scruter, mais qui sont néanmoins destinés à rester irrésolus. C'est *l'acte* de poser ces questions qui nous guide au plus profond de nous-mêmes, vers notre espace intérieur de croissance. Aussi, chacun rencontre son propre sens, lequel entrera ou, parfois, n'entrera pas en résonance avec notre dimension intérieure.

La quête du sens fait écho à la recherche du bonheur. Elle est déterminée par l'élaboration des buts que nous nous fixons, par notre vision du monde et de la vie, par nos valeurs et surtout notre capacité à vivre notre propre vie, en reconnaissant et en acceptant le principe vital du changement.

Chaque situation est porteuse d'un message que nous devons savoir entendre. C'est notre degré de conscience à un moment donné de notre vie qui détermine si nous apprendrons rapidement et pourrons ainsi passer à la leçon suivante, ou si nous devrons affronter encore et encore la même situation avant de parvenir enfin à l'intégrer — et à la transformer.

Nous avons chacun notre profil personnel et unique, modelé par nos motivations conscientes et inconscientes. C'est cela qui fait de nous ce que nous sommes. Apprendre à connaître ce tableau intime est essentiel et indispensable à la quête du sens et du bonheur.

Par exemple, si nous sommes remplis de rancœur et de haine, si nous jugeons durement les actes ou les paroles d'autrui, cela se répétera encore et encore tant que nous ne parviendrons pas à comprendre que cette haine que nous portons en nous est bien *notre* problème. C'est en tant que tel que nous devons l'aborder, en commençant tout simplement par le reconnaître. Il n'y a pas d'autre alternative si nous visons un changement de perspective et une remise en question de soi, si nous espérons trouver une réponse adaptée déclenchant une dynamique d'ouverture vers autre chose.

Vivre en résonance avec son potentiel

La plus grande tâche que l'homme ait à accomplir dans sa vie est de se donner naissance à lui-même pour devenir ce qu'il est potentiellement.

Erich Fromm

Ne vois-tu pas que la vie est... un jeu merveilleux ?

Hermann Hesse

Vivre en résonance avec son potentiel, tout en travaillant les leçons que la vie nous réserve chaque jour, telle est l'une des directions de sens que nous serons amenés à rencontrer.

Le « potentiel », c'est le possible qui ne s'est pas encore réalisé ; c'est ce qui peut devenir, mais demeure en friche, non utilisé. La réalité tout entière se compose de l'entrelacement complexe et subtil des dimensions du corps, de l'esprit et de l'âme, visibles et invisibles, matérielles et immatérielles. Nous avons un œil pour voir le corps, un œil pour voir l'esprit, un œil pour voir l'âme : tout dépend de l'œil que nous utilisons et de la profondeur à laquelle nous regardons. Trois mondes différents s'ouvrent à nous : le monde des objets matériels, celui des représentations mentales et celui des réalités de l'esprit. Et le processus de croissance personnelle permet précisément d'entrouvrir les barrières étanches entre ces trois mondes, de percevoir des réalités plus profondes et de les amener enfin à se rencontrer.

Prendre soin de ces différents niveaux de l'existence humaine par des pratiques adaptées, c'est prendre conscience que les dimensions physique, émotionnelle, mentale, sociale, culturelle et spirituelle se rejoignent dans un espace gobal de vie, ample, qui répond à la pulsation omniprésente du processus vital.

Chacune de ces catégories est appelée à compléter et à soutenir les autres dans leur croissance ; chacune demande, dans la mesure du possible, à être « pratiquée » simultanément aux autres, car l'effet synergique répond à leur interconnexion naturelle tout en la stimulant.

L'*être-là,* dans chacune de ces dimensions, n'a rien de statique. Il s'agit au contraire de l'expression incroyablement riche de la créativité vivante, du mouvement et de la croissance au quotidien.

Il faut se demander, en toute sincérité, où nous en sommes avec notre potentiel, quelles sont les parties que nous connaissons bien, qui nous sont familières et quelles sont celles que nous avons négligées ou oubliées. Et, surtout, il faut ensuite se demander pourquoi ?

La plupart d'entre nous éprouveront des difficultés à relier toutes ces dimensions dans une pratique simultanée, celle qui nous permet précisément de profiter de leur effet conjoint. Si nous en sommes éloignés, cela ne veut pas dire que le chemin est barré.

Ce qui permet de relier naturellement tous ces aspects, c'est la dimension spirituelle, et en même temps il s'agit probablement de celle qui est le plus souvent mal comprise. Pour moi, évoquer la dimension spirituelle de la vie, c'est chercher à réintroduire la notion de *sacré* dans l'existence, c'est-à-dire, pour reprendre la caractérisation due à Mircea Eliade, « faire *l'expérience* d'une réalité avec, à la source, la conscience d'exister dans le monde ». C'est cette dimension « expériencielle » qui fait le pont avec toutes les autres dimensions.

Quels que soient les cadres traditionnels, culturels, religieux ou sociaux, il s'agit d'approfondir la prise de conscience que nous appartenons au souffle infini du monde, d'autoriser l'expérience naturelle des niveaux d'interdépendance. Dans ce sens, le spirituel est un domaine très vaste, complexe et simple à la fois. Et il convient de différencier une vaste gamme de degrés de développement, allant du New Age prérationnel à la pratique astreignante et assidue de la transrationalité. Nous aurons l'occasion de revenir bientôt sur ces notions.

On n'apprend pas par expérience, mais par notre aptitude à l'expérience.

Bouddha

J'ai souvent l'occasion de constater que l'expérience du sacré en particulier et de la vie en général effraie bien des gens. Trop souvent, nous essayons d'éviter l'expérience de la vie, nous préférons la limiter à l'expression de la case particulière que l'on connaît bien, car elle est la nôtre, et nous craignons l'appel à élargir ce vécu, à l'approfondir et à rencontrer ainsi d'autres niveaux d'expérience.

Bien des personnes s'éloignent de leur potentiel, sans même le deviner : ils oublient et abandonnent l'expérience au profit de la peur, la peur de ne pas savoir gérer les défis de la vie courante.

Or l'expérience même nous montre que ces situations redoutées finissent en général par nous rattraper. Et même très douloureuses, voire presque insupportables, ces expériences finissent par se révéler vivables : personne n'en meurt, rassurez-vous, à condition de rester dans le désir de la vie. Dans ces moments extrêmes, nous accédons souvent à une étape de maturation et de croissance. C'est une véritable invitation à rencontrer le mystère de la vie, à ressentir comment la vie se soutient elle-même, en toute circonstance.

Ce qui rend finalement supportables ces situations de souffrance, c'est un changement naturel de la conscience : celle-ci passe de la notion de temps à la notion de présence, une présence de chaque instant, qui laisse derrière elle le passé ou le futur. Vivre l'instant, telle est la seule issue face à la douleur.

Tendre vers cette plénitude présente, autoriser les expériences multidimensionnelles en osant approcher la nouveauté, c'est augmenter, au quotidien, la qualité globale énergétique du vivant. La créativité de la vie cherche à exprimer quelque chose que l'on n'est pas encore, mais que l'on peut devenir.

Chacun détient la clé de sa propre vie. On voudrait nous faire croire que nous avons besoin de maîtres extérieurs pour atteindre notre but. Hélas, les véritables maîtres sont rares. Écoutons notre cœur, qui invite en permanence cette créativité à venir vers nous. Notre sagesse, notre intelligence intuitive ont la capacité de nous guider vers la clé qu'est notre moi profond, en nous demandant de reprendre contact avec les dimensions cachées de notre vie, en y intégrant les dimensions de réparation et guérison. Chaque leçon nous ouvre une nouvelle porte de sagesse et de conscience, elle nous permet d'approfondir le constat et l'expérience que nous baignons dans un champ de conscience infinie.

N'oubliez jamais que vous portez toutes les réponses à vos questions en votre sein. Cette puissance intérieure fait partie intrinsèquement de la vie humaine, et aussi de l'intelligence universelle. Notre maître le plus précieux est bien la sagesse intuitive du cœur. Mais, comme nous le savons par expérience, cet accès est souvent difficile, lorsqu'il est bloqué par notre œil rationnel.

Tout vécu est relatif et dépend directement de la dynamique énergétique qui l'anime. Nous sommes portés par le niveau énergétique, que nous exprimons à un moment donné de notre vie, sans avoir cependant conscience de son importance au quotidien. Vivre son potentiel, c'est aussi ressentir et comprendre cette force énergétique, afin de développer l'aptitude à changer la qualité de cette énergie.

On peut trouver une réponse adaptée à chaque situation à condition de considérer et de travailler le degré de conscience qui l'accompagne. C'est cela qui permet de faire émerger une réponse ; en prenant sa responsabilité individuelle, nous laissons venir la réponse à nous.

Le *je* est le point de départ indispensable vers le *nous*.

Aujourd'hui se développe au niveau plantéraire un mouvement constitué par des personnes de tous les horizons qui demandent à ce que leurs voix intuitives et spirituelles soient honorées dans leur processus de guérison. Comme je l'ai écrit dans mon précédent livre, la guérison est un processus naturel, qui a donc besoin de temps pour se déployer, aussi bien à l'intérieur qu'à l'extérieur. La guérison du corps c'est la guérison de la vie ; la guérison individuelle c'est la guérison collective, voire planétaire. Apprendre à vivre le *je*, l'individualité, sans jamais oublier le contexte plus large du *nous*, de la communauté avec l'autre, mais aussi avec le corps, l'esprit, l'âme, est ce qui permet enfin d'approcher et d'intégrer le mystère de la profondeur.

Prenons donc soin de nous-mêmes et de ce qui nous entoure, impliquons-nous individuellement et collectivement pour que cette prise de conscience puisse se déployer pleinement. Ainsi, de manière organique, les actions se rejoindront, se compléteront et se globaliseront, exprimant l'aspiration générale à une société ouverte et dynamique. L'économie n'est qu'une composante d'un écosystème bien plus vaste ; la mondialisation ce n'est pas forcément la globalisation. Construire sa propre expérience et développer des projets personnels et collectifs, peser sur son destin et celui de son pays, c'est cela qui permet de faire éclater le cadre étroit de la survie matérielle et des angoisses qui l'accompagnent. Redécouvrons que nous faisons partie d'un grand système vivant auto-organisé, avec ses interrelations permanentes, constituons-nous en sujets individuels qui élaborent leur existence. Écoutons l'intelligence universelle résonner en nous ; faisons l'expérience du fait que notre « case », que nous connaissons si bien, peut très bien communiquer avec toutes les autres cases qui l'entourent, en mesure de trouver la présence, les mots et les actions qui transformeront une crise en un processus évolutif.

Si nous reconnaissons cela et sommes prêts à l'intégrer dans notre quotidien, levant ainsi les barrières tant intérieures qu'extérieures, alors notre priorité devient en effet de nous *guérir nous-mêmes*, de retrouver ce qui est essentiel à la survie et au développement de notre *moi profond*. En se propageant à la société et à la terre, ce sont les effets de notre guérison individuelle qui conduiront à l'avènement d'une nouvelle forme de conscience.

> *Vous possédez déjà le précieux mélange qui vous fera vous sentir bien. Utilisez-le.*
>
> Rûmi

Il n'y a pas de maturation sans guérison au quotidien. Cela permet de développer l'aptitude à savoir ne pas s'enfermer dans un cadre de vie devenu étroit ou inadéquat. La guérison nécessite la présence d'un espace intérieur vivant, or la recherche biomédicale nous apprend que la pathologie psychosomatique se caractérise par la présence d'un espace intérieur paralysé, résultat d'une certaine façon de fonctionner dans la vie sans ressentir d'émotions, sans exprimer sa créativité. C'est une masse de matériel énergétique qui s'accumule dans une brèche ouverte au niveau du corps physique. Une partie importante du capital humain s'en trouve négligée, abandonnée. Ceci favorise le passage du malaise au mal-vivre, puis au mal-être, avant d'aboutir à la maladie. La maladie psychosomatique n'est qu'une réponse à une incapacité totale ou partielle à utiliser toute l'étendue du potentiel vivant.

Il n'y a pas de guérison sans revitalisation de l'espace intérieur. C'est la condition préalable, indispensable et fondamentale du processus.

Cette recherche intégrale nécessite une grande créativité, une remise en question de nos croyances et de nos valeurs, une acceptation du changement permanent comme état de base. Une telle attitude d'ouverture soulève des questions profondes, et chaque question conduit à de nombreux niveaux et interrelations.

Notre conscience elle-même s'approfondit par le biais de cette expérience. Nous sommes tous des enfants de *l'univers*, tout comme les étoiles et les arbres, la Terre mère nous demande d'écouter et de respecter son rythme ternaire : naissance, mort, renaissance.

Mais comment agir, comment affronter ces situations qui nous font peur ? C'est en cherchant à déployer notre activité dans des dimensions encore peu développées de notre individualité que nous parviendrons à élargir et à transformer notre vision de la vie.

Il y a plusieurs années de cela, un de mes amis thérapeutes a choisi de quitter Paris avec sa famille. Il y menait une vie urbaine typique, c'est-à-dire faite de beaucoup de travail et peu d'espace, répartissant le peu de temps libre dont il disposait entre sa famille et ses amis. Quelques mois après son départ, il m'a appelée un dimanche matin pour me saluer. Il venait de rentrer de son cours de dessin et envisageait très sérieusement d'apprendre à jouer du saxophone. Il m'a confié : « Si tu m'avais dit qu'un jour j'allais faire du dessin et de la musique et que j'y prendrais énormément plaisir, je t'aurais ri au nez. J'étais tellement verrouillé au plan énergétique que tout ce qui touchait à la créativité me semblait appartenir à un continent inaccessible. J'étais incapable d'aborder la moindre nouvelle activité. Aujourd'hui, l'une donne naturellement envie d'en aborder une autre, et ainsi de suite. »

J'ai moi-même connu une expérience similaire. Alors que nous menions une vie parisienne très confortable, nous avons préféré, mon mari et moi, offrir à nos enfants une existence plus paisible que celle d'une grande agglomération, aussi belle et attrayante qu'elle soit. Nous sommes donc partis nous installer à Majorque pour un long congé sabbatique qui a duré deux années au cours desquelles nous avons vécu dans une maison isolée, entourée d'oliviers et de figuiers, avec pour seuls voisins des troupeaux de moutons. La maison dégageait un incroyable bonheur de vivre. Nous y avons passé deux merveilleuses années, riches et créatives, sans télévision ni chauffage central. L'hiver nous nous retrouvions tous les quatre dans le grand salon, seule pièce de la maison chauffée par un feu de cheminée. Je rédigeais mon premier livre ; mon mari musicien expérimentait et composait à longueur de journée ; quant à nos deux enfants, ils dessinaient ou se fabriquaient des jouets avec des objets ramassés dehors. Et il y avait aussi Toutou Splendide, un beau chien berger tout noir que nous avions recueilli dès notre arrivée alors qu'il n'était encore qu'un petit chiot. Il régnait une atmosphère intense, vibrante de vitalité, qui nous a réconciliés pour de bon avec la créativité naturelle de la vie. Nous avons su préserver cette qualité de vie lors de notre retour à la « civilisation », au Luxembourg. Notre travail quotidien consiste à continuer d'équilibrer ces différentes dimensions qui forment le sentiment de plénitude.

Notre époque demande une vision globale, ainsi qu'un effort permanent de repositionnement et d'adaptation pour considérer les problèmes auxquels nous sommes confrontés. Il est vrai que c'est notre aptitude à vivre les expériences qui détermine la tournure que prennent les événements.

Dans la vision quantique des choses, le *je* est le *nous*. Si chacun accepte de prendre individuellement la responsabilité de sa propre *vie*, cherchant des réponses pour satisfaire ses besoins *essentiels* (et non matériels), nous nous inscrivons dans cette vision globale de la réalité qui est celle de l'œil de l'esprit. Nous nous ouvrons à la dimension collective, qui nourrit la dimension individuelle, et réciproquement.

Si nous souhaitons transmettre à nos enfants cette terre qui nous a été prêtée le temps d'une vie, nous avons le devoir de la préserver, de respecter ses ressources et son intelligence rythmée. C'est à cette condition seulement que nos enfants pourront y *vivre* à leur tour. « *Think global, act local* » (Pensez globalement, agissez localement) ; il n'y a pas d'expérience sans action, sans recherche permanente d'un équilibre dans sa propre vie. Il faut ressentir le flux de la vie, le laisser circuler sans obstacle aux différents niveaux de l'existence, réconcilier le corps matériel avec l'âme immatérielle. C'est ainsi que s'établit le lien entre le *moi* et le *eux*, le corps et la terre, voire l'univers.

La dimension spirituelle et la roue de la vie

Plus nous nous élevons spirituellement, plus nous redescendons sur terre.

Chögyam Trungpa

Sous le soleil de la conscience, chaque pensée ou action devient sacrée.

Thich Nhat Hanh

Notre place est bien ici ; notre environnement quotidien est notre terrain d'étude, qui doit aussi devenir terrain de jeu, l'humour étant une qualité souhaitable pour toute vie humaine.

À un moment donné, chacun d'entre nous se retrouve face à cette question individuelle du sens de la vie. Tout le monde est amené à se la poser, tôt ou tard, parfois timidement, parfois avec un peu de cynisme, mais le plus souvent, c'est un véritable cri du cœur, un appel à une prise de conscience de ce que nous voulons vraiment. Voulons-nous rencontrer ou construire l'essentiel dont nous avons besoin au quotidien, pour qu'il puisse nourrir notre corps, mais surtout notre âme ?

Un jour ou l'autre il faut se décider à aborder cette question du sens pour réaliser enfin que le sens de la vie est celui que nous lui accordons personnellement. Chacun doit et peut trouver cette réponse qu'il porte à l'intérieur de lui-même, découvrir son propre sens et en devenir responsable. Aucun maître ne peut nous dévoiler notre sens, il peut nous indiquer la direction, mais la route est devant nous.

Chaque fois que surviennnent la peur et le doute, ils nous signalent qu'il est temps de lâcher prise, de rétablir l'équilibre intérieur-extérieur et de trouver le moyen d'accueillir la vie, quelle qu'elle soit.

Le processus de la vie, en ce qu'il établit un contact vital et spirituel avec notre propre personne, nous impose une maturation. Il nous ouvre aux autres par les épreuves qu'il nous fait traverser en nous guidant jusqu'aux portes de l'amour, sans lequel rien ne peut grandir. L'amour est l'expérience sacrée du vivant.

L'essence de notre individualité ? Rencontrer notre authenticité, la découvrir et la développer.

Nul besoin de chercher à atteindre des sphères élevées. Il suffit d'apprendre à voir ce qui se trouve à chaque instant sous nos yeux. Tout est là, et les divers niveaux de vision dont nous disposons font apparaître différents niveaux de profondeur, selon la conscience qui les accompagne.

Comment accéder à cette vision de la vie, qui nous permet de résonner avec la vitalité essentielle qui semble si souvent nous faire défaut ? Après tout, c'est ce manque qui se traduit par le malaise, qui devient mal-être et finalement maladie, signe ultime de la désorganisation de nos priorités, matérielles, rationnelles et spirituelles.

Comment faire pour se sentir vivant ?

En premier lieu, il s'agit de prendre conscience du fait que le domaine du vivant est, comme une roue, composé de différents compartiments, tous importants et indispensables. Aucun ne peut être négligé ou remplacé par autre chose, sinon la roue ne tourne pas rond. Cette relation équilibrée entre le *tout* est essentielle.

Pour faire l'inventaire de sa roue personnelle il faut évaluer les huit déterminants suivants :

— famille et amis,
— vie intime,
— santé,
— dimension spirituelle,
— environnement physique,
— jeux, loisirs, récréation,

— carrière, orientation de la vie,
— argent, environnement matériel.

Ces huit déterminants s'inscrivent dans une expression systémique généralisée du spectre de la conscience ; chacun de ces domaines de l'existence peut être envisagé à partir d'une perception de base matérielle, qui peut s'étendre à celle de l'esprit rationnel et donner finalement accès à l'esprit dans le sens universel ou spirituel. Ces différents aspects se complètent et précisent la profondeur de la vision de la vie qui est la nôtre.

Chacun de ces déterminants possède un niveau interne et externe, perçu sous sa forme individuelle ou collective, et se caractérise par la présence de nombreuses interrelations, qui se complètent mutuellement, à savoir les facettes mentales, émotionnelles, sociales, culturelles et spirituelles. Ce sont ces multiples facettes qui dessinent notre individualité, qui colorent chaque situation du quotidien.

L'amplitude de chacun de ces différents domaines résonne à travers l'expression de quatre qualités vitales :

— le corps à travers les sens (perceptions matérielles, physiques),
— la performance à travers l'esprit (élaboration rationnelle),
— le contact à travers la tradition (transmission culturelle, collective),
— l'imaginaire à travers l'intuition (sagesse individuelle).

La qualité vitale est caractérisée par l'équilibre entre ces différentes dimensions et l'existence de relations à tous les niveaux d'interface : interne, externe, individuelle, collective.

Trop souvent nous pensons qu'un manque dans un compartiment peut être rattrapé et compensé par un excès dans tel autre. En termes énergétiques, cela n'est malheureusement pas vrai. On ne peut remplacer ou substituer une qualité essentielle par une autre : chacune possède sa propre fréquence de vibration, chacune est indispensable.

Aussi, si nous ressentons un vide vital, par exemple une insatisfaction affective, et essayons de le combler par des acquisitions matérielles (le fameux « coup de blues » qui se solde par du shopping), la satisfaction sera en général de courte durée. Il faudra chaque fois dépenser plus pour un contentement très relatif et passager.

En privilégiant une seule dimension aux dépens des autres, nous risquons de négliger ces aspects qui font une vie, freinant de même tout le processus énergétique général. On ne le répètera jamais assez, c'est l'équilibre entre chaque partie constitutive qui donne à la roue de la vie sa stabilité et nous permet d'avancer.

Tout est important et nécessaire. Chaque chose a sa place et sa signification dans notre existence.

Le processus de croissance personnelle ne peut se développer si on n'y inclut pas la dimension spirituelle au quotidien. C'est elle qui nous permet de vivre l'expérience consciente d'exister dans l'infini du monde, reliant l'intérieur à l'extérieur, le matériel à l'immatériel, l'individuel au collectif.

Une pratique intégrale est la prise en considération simultanée des principaux niveaux et dimensions de l'entité corps-esprit, à savoir ses aspects physiques, émotionnels, mentaux, sociaux, culturels et spirituels.

Pour simplifier — et en me référant aux travaux de Ken Wilber, père de la « pratique intégrale » —, l'on peut considérer la spiritualité en faisant la différence entre un mouvement de translation horizontal et un mouvement de transcendance vertical, entre une régression prérationnelle et une véritable croissance transrationnelle, entre infantilité et maturité. Chacun de nous se trouve pris dans des cercles de recherche horizontale, de translation. La croissance transrationnelle n'est atteinte que tout à fait exceptionnellement : elle correspond à l'Éveil ou à l'Illumination des grands sages. Pour le commun des mortels dont nous faisons partie, il s'agit plutôt de trouver une forme translative qui vienne compléter avec intelligence et sagesse notre vision du monde au quotidien.

En raison de certains « illuminés », d'une certaine malhonnêteté, la confusion est fréquente, omniprésente : nous ne savons pas toujours reconnaître le moment où nous transcendons une réalité rationnelle donnée. Bien souvent, la renaissance spirituelle annoncée avec fracas n'est rien d'autre qu'une piste glissante vers un prérationnel glorifié et narcissique.

La translation horizontale se concentre sur de nouvelles idées, sans que le développement de nouveaux concepts puisse amener toutefois une transformation durable de la conscience, uniquement réalisable grâce à une pratique intensive et personnelle de recherche d'authenticité du soi.

Bien que ces concepts ou modèles nouveaux soient tout à fait honorables, nécessaires et indispensables, un temps très long est nécesaire pour leur intégration à tous les aspects de l'existence, point d'amorce du passage de la translation à la transformation, de la dimension horizontale à la dimension verticale, à la transcendance, qui intègre la conscience de l'esprit au nouveau concept ou paradigme de départ.

Nous avons besoin d'exister aussi bien au niveau horizontal, le plat pays du quotidien, que de nous élever dans la dimension du ciel sacré de l'esprit, les deux viennent se compléter nécessairement et non pas s'exclure mutuellement.

Chaque dimension déterminante qui constitue notre vie demande à être considérée sous tous les aspects : physique, mental, émotionnel, social, culturel ; l'aspect spirituel servant de lien de conscience. Ceci repose sur un principe simple : tout ce qui est plus élevé, donc plus « vertical », transcende ce qui est plus bas ou « horizontal », pour l'intégrer ou l'inclure et non pas l'exclure. Ainsi, du moins en théorie, l'esprit transcende l'âme et l'intègre ; celle-ci fait de même avec l'esprit rationnel et psychique ; puis vient le corps qui intègre à son tour la matière. Mais en pratique le chemin est moins simple. Trop souvent ce que nous croyons être conscience transrationnelle n'est que sentiment prérationnel, la transcendance et l'inclusion ne sont en fait qu'aliénation et refoulement.

Cela renvoie à la relation de l'esprit avec le corps pendant la toute première période de notre vie, préverbale et prémentale, faite de sensations psychomotrices fortes et diffuses, que l'esprit mental va en partie refouler, leur permettant de réapparaître bien plus tard sous la forme douloureuse de symptômes névrotiques. Une dissociation corps-esprit s'installe et prend forme ; il y a perte de communication avec le corps, les sentiments, le potentiel physique, mais aussi l'intuition. La vie finit par perdre son éclat et le processus de croissance personnelle s'en trouve d'autant plus ralenti.

Faire la paix avec ce corps préverbal, en le rencontrant et en l'aidant à réintégrer l'entité corps-esprit par une démarche thérapeutique appropriée est une étape souvent nécessaire pour retrouver l'élan vital.

À ce propos, j'aimerais vous faire part de mon expérience personnelle. Je suis née avec une luxation congénitale de hanche, comme ma mère et ma tante. Le suivi pédiatrique et le diagnostic des années cinquante n'étant pas ce qu'il est aujourd'hui, cette luxation n'a été découverte qu'à l'âge de deux ans, traitée par un plâtre et finalement opérée lorsque j'avais douze ans. Au prix de deux larges cicatrices, j'ai obtenu une bonne qualité de vie.

Il y a quelques années, au cours de ma quête de connaissance personnelle, j'ai rencontré une thérapeute qui effectuait un travail psycho-corpo-spirituel en combinant le shiatsu (massage énergétique japonais) avec un thème psychospirituel que je choisissais lors de chaque séance. J'opérais cette sélection sur une vaste palette aura-soma, comme une couleur très subtile résonnant très fortement avec mes sentiments du moment, chaque couleur reflétant une symbolique spirituelle que la thérapeute me présentait, comme le pardon, l'acceptation du lâcher-prise, l'amour-haine ou encore l'unité. Le thème de la séance était donc fixé par mon intuition du « tout ce que j'étais à ce moment-là » ; la thérapeute pouvait alors commencer son travail de rencontre corps-esprit. J'ai été très surprise lors de ces séances de me sentir subitement, chaque fois que la thérapeute touchait les deux cicatrices, transportée dans des situations précises, physiquement et psychiquement douloureuses, de ma toute petite enfance. C'était comme si les cicatrices avaient enregistré des sentiments et des émotions très intenses des premiers mois de ma vie. Elles avaient beau dater de mes douze ans, les cicatrices conservaient une mémoire préverbale, et la présence chaleureuse mais ferme de la thérapeute les invitait à faire surface, leur permettait de se dévoiler, tout en les accompagnant le temps qu'il fallait. Je me retrouvais entièrement dans ces moments de vie, stupéfaite de la compréhension qui en résultait pour moi : le thème spirituel choisi en début de séance résonnait avec le ressenti et aidait à son intégration. Je savais que les cicatrices étaient des points d'ancrage sensibles, mais je n'imaginais pas à quel point cela était vrai. Toute mon histoire de vie était inscrite dans le livre de mon corps, et ces séances m'ont offert la possibilité de l'éprouver directement. Le sentiment de libération et de prise de conscience fut immense. Cela m'a permis d'accepter dans toute sa profondeur et avec toutes ses conséquences cette phrase de Caroline Myss : « Notre biographie devient notre biologie. » Mon corps était maintenant réconcilié avec toutes les dimensions de mon histoire personnelle, mais aussi transgénérationnelle. Il me les avait révélées, en harmonie avec mon esprit, la dimension spirituelle permettant d'établir un lien vécu.

Si je me permets d'évoquer ici cette expérience très intime, c'est pour vous faire partager l'importance d'une démarche thérapeutique prenant en compte aussi bien le corps que l'esprit. Mais chacun doit suivre son propre chemin. La technique ou l'outil utilisé n'a que peu d'importance, c'est la qualité de présence du thérapeute, sa capacité à accompagner qui sont déterminants.

« La forme n'est rien que le vide et le vide n'est rien que la forme », ce précepte bouddhique est l'expression par excellence de la reconnaissance de la non-dualité ou le tout est une manifestation de l'unité, que l'on perçoit avec l'œil de la contemplation intérieure et extérieure.

La pratique spirituelle n'entend donc pas nier ou rejeter l'expression manifeste : elle est intégration au quotidien sur un chemin de vie.

Savoir rester présent et ouvert à toutes les dimensions de l'existence, sans sous-estimer ou surévaluer tel ou tel aspect, mais véritablement prendre en compte les différents aspects d'une vie humaine est la base nécessaire d'une réalisation de soi intégrale.

Une vie exclusivement vouée à la spiritualité est aussi duale que les théories New Age qui prônent la réalisation sans effort ou pratique. Encore une fois, chaque expérience doit plonger ses racines dans un *vécu de conscience*, avec ses hauts et ses bas.

La translation offre au soi une autre représentation possible de la réalité, orientant son monde et son être vers un nouveau modèle, qui lui permet d'atteindre au moins temporairement un sentiment de paix ou de soulagement, tout en se contentant du degré de conscience atteint. La transformation véritable, quant à elle, ne repose sur aucune croyance ni foi. Il s'agit de vivre par expérience la réalité non duale, qui intègre la dimension infinie du soi dans le Tout.

Aucun jugement de valeur n'est porté : les deux fonctions sont nécessaires et naturelles, mais il faut bien commencer par l'une pour arriver à l'autre. C'est un fait que la plus grande partie de notre vie se passe dans ce mouvement de translation, mais c'est dans de rares moments de grâce que la transformation intervient. Dès qu'il s'agit de notre inconditionnelle qualité d'être-là, il n'y a pas d'apprentissage possible. Elle est là, tout simplement, et nous infuse directement, à condition de parvenir à maîtriser le questionnement qui fait obstacle. C'est néanmoins le savoir-faire qui nous apprend à développer la culture du chemin intégral, qui insiste sur la pratique de toutes les dimensions de la vie. Et c'est à travers la pratique que nous accédons à l'expérience directe qui nous fait vivre la réponse. Nous pouvons bien sûr essayer de nous transformer en nous transformant extérieurement, comme par exemple en changeant de maison, de partenaire ou de profession ; mais la transformation intérieure a lieu à un autre niveau : elle survient lorsque nous avons fait un chemin de conscience et de connaissance. La condition de l'apprentissage est l'équilibre entre les deux composantes de notre vie, celle qui sait et celle qui questionne.

On ne peut choisir ni le quand ni le comment. On doit seulement accepter que cela *est*. Intégrer la dimension de l'infini à notre niveau de possibilité, c'est lever l'obstacle et permettre à la transformation naturelle de se déployer dans toute son énergie.

Apprenons à devenir un sujet déterminé

On peut apprendre à devenir un sujet déterminé, choisir de construire un champ personnel qui va déterminer son rapport aux autres, aux biens matériels, mais aussi à son propre corps et âme, ouvrant l'accès à la présence immatérielle. On peut apprendre à se libérer des rapports de domination ou de pouvoir, voire de certaines croyances ou préjugés.

Ce rapport à soi est à construire, à élaborer jour après jour. C'est en sachant mieux qui je suis, quelle est ma nature profonde, mon identité secrète, que je pourrai accepter le changement, apprendre à me transformer par la conscience et développer des attitudes plus satisfaisantes dans la vie de tous les jours.

On peut bien sûr se demander : « Qui suis-je ? » Mais la question qui permet d'agir est plutôt : « Que dois-je faire de moi-même ? » C'est cette question qui pose le problème non pas au niveau de l'identité à découvrir, mais bien de l'action. Toutes les deux ont leur raison d'être, elles sont complémentaires et correspondent à des éclairages différents sur notre vie. Ces questions nous invitent à aller à la rencontre de nouvelles dimensions inexplorées que l'action nous permet de découvrir. Mais n'oublions pas que nos questions filtrent aussi l'expérience et entravent par là son potentiel de transformation.

Travaillons à l'œuvre de notre vie. Nous pouvons construire notre existence, pétrir sa pâte, grâce à des règles réfléchies, des principes d'action choisis à la lumière de la conscience et dépasser ainsi notre quête isolée du « qui sommes-nous ? » et son cortège d'angoisses et de peurs. On peut même dire que ce que nous mettons en place pour nous sécuriser engendre notre mort, car nous restons en deçà de notre potentiel de croissance.

Il ne s'agit nullement d'un repli individualiste, ni d'un appel bêtifiant au bonheur de vivre, mais du fondement rayonnant d'une esthétique de l'existence. Comme le disait Michel Foucault à la fin de sa vie : « La vie de chaque individu ne peut-elle être une œuvre d'art ? »

Cette idée du « que dois-je faire de moi-même ? » nous ramène à la créativité que chacun porte en soi, mais aussi à notre liberté de choisir une chose plutôt qu'une autre. Puisque nous disposons du libre arbitre, pourquoi restons-nous si souvent aveugles et prisonniers devant les choix de notre vie ? Le « quoi » renvoie toujours au « comment » ; travailler ce « comment » avec la conscience du moment présent aide à faire face au « quoi », en toute circonstance.

Qu'est-ce qui nous empêche donc de choisir ce qui est bien pour nous ? Comment dissiper le brouillard qui nous entoure et fait que nous nous trompons de direction, menant des existences étriquées ?

Cette connaissance du « comment-vivre ? » nous la portons en nous. Elle est enfouie dans notre cœur. Notre intuition la connaît. Tel un artiste, regardons-la et commençons l'élaboration déterminée de notre vie dans une perspective de développement. Il s'agit là encore d'un processus d'évolution, d'implication et non pas d'une pensée qui nous tombe du ciel.

Créer sa vie au quotidien, c'est mettre en place et modeler toutes les dimensions de l'existence, faisant résonner l'intégralité du système corps-esprit-âme à travers la pratique et l'expérience au quotidien. À nous de laisser cette confiance s'installer, c'est elle qui va nous guider progressivement vers notre sagesse profonde, que nous ne pouvons trouver à l'extérieur, mais qui a déjà bien sa place en nous.

Une de mes amies se battait depuis de longues années contre un cancer du sein. Elle avait fait plusieurs rechutes et avait subi des traitements répétés, lourds et difficiles. Elle se sentait écrasée à juste titre par l'aspect matériel de la maladie et du traitement, mais en même temps n'abandonnait pas sa recherche, la réponse personnelle qu'elle se devait de donner à sa maladie : yoga, gymnastique, psychothérapie, groupe de parole pour femmes atteintes d'un cancer... Or, malgré tous ses efforts, son cadre de vie restait marqué par la maladie : une nouvelle coloration avait bien du mal à émerger. À chaque nouvel examen, les résultats restaient ambigus ou franchement mauvais ; elle encaissait les coups sans trop le montrer. Néanmoins, je notais peu à peu un changement dans son attitude ; la peur, l'angoisse ou la tension semblaient progressivement céder la place à un sentiment d'amour paisible. Alors qu'auparavant elle s'impliquait massivement, et finissait par se prendre les pieds dans le tapis, elle arrivait maintenant à se détacher dans le bon sens du terme, c'est-à-dire à ne plus y perdre son énergie vitale. Plutôt que de toujours venir en aide aux autres, elle se donnait la priorité à elle-même, à prendre soin de soi et à découvrir ses besoins essentiels.

Elle m'a dit un jour qu'après plusieurs années de travail sur soi elle était enfin parvenue à comprendre en son for intérieur que chaque jour, sans relâche, elle se devait de veiller à *ce qu'elle était à chaque instant*, prendre soin d'elle-même dans l'action quotidienne, considérant ce qu'elle faisait réellement et reconnaissant ce qu'elle ne faisait pas. Elle le savait intellectuellement depuis longtemps, mais pour parvenir à inscrire ce nouveau message dans l'unité corps-esprit il faut un très long temps de maturation. Sa tendance rationnelle à ne considérer que l'aspect rationnel de sa maladie l'avait longtemps empêchée de rencontrer son ressenti et son savoir intuitifs.

Pour atteindre cette dimension plus profonde de conscience, là où réside l'orchestration du tout, il y a besoin de changer toute notre attitude et notre compréhension. Il nous faut parvenir à réunir la partie de nous qui sait à la partie de nous qui cherche.

Considérer sa vie comme une œuvre personnelle, que chacun élabore en fonction de sa propre conscience, passe par un engagement renouvelé envers soi-même, engagement à reconnaître le poids que nous continuons à porter sur nos épaules et ce qui continue à nous marquer émotionnellement et énergétiquement, mais aussi à apprendre à nous chasser les préjugés ou les attitudes négatives qui bloquent l'accès à une compréhension plus profonde de notre être-là.

Clarifier notre histoire de vie, c'est purifier notre champ d'énergie personnelle ; cette démarche est essentielle et nous aide à remettre de l'ordre dans les différentes dimensions de l'existence à l'intérieur de nous-mêmes.

La médecine ou la psychologie classiques ne sont que de peu de secours pour cette étape d'évolution, car elles ignorent l'aspect spirituel de la vie.

Tout ce qui compose notre vie, consciente et inconsciente, est comptabilisé au niveau énergétique de l'être, et le solde soit nous affaiblit, soit nous rend plus forts. Quoi qu'il arrive, à nous de payer la note de notre comportement. Il faut donc apprendre à travailler sur ces engrammes énergétiques pour les désamorcer et surtout les transformer en force vitale accessible, et dont nous avons bien besoin.

Reconnaître cette force énergétique qui accompagne chacun de nos gestes, chacune de nos pensées, fait partie du changement radical de la conscience de la nature humaine.

La joie intérieure est une des facettes lumineuses de la condition humaine. Nous la portons en nous depuis notre plus tendre enfance, mais nos parcours font que certaines périodes de vie sont moins propices à cette résonance ; ce sont des moments où nous nous en éloignons. Cet état de conscience est le propre du petit enfant ; il permet d'apprécier l'expérience dans sa totalité. L'expérience personnelle de cette joie, que nous devons développer au quotidien, n'est jamais banale. C'est un des défis parfois douloureux de notre vie d'adulte de retrouver cette ouverture. Goethe ne disait-il pas : « La plus grande joie est d'habiter en soi » ? Sachons prendre soin de cette source, ne la laissons pas se tarir, comme cela se produit malheureusement si souvent.

3

S'épanouir au quotidien : reconnaître la dynamique énergétique

Le monde actuel exige de nous que nous relâchions notre attention sur le comment exercer quelque chose, pour qu'elle soit conforme à notre idée de départ, et au contraire mettre l'accent beaucoup plus sur comment nous nous engageons avec les autres, comment entrer dans l'expérience et noter ce qu'elle entraîne.

Margaret Wheatley

La dynamique énergétique

Tout est énergie, l'énergie n'étant rien d'autre qu'une information qui circule ou cherche à le faire sans y parvenir. L'énergie est concrète, nous la ressentons et l'observons à chaque instant de notre vie, même si elle nous confronte à notre réalité non physique. Qui n'a jamais dit : « Je suis vidé », ou : « Je pourrais arracher des arbres tellement je suis plein d'énergie » ?

Le terme « énergie » étant de nos jours galvaudé, voire ridiculisé, il peut être utile de revenir à sa définition de base, c'est-à-dire une « force en action ».

De nombreux auteurs (dont Rupert Sheldrake et Margaret Wheatley) ont souligné le fait qu'une force d'organisation invisible se cache derrière la réalité physique. L'espace, tout l'espace qui nous entoure, du plus infime atome au cosmos tout entier est bien plus qu'un intermédiaire invisible : il est empli de champs électromagnétiques qui ont une dimension énergétique, c'est-à-dire qu'ils véhiculent une information et exercent une influence, donnant forme à la matière.

L'univers est un vaste système énergétique ; l'être humain y a sa place et obéit aux lois énergétiques universelles, dont celle importante de la transformation, du changement permanents. Nous sommes un système de lumière, comme l'est chaque être vivant. Notre conscience est un pont qui traduit et échange l'énergie omniprésente qui relie le cosmos avec la terre. C'est en reconnaissant cette force vitale infinie qui nous habite et nous traverse à chaque instant que l'on peut parvenir à ressentir l'expérience de notre danse intime avec l'univers. C'est à travers notre conscience de chaque instant que nous influons sur la fréquence vibratoire de cet espace non physique.

Aujourd'hui on entend par « cosmos » l'univers en tant qu'entité physique, alors que du temps de Pythagore « Cosmòs » incluait les dimensions physique, mentale et spirituelle, et prenait donc en ligne de compte la complexité de nombreuses interrelations.

Chacun de nous est une cellule du corps cosmique. Notre place est en relation permanente interactive avec tout ce qui nous entoure, visible et invisible. Et ce qui nous entoure constitue une holarchie, c'est-à-dire une hiérarchie de *holons*, à savoir des entités qui sont chacune un *tout* faisant partie d'autres *touts*, et où chaque étape dans une séquence évolutive est reliée par une continuité avec l'étape précédente à partir de laquelle elle s'est développée, étape qui a dû être *intégrée* pour être dépassée. L'information qui correspond à chaque étape donne ainsi naissance à une nouvelle information, découlant de la précédente.

Cette grande chaîne d'assemblage de holons constitue dans sa globalité une holarchie, c'est-à-dire une hiérarchie basée sur l'interrelation entre croissance et enveloppement.

Selon les spécialistes de la théorie des champs, le savoir recombiné de tous les membres d'une espèce engendre un champ dit organisationnel ou structurel, dont l'ordre est partie intégrante, ordre qui lui-même naît du chaos.

Telle est la nature du travail sur soi au quotidien : chercher en permanence à harmoniser et à équilibrer ces différents courants personnels et transpersonnels. De nombreuses dimensions de conscience sont à notre disposition et nous pouvons choisir celle qui sera la nôtre, nous pouvons apprendre à utiliser la force de vie qui accompagne la conscience, à développer ses subtiles dimensions sans nous satisfaire de l'énergie brute, primaire qui s'exprime au niveau du corps en l'absence de conscience et donc de transformation.

Ce grand champ d'énergie, ce système d'organisation que l'on appelle encore champ de conscience, opère bien au-delà de la réalité physique ordinaire. Comment la conscience humaine est-elle capable de dépasser sa configuration matérielle et de faire appel à ce niveau d'orchestration profonde ? En invoquant, notamment, à un autre mode de connaissance ou d'apprentissage. Un exemple de cette complexité est la force gravitationnelle, la pesanteur, qui aujourd'hui n'est plus comprise uniquement comme une relation entre nos corps et la terre, mais intègre la terre, la lune, le soleil, ainsi que la relation de ce dernier avec d'autres étoiles de notre galaxie, tout comme l'interrelation entre notre galaxie avec d'autres galaxies de tout l'univers. La pesanteur n'est pas seulement un phénomène local : c'est un champ de communication et de liens en perpétuel mouvement.

Si notre âme ne connaît pas de représentation physique, elle est cependant au cœur du champ de force vitale de notre être. Il en est de même de notre espace intérieur et de notre intuition : nous ne pouvons les voir, mais nous les vivons à chaque instant. La dimension rationnelle de l'esprit ne peut apporter la preuve de l'existence de cet aspect non physique qui entoure tous les êtres vivants. C'est le niveau de conscience tel qu'il se développe par rapport à la totalité de la force de conscience qui répond au principe de l'holarchie.

La conscience est un tout ; chaque développement de conscience vient intégrer, compléter et renforcer la force nécessaire au maintien de la vitalité dans toutes ses dimensions corps-esprit-âme. De même les composantes de la psyché, refoulées ou peu développées, freinent cette force vitale et rendent délicat le maintien de l'équilibre. Chaque composante est imbriquée dans toutes les autres composantes ; c'est une chaîne d'énergie au quotidien qui permet de transmettre l'information ou la conscience en l'augmentant, mais aussi de les inhiber.

Cet espace intérieur de réalité non physique répond à la dynamique du système énergétique universel. Il l'intègre et inclut tous les êtres vivants et la majorité des échanges. Quand on parle de croissance, c'est bien de la croissance de notre espace intérieur qu'il s'agit, au cours de laquelle une communication réelle peut intervenir en élargissant la perspective de conscience.

Dans l'échange avec autrui, lorsque nous parlons avec quelqu'un par exemple, une partie de ce qui se passe dépend des paroles elles-mêmes, une autre englobe l'émotion que nous ressentons alors. L'échange de personnes est important, bien sûr, mais la rencontre se produit aussi à un niveau bien plus subtil, d'âme à âme pourrait-on dire, un niveau qui résonne en nous sans que nous sachions définir rationnellement ce qui se produit.

Chaque personne possède son propre champ énergétique individuel déterminant. Il fait partie d'un système auto-organisé plus vaste qui change en permanence et subtilement sous l'influence du vécu quotidien présent, notamment des relations, des émotions, mais il porte aussi l'empreinte des expériences passées, qui souvent correspondent à des zones gelées, sans oublier les métabolismes complexes du corps humain, qui eux aussi du fait de leur fonction physiologique influencent les échanges énergétiques en augmentant ou en diminuant la force résultante. Il s'agit d'une somme d'informations, conscientes et inconscientes, qui se trouvent réunies dans un grand champ électromagnétique interrelationnel, constitué de multiples voies et composantes.

Pour illustrer ce qu'est ce champ invisible d'information qui nous accompagne et se modifie sans arrêt, j'aime évoquer l'image d'une nuée d'oiseaux migrateurs, qui se déplace dans le ciel en dessinant des formes, des figures complexes dont la perfection laisse entrevoir une organisation et surtout une communication entre tous les oiseaux du groupe, le plus éloigné répondant en parfaite harmonie au vol du premier. L'information suit peut-être des voies mystérieuses, mais elle est bien présente. L'information circule, chaque oiseau l'intègre, et elle se traduit au niveau de l'expérience du déplacement.

Il en va de même pour les humains, du moins en théorie, car force est de constater que cette compétence naturelle de communication est trop souvent perdue : la spontanéité de l'écoute et de la réaction intérieure a disparu. Les embouteillages illustrent bien l'incapacité de notre société à communiquer naturellement. L'embouteillage, c'est l'énergie de domination du moi triomphant, du plus fort, de celui qui passe en premier. Nous répétons les comportements appris, négligeant la dimension énergétique inhérente qui relie tout et qui, du fait d'une perspective limitée, nous échappe. Nous payons un prix bien lourd pour cet oubli : de la fatigue et de l'agacement.

Si l'information ne circule pas, c'est parce que nous la bloquons, consciemment ou non, ou bien parce que nous nous retrouvons face à un obstacle extérieur que nous ne savons contourner.

Notre « fréquence énergétique », ce rayonnement que nous produisons et qui nous accompagne à chaque instant, est fonction de notre niveau de conscience ; si notre conscience change, l'amplitude énergétique s'adapte en se modifiant. Ainsi, si nous décidons de tirer un trait sur une vieille rancune qui nous accompagne depuis un certain temps déjà, cette décision suffit à changer la fréquence qui l'accompagne. C'est tout un bloc d'énergie figée qui se libère et peut être utilisée. Faire la paix avec soi-même permet de fairer la paix à l'extérieur et de retrouver la résonance naturelle de l'âme avec le système corps-esprit.

À chaque instant de nos vies, nous avons la possiblité de vivre davantage de liens, davantage de clarté, davantage d'amour, quel que soit le stade de conscience dans lequel nous nous trouvons. Il n'y a jamais d'état complet, achevé, complètement élaboré. Tout est devenir, changement.

Chaque émotion se traduit au niveau du corps-esprit par une énergie propre et des fréquences différentes. Si nous ne prenons pas soin de pratiquer l'art du détachement, des émotions difficiles comme la jalousie ou la haine vont s'accompagner d'une énergie à basse fréquence vibratoire, qui se manifeste par de la fatigue. Si au contraire nous sommes amoureux ou simplement gais, notre énergie augmente, et nous nous sentons « pousser des ailes ».

Nos pensées créent nos émotions. Ainsi, à travers nos pensées, il nous arrive de nous enfermer dans des émotions énergétiquement coûteuses. À la longue, nous poussons la balance vitale du côté négatif, déficitaire. Le véritable pouvoir intérieur est celui qui nous permet d'admettre et de vivre ce que nous avons reconnu comme étant notre vérité intérieure.

Pour la plupart d'entre nous, notre quotidien se définit par des structures de soutien que nous avons choisi d'adopter. Chacun de ces rôles a ses propres déterminants : nous avons appris certains schémas de fonctionnement et les reproduisons dans nos vies.

Ce sont ces critères qui signent les limites de notre structure psychique. Nous essayons de donner une forme à l'espace-temps et d'organiser son déroulement. Ce désir de contrôle ou d'identification rigide mobilise une grande quantité d'énergie et entraîne une baisse générale de l'énergie disponible. L'intimité que nous vivons avec nous-mêmes et partageons avec les autres dépend en grande partie de notre capacité à ressentir notre réalité émotionnelle et à nous livrer à elle. Cela exige de prendre en compte sa vulnérabilité, avec sincérité et courage.

Certaines personnes donnent ainsi l'impression de faire « du remplissage » à chaque instant de leur vie. Elles ne supportent pas d'être inactives, livrées à elles-mêmes. Elles doivent toujours avoir quelque chose à faire, et pour cela passent leur temps à travailler, à se rendre indispensables, se perdent dans des flots de paroles épuisants. À la fin de la journée, le bilan semble satisfaisant et la fatigue est ressentie comme une récompense, donnant le droit de sombrer dans un sommeil profond. Le « faire » prime sur l'« être ». Aussi naturels que nous paraissent certains comportements, ils nous empêchent tout simplement d'accéder à d'autres niveaux de conscience, donc énergétiques, et nous interdisent de nous ouvrir à un autre degré de profondeur.

Comment équilibrer cela ?

Si l'on parle d'équilibre, cela veut dire qu'il doit y avoir entrée et sortie d'énergie en quantités comparables. Or notre société privilégie les dépenses ou sorties d'énergie ; elle nous demande d'être efficaces, performants, d'accepter un degré de stress considérable, de vivre sous pression permanente. Elle ne nous apprend guère à gérer la dépense et à l'équilibrer. Tout se joue au niveau du pouvoir extérieur : la reconnaissance et le développement de la puissance intérieure sont relégués loin derrière, voire occultés.

Souvent, nous essayons tout simplement de rééquilibrer le niveau de dépense en prenant chez l'autre ce que nous-mêmes n'avons plus. C'est ce qu'on appelle un vol d'énergie, si fréquent et difficile pour celui qui le subit. Pour le reconnaître, il faut un entraînement quotidien et, lorsqu'on y parvient, on a fait un bon pas en avant. Nous ne sommes pas encore habitués à comprendre que derrière chaque comportement se cache une dynamique énergétique. Pourtant chaque rencontre mobilise et utilise un capital d'énergie : c'est à nous de le ressentir.

Demandez-vous lesquelles de vos relations vous laissent un arrière-goût désagréable et pourquoi ? Quelles sont celles qui vous épuisent, qui vous donnent l'impression gênante que l'autre s'est branché sur votre circuit et l'utilise, qu'il se nourrit de votre énergie sans avoir demandé votre permission ? Le vol d'énergie se rencontre dans de nombreux contextes différents, nous aurons l'occasion d'y revenir.

Un jour, une femme est venue consulter avec son fils asthmatique de dix ans. L'enfant ne disait rien, la mère parlant sans arrêt, pas de lui, mais d'elle, de comment elle souffrait du manque de compréhension de son mari, qu'elle trouvait insupportable et méprisait profondément. Elle a poursuivi en me disant que ses enfants lui étaient indifférents, qu'ils n'avaient pas répondu à ses attentes et n'étaient pas à la hauteur, et tout à l'avenant. Un discours abominable, violent mais tournant à vide et en boucle. Elle se parlait à elle-même, mais avait cependant besoin de l'autre pour en recevoir l'écho, dans une longue litanie plaintive et agressive. Elle déversait sa haine et se servait ainsi de l'autre en lui volant son énergie, car elle n'était en prise que sur elle-même. Quand j'ai finalement réussi à lui demander pourquoi elle se détestait tellement, elle m'a regardé d'un air incrédule et m'a répondu : « Vous n'avez rien compris. Le problème, ce n'est pas moi. Ce sont les autres. Ce sont tous les autres qui m'empêchent de faire ce que je veux. » Son fils encaissait cela à longueur de journée. Dans le langage symbolique du corps, les poumons sont les organes qui aident à ventiler les émotions. Le symptôme était donc logique : sa mère se nourrissait en entretenant cette situation, dans laquelle le fils était totalement privé de son espace intérieur, parasité en permanence.

Le langage courant a bien intégré le lien intime entre la « lumière » et la « conscience ». Ne disons-nous pas en effet qu'il faut « faire la lumière » ou « éclaircir une affaire » ? La vaste étendue de l'expérience humaine occupe ainsi une partie du continuum énergétique universel. Nos cinq sens réunis forment un système d'interprétation sensorielle fait pour décrypter une réalité physique. Si nous alignons nos pensées, nos émotions et nos actions avec les parties les plus intimes de notre être, nous parviendrons à une autre compréhension, plus complexe, de notre réalité. C'est seulement alors que nous pourrons entrevoir ses multiples niveaux. Cette force authentique puise ses racines dans la source profonde de l'être. Nous poursuivons tous notre développement en tant qu'êtres humains qui, partant de leurs cinq sens, cherchent à atteindre la multisensorialité, à dépasser la réalité physique pour l'inclure dans un système dynamique plus large.

Plus nos capacités multisensorielles viennent compléter nos cinq sens classiques, plus nous élevons notre fréquence énergétique. Cela nous fait tendre vers le sens de haute perception si bien décrit par Barbara Ann Brennan, lequel se caractérise par la reconnaissance énergétique en toute circonstance.

Apprendre à transformer progressivement les énergies de conscience qui animent notre vie, voilà ce qu'est devenue la quête personnelle de nombre d'entre nous. Chaque décision qui se présente devient un choix de conscience, à prendre au présent sur un chemin de vie individuel.

Nous ne sommes pas un système statique. Chaque pensée, chaque émotion, chaque intention en nous nous fait accéder à la dynamique de la conscience et réflète notre manière spécifique de modeler et d'utiliser cette énergie universelle.

De quoi avons-nous peur ? Quel est l'obstacle ? C'est surtout la peur de rencontrer notre intimité, et de développer en conséquence notre puissance intérieure, qui limite notre expérience et vient bloquer le flux énergétique naturel.

Sortir du flux de la vie, s'y soustraire afin d'éviter certaines situations que nous jugeons indésirables, voilà qui constitue une dépense d'énergie considérable et demande des efforts permanents de contrôle afin de contrebalancer une force naturelle omniprésente. À la longue, l'exercice est épuisant.

Je me souviens d'une femme proche de la cinquantaine, qui était venue consulter pour des migraines à répétition et qui restait sur ses gardes, se limitant à m'énumérer ses maux physiques multiples, sans évoquer ni son état psychique, ni sa vie émotionnelle. Elle a fini par me confier qu'elle prenait des antidépresseurs depuis une quinzaine d'années, voyait un psychiatre régulièrement « seulement » pour ses médicaments tout en continuant à souffrir énormément. Elle définissait sa souffrance comme exclusivement physique, car selon elle du côté psychique tout fonctionnait de manière satisfaisante. Elle ne voyait aucun rapport entre ses douleurs insupportables, qui lui imposaient de prendre des doses massives d'antalgiques, et sa peur de la vie qui était en fait un refus de vivre quoi que ce soit. D'un point de vue matériel elle avait une existence confortable quoique solitaire ; en fait, ses migraines lui permettaient de rester à l'écart de toute vie sociale, retranchée dans sa douleur. À mon étonnement, lorsque je lui ai demandé où était passée la partie de sa vie qu'elle aurait pu vivre si elle avait été libérée de ses migraines, elle a demandé un autre rendez-vous.

Avec le temps, elle a évoqué la surprotection dont elle avait été victime au cours de son enfance. Je dis bien victime car pour moi surprotéger un enfant c'est faire violence à son potentiel. Elle avait toujours entendu dire qu'elle valait bien mieux que les autres. Aller vers les autres, c'était s'abaisser à leur niveau et donc perdre la première place. Mieux valait rester sous la houlette maternelle toute-puissante, qui décidait du bien et du mal et surtout interdisait l'expérience de quoi que ce soit d'extérieur au cadre familial. C'est ainsi que sa vie a suivi son cours, devenant une répétition de gestes quotidiens, on aurait presque envie de dire de gestes de survie, à l'extérieur, à l'école, au travail, mais aussi chez elle, à la maison. Cela faisait longtemps qu'elle ne ressentait plus aucune saveur, pour aucun plaisir (mais en avait-elle jamais ressenti ?).

Une mécanique monotone se répétait à l'infini, rythmée par les plaintes somatiques multiples qui surgissaient chaque matin. Finalement, les visites chez le médecin (et elle en avait vu, des docteurs !) étaient devenues pour elle le seul moment d'échange humain. Mais au fond, tout comme ses rencontres dans le cadre de son travail (qu'elle limitait le plus possible, la pause café étant pour elle la pire des épreuves), tout cela restait imprégné d'une grande méfiance. Elle avait énormément de difficultés à parler d'elle-même, à identifier ses émotions, à rester en relation avec soi. Elle était prise au piège de sa vie. Ses parents étaient décédés depuis bien des années, mais elle continuait à perpétuer leur système de fonctionnement, sans se demander ce qui était bon pour elle, ce qu'elle allait faire de sa vie. Vivre n'était qu'une fonction extérieure ; la dimension intérieure se retrouvait noyée et violemment niée. Elle avait réussi à s'installer au degré zéro du désir vital ; la lutte avait été dure, elle en était ressortie complètement épuisée. Pour cette femme, la peur de la vie cachait la peur d'être ridicule aux yeux d'autrui, de perdre le contrôle de ce qu'elle pensait devoir maîtriser, à savoir rester sur son piédestal, le tout l'enfermant dans une rigidité d'une rare cohérence. Même si entre-temps elle s'était bien rendu compte qu'elle ne se trouvait pas du tout sur un piédestal et que sa qualité de vie était médiocre, comparée à celle de ses collègues de travail, elle vivait sa souffrance au quotidien mais toujours en la confinant au niveau du corps. Sa force vitale était exclusivement consacrée à exprimer son mal-être au niveau du corps, empêchant les autres dimensions de l'existence d'effleurer sa conscience, avec pour seule issue possible de rester prisonnière de sa névrose.

Son niveau énergétique était au plus bas, mais l'on ressentait l'incroyable effort permanent auquel elle se livrait pour empêcher son désir d'émerger. Elle était une véritable cocotte-minute toujours à la limite de l'explosion. Toute son énergie de vie était bloquée au niveau du corps. Or une énergie qui ne circule pas, qui ne passe pas d'un niveau à un autre, ne fait que tourner en rond, et celait ne faisait qu'accroître sa violence et donc sa douleur. Pour cette femme, il n'y avait pas d'ouverture possible ; la moindre conscience lui était interdite.

La migraine, on le sait, est un véritable fléau social. C'est aussi un excellent exemple d'une gestion inadaptée de l'énergie des situations quotidiennes. Avant que la migraine n'éclate véritablement, l'estomac se noue et les mains deviennent froides, le sang se retire des extrémités et se concentre au niveau de la tête pour commencer à battre sa douloureuse chamade. D'un point de vue énergétique, il est important de prendre conscience de ce mécanisme corporel. C'est un véritable langage, qu'il est possible d'apprendre à écouter et à comprendre pour déchiffrer l'information émotionnelle que véhiculent ces signaux corporels. Le message n'est pas le même pour tous ; il change en fonction de la situation, qu'elle soit appréhendée ou vécue. Que l'on se retire de son enveloppe pour se protéger d'un danger éventuel, que l'on essaye de préserver son énergie parce que l'on se sent débordé par une tension générale trop forte, que l'on refuse de reconnaître la colère ou la frustration qui monte en nous, le résultat est toujours le même : l'énergie se trouve bloquée, elle tourne en rond, le flux ne peut plus circuler et cet excès d'énergie se transforme en douleur physique. Une peur existentielle profonde nous empêche de partir à la rencontre de la réalité de notre espace intérieur : nous limitons l'expérience de la vie à sa dimension extérieure, physique ou matérielle, résistant de toute notre force vitale à une connaissance plus vaste. L'information qui cherche à nous atteindre se retourne contre nous.

Ce chaos d'informations multiples que nous ne savons lire en conscience s'inscrit au niveau du corps, l'unique dimension accessible, sous la forme de ce que l'on appelle les maladies psychosomatiques. Chaque maladie signe un déséquilibre physique particulier et possède sa composante énergétique propre, qui s'exprime au niveau du corps. Une information cherche à nous atteindre ; pour une raison ou une autre nous ne pouvons ou ne voulons pas l'entendre ; la conséquence en est que l'énergie spécifique contenue dans cette information reste bloquée au niveau du corps. La communication corps-esprit est perturbée, elle perd sa fluidité naturelle, les parties constituantes extérieures se trouvent séparées des dimensions intérieures, le lien de conscience étant devenu inaccessible. À l'inverse de l'image du nuage d'oiseaux, chaque partie fonctionne déconnectée des autres, en isolation ; le chaos l'emporte sur l'harmonie intrinsèque universelle avec pour résultat une souffrance que nous connaissons bien.

Prenons un autre exemple : si nous abordons la vie avec une attitude de base critique, voire pessimiste, celle-ci va modeler le champ énergétique, transformant la réalité perçue à travers le filtre de notre manière d'être-là, en intégrant seulement certaines fréquences vibratoires et, surtout, en en excluant d'autres, plus amples, plus vitales ; les informations passent par le filtre de notre réalité qui, elle, correspond à ce que nous en attendons. Cette réalité, nous la fabriquons au quotidien, d'où notre responsabilité à agir de manière décidée, en conformité avec ce que nous aimerions voir autour de nous.

C'est notre capacité à accompagner un conflit ou une situation perçue comme conflictuelle, toujours en relation avec notre quotidien, qui détermine notre qualité de vie : *savoir rester présent, à l'écoute du développement naturel, et accepter de laisser passer.* L'information doit circuler librement, elle concerne toute notre vie. C'est cette énergie universelle, sculptée par nos pensées, qui nourrit toutes les dimensions de notre existence. On comprend pourquoi il est malsain de chercher à saisir chez autrui l'énergie dont nous avons besoin chaque jour ou en tirant profit d'une situation extérieure, refusant ou oubliant d'utiliser notre propre potentiel. Notre force peut, en suivant le mouvement naturel, se déployer en action aussi bien intérieure qu'extérieure : c'est cette expérience qui nous relie à la profondeur complexe de l'existence.

Demandons-nous quelle est l'interaction que nous entretenons avec notre vécu, proche ou ancien. Nous pourrons alors entreprendre de développer une attitude active, délibérée, au quotidien. Nous sommes des êtres d'énergie, soumis au flux constant du changement ; nous pouvons apprendre à évaluer cette énergie de vie, à repérer son orientation, à reconnaître les émotions et les sentiments qui lui donnent telle ou telle forme et ainsi commencer à y réagir activement, en toute conscience. Nombre de nos sentiments cachent des mécanismes de défense ou d'évitement qui s'opposent à cette dynamique naturelle du changement permanent.

Comme toute énergie, l'énergie vitale est cyclique et se transforme ; elle prend naissance, se déploie, avant de décroître puis prendre à nouveau son élan pour former une nouvelle vague. Notre self-control fait bien pâle figure dès lors qu'il s'agit de s'opposer à ce mouvement vital éternel. C'est une loi universelle : notre conscience spirituelle est là pour nous aider à accepter et à intégrer la vie de tous les jours.

Imaginons visuellement tout ce qui constitue notre vie. Disons que cela fait partie d'un vaste champ énergétique qui attire d'autres êtres et nous met en rapport avec eux, ainsi qu'avec des situations, des occasions et des événements. Ce champ se caractérise par un point central, qui focalise le sens que nous lui donnons et qui surtout organise et ordonne l'énergie ou l'information entrante en force agissante. Ce sont des sous-champs énergétiques, constitués par nos croyances, nos attitudes, nos attentes, nos expériences passées, nos états émotionnels non résolus ou élaborés et bien d'autres aspects inconscients, qui se chargent de changer, modifier ou influencer ce point central de sens. À chaque instant, nous répondons en émettant une certaine « fréquence énergétique », force résultante de notre état physique, émotionnel et spirituel. Nous baignons dans cette énergie de l'instant ; à nous de décider si la mer est calme ou agitée, à nous de choisir l'une ou l'autre de ces attitudes.

Chaque être humain est le fondement de son propre système énergétique, cette base de données qui filtre toutes les informations conscientes ou inconscientes, lesquelles demandent à venir intégrer le système, en passant par différents niveaux d'expression.

C'est au jour le jour que nous élaborons la forme énergétique de ce que nous vivons, guidé par notre détermination, par notre intention, par la manière dont nous envisageons et accueillons chaque journée.

Les questions essentielles à se poser au quotidien sont : Qu'est-ce qui nous apporte de l'énergie ? Qu'est-ce qui nous en coûte ? Comment la perdons-nous ?

Je voudrais illustrer les mécanismes énergétiques et leurs conséquences en prenant pour exemple le syndrome de fatigue chronique, une maladie que je rencontre de plus en plus.

L'épuisement ou syndrome de fatigue chronique

J'ai été amenée à soigner mon premier patient souffrant de fatigue chronique à la fin des années quatre-vingt. C'était une jeune femme de trente-cinq ans que je connaissais déjà pour l'avoir suivie pendant sa première grossesse. Son bébé était un véritable bébé « miracle », car son compagnon avait eu très jeune une maladie dont le traitement très lourd l'avait laissé soi-disant stérile. Ce couple avait accepté l'idée d'une vie sans enfant et leur surprise et leur joie n'en avaient été que plus grandes à l'annonce de la grossesse, qui s'était d'ailleurs très bien passée, à l'exception d'une interrogation anxieuse sur leur capacité à se montrer à la hauteur. J'étais leur médecin de famille, et j'ai donc ensuite continué à les voir régulièrement avec leur bébé. Il me semblait clair que la maman avait certes un peu de mal à récupérer, mais sans plus. Une banalité après un accouchement. Lorsque la petite fille a eu deux ans, la famille est partie vivre en Californie. Je les voyais maintenant deux fois par an, à l'occasion de leurs passages à Paris. Et j'ai pu constater que la jeune femme était littéralement plongée dans un profond état d'épuisement qui était différent d'une dépression classique. Lors d'une de ses visites, elle m'a ramené un épais dossier d'examens complémentaires, tous négatifs, à l'exception de la marque d'une infection virale ancienne, une mononucléose, et d'une mycose digestive. Toutefois, à mon sens, rien de cela ne permettait d'expliquer son état. Il semblait s'agir plutôt d'un effet réactif, et non de la cause de son état. Elle avait atteint la quarantaine et décrivait ce qu'elle ressentait comme une sorte de paralysie tant intérieure qu'extérieure, qui rendait impossibles les actes quotidiens les plus ordinaires. Elle restait couchée pratiquement du matin au soir, ruminant sa maladie, cherchant partout des informations en relation avec son état de santé. Cet état de recherche permanente, d'analyse, elle le connaissait déjà avant, étant le genre de personne qui essaye toujours de contrôler les situations, qui ne se permet guère d'exprimer ses émotions. À présent, son état physique était devenu son unique préoccupation. Elle ne s'occupait plus de sa fille, vivait la vie de famille en spectateur et ne participait plus à rien.

Sa maladie était une pathologie (nouvelle ?) qui commençait à être décrite aux États-Unis, mais qui laissait globalement perplexes les professionnels de la santé. Ma patiente avait essayé toutes sortes de traitements, des antidépresseurs à la diététique en passant par l'acupuncture. Rien n'y faisait : elle restait véritablement clouée sur place. C'était à désespérer, très difficile et douloureux à vivre et, comme elle me l'a avoué un jour, s'il n'y avait pas eu sa fille, elle n'aurait sans doute plus été là. Comme elle vivait en Californie, elle s'était intéressée au mouvement du développement personnel et avait participé à des stages et à des séminaires, notamment à Esalen, berceau du mouvement New Age, toujours au prix d'efforts physiques énormes. En dépit de quoi elle continuait à vivre sa maladie comme essentiellement physique : c'était son corps qui allait mal, et la solution se trouvait nécessairement à ce niveau-là. Elle ne se rendait pas compte à quel point elle était enfermée et serrée dans sa carapace corporelle, à quel point celle-ci l'écrasait. Émotionnellement, il lui était impossible de rencontrer cette peur cachée mais omniprésente qu'elle continuait à repousser de toutes ses forces. Elle poursuivait sa recherche d'une explication, elle voulait comprendre, mais à condition que cela soit limité au corps, que cela n'exige aucune remise en cause de sa vision de la vie. Elle était fermement sous l'emprise de la peur du changement, et cela l'empêchait d'élargir son champ d'attention et de commencer à relâcher ses crispations. Après de longs mois de travail patient, la dimension physique de son épuisement s'est enfin ouverte, permettant l'intégration d'une prise de conscience nouvelle, ce qui l'a amenée à comprendre que son blocage corporel cachait un autre niveau de blocage, bien moins évident, et que, si elle ne clarifiait pas celui-ci, elle ne pouvait espérer aller mieux. Elle a enfin pu regarder sa peur en face, sa peur en général et surtout sa peur de ne pas être une mère parfaite. Cela lui a permis de reconnaître le profond sentiment de culpabilité qui était enfoui en elle, sa peur du jugement des autres. Cela s'est soldé par une acceptation de la dimension d'ouverture, ce qui lui a permis d'y revenir, de continuer à développer son attention, sa vigilance aussi bien dans le domaine du corps que des émotions, et d'accepter de réviser ses attitudes fondamentales. Il est indispensable, nécessaire, d'ouvrir son regard par-delà les apparences matérielles si l'on veut rencontrer sa dimension intégrale, spirituelle, et réconcilier sa puissance intérieure avec son pouvoir extérieur.

Pour cette femme, la route avait été longue et difficile. Il lui avait surtout fallu apprendre à se réconcilier avec elle-même, mais aussi avec sa fille et son mari. Son chemin avait été marqué par de douloureuses luttes et hésitations, mais progressivement elle a appris à s'écouter autrement. Elle est parvenue à dépasser ses pensées pour s'interroger sans cesse sur les émotions, les sensations cachées derrière la cuirasse de ces pensées, essayant de les ressentir, pour enfin reconnaître le coût en énergie, en force vitale de cette lutte intérieure. Elle avait tout fait pour barricader ce niveau, qu'elle ne souhaitait approcher à aucun prix, mais elle l'avait payé très cher, trop cher m'a-t-elle confié : « J'ai passé tellement de temps à gérer mon corps. Je me rends compte maintenant de tous ces efforts que j'ai faits pour ne pas entendre son message profond. Je me limitais au niveau physique, j'avais une maladie du corps que je ne voulais pas lâcher. J'espérais ainsi ne pas devoir regarder ma peur en face. Mais à partir du moment où j'ai pu l'accueillir avec conscience et attention, ma perception de la situation s'est modifiée, la menace s'est estompée. La peur a changé, elle a perdu son pouvoir. D'autres sentiments, d'autres émotions ont fait surface. Je les ai prises en considération et maintenant j'accepte de me laisser guider dans ma vie en intégrant toutes ces dimensions. »

La plupart du temps, le syndrôme de fatigue chronique est revendiqué, réclamé dans son intense dimension physique, qu'il faut bien sûr reconnaître, écouter et explorer. Mais le chemin se révèle sans issue si l'on se cantonne au corps. C'est certes notre enveloppe constitutive, mais elle ne fait que réfléchir notre espace intérieur. Le cas de ma patiente illustre particulièrement bien cette mauvaise utilisation de la force vitale. Il s'agit d'une lutte contre le désir vital, que l'on repousse de toutes ses forces. L'effet physique paralysant de cet intense effort est spectaculaire. Littéralement, plus rien ne bouge, rien ne doit bouger, tout est sous contrôle. La force vitale est utilisée dans le seul but de maintenir l'inertie, mais l'ennemi ne se trouve pas sur ce champ de bataille. Rien n'est plus épuisant que le combat émotionnel : donner le pouvoir à un processus émotionnel a trop souvent pour conséquence de nous enfermer dans un enfer personnel. L'énergie vitale tourne en rond, elle n'arrive pas à dépasser la première boucle de la spirale de l'évolution naturelle. On essaye de toutes ses forces de ne pas se laisser entraîner dans une direction que l'on refuse, parce qu'elle fait peur ou ne correspond pas à nos attentes. Il est bien difficile d'accepter que toute vie humaine comporte ces phases de transition psycho-spirituelles pendant lesquelles nous travaillons notre changement, notre maturation. Toute l'énergie psychique est utilisée pour s'opposer à ce mouvement naturel ; elle se fige dans la cuirasse du corps, censée nous protéger de cette dynamique que nous rejetons. Comme je l'ai déjà dit, si nous ne disposons plus d'énergie intérieure, ou plutôt si nous avons bloqué toute notre force intérieure pour faire obstacle à cette énergie vitale qui nous impose de rester en mouvement, nous la cherchons à l'extérieur. On trouve alors un fort appel d'énergie tourné vers l'extérieur, une demande constante d'attention, notamment dans la relation de soins, mais une demande qui refuse de toucher aux dimensions plus profondes de l'existence, de procéder à un véritable bilan énergétique, prenant en compte le corps, mais déchiffrant aussi et surtout les schémas émotionnels de fonctionnement, nos peurs et nos attentes, notre besoin de contrôle, sans parler de la question vitale du désir. C'est au prix de ce travail seulement que tout cela finira par émerger, par sortir à la lumière, c'est-à-dire à la conscience, pour occuper enfin sa place. Rester attentifs à nos attitudes habituelles, éprouver la dimension émotionnelle du langage du corps, faire fondre peu à peu l'épaisse couche de glace, l'iceberg que nous avons inconsciemment construit autour de nous, dans l'espoir qu'il nous protégera des aléas de la vie pour enfin permettre le déploiement d'un mouvement énergétique nouveau, à l'opposé de cette mécanique figée dont toute la force vitale vise à garder le contenant inerte, avec l'espoir secret de ne pas avoir à toucher au contenu.

Le corps est puissant ; sa dimension physique est capable littéralement de nous paralyser. Mais elle n'est que le reflet de l'aspect inconscient de nos autres dimensions (mentale, émotionnelle, attitudes de base). C'est l'inconscient qui tire les ficelles. Aussi longtemps que cette profondeur enfouie ne sera pas reconnue et intégrée avec toutes ses résonances, il ne peut y avoir de véritable amélioration.

Nous sommes des êtres pluridimensionnels : corps, esprit, âme, étroitement liés en dialogue subtil, permanent, obéissant à des mécanismes énergétiques, complexes et simples à la fois, qui déterminent l'équilibre entre pouvoir extérieur et puissance intérieure.

À mesure qu'elle progresse dans son apprentissage des leçons de la vie, notre âme recherche l'harmonie et l'équilibre. La balance énergétique dirige la force vitale infinie, mais neutre en soi, et accompagne la quête de maturation, laquelle se résume toujours, au bout du compte, à la question : Comment apprendre l'amour ?

Nous devons comprendre que nous sommes soumis en permanence à ce jeu de forces, ce qui n'exclut pas d'en apprendre les règles.

Comment prendre conscience de ce véritable réseau de champs énergétiques tissant la toile de fond de notre vie ? Comment guider et développer notre énergie vitale de manière à permettre la rencontre avec la force profonde de notre âme ?

Nous devons nous demander combien d'énergie provient d'une attraction positive, mais également combien nous en perdons par les attractions négatives, qui trop souvent sont le résultat de notre propre constitution. Il n'y a pas, à proprement parler, d'énergie négative ou positive en soi : tout dépend de la manière dont nous utilisons l'énergie. Son « signe », positif ou négatif, provient de la conscience que nous en avons — ou que nous n'en n'avons pas.

Notre univers quotidien se construit en grande partie à travers le filtre de nos émotions, lesquelles entrent en résonance avec nos croyances et nos attitudes, qu'elles soient positives ou négatives, optimistes ou pessimistes. Pour reprendre pleinement la responsabilité active de cet univers, nous devons nous interroger sur la construction de base qui le sous-tend.

Nous avons le choix : reconnaissons-nous et acceptons-nous les forces (positives ou négatives) que chacun de nous porte en soi ? les intégrons-nous consciemment dans le flux de la vie en les transformant en force active, constructive ? Ou bien restons-nous limités à l'utilisation d'une énergie émotionnelle défensive, cachée, intériorisée, dont les vagues nous submergent trop souvent, avec pour conséquence la perpétuation des actes d'autosabotage si courants ?

J'estime que la plupart des attitudes négatives naissent du fait que, sans le savoir, nous sommes séparés ou isolés de notre source spirituelle créative. Comment donc comprendre pour quelles raisons se perpétuent les difficultés que nous rencontrons ?

Il faut commencer par réaliser que les obstacles sur notre route sont en fait des crispations, des replis, à la base desquels se trouve toujours *la peur*. En soi, cette reconnaissance permet déjà de les accueillir avec plus de sérénité. Cette prise de conscience peut être le début d'une ouverture spirituelle sur la vie dans toutes ses dimensions, sans laquelle ce seront le contrôle émotionnel et la volonté rationnelle qui, dans la peur, détermineront vers où nous irons. Nous avons peur de nous ouvrir en confiance, de vivre pleinement et totalement. Aussi longtemps que nous restons crispés sur nos difficultés, sans pouvoir prendre une distance bénéfique, nous observerons que ces mêmes obstacles apparaîtront et se figeront dans des schémas de pensée, des humeurs ou des sensations à tendance répétitive. Une expérience récurrente, indépendante de notre volonté, au niveau du corps, du cœur ou de l'esprit est le signe d'un besoin : nous devons lui accorder une attention plus profonde, une compréhension plus lucide.

Si nous ne parvenons pas à élargir cette dimension de connaissance des difficultés rencontrées, nous resterons limités à la fréquence énergétique étroite du corps de la peur, nous consumerons à petit feu l'énergie vitale dans un faux-semblant de contrôle et de maîtrise.

Notons cependant qu'il n'y a pas de bonne ou de mauvaise conscience : tout jugement de valeur sur ce point nous ramène à la position de départ. Apprenons à accroître notre sensibilité à ce processus qui nous permet de ressentir l'ampleur et la profondeur des multiples dimensions ; cherchons à affiner notre aptitude à intégrer ces nouvelles énergies.

Devoir de conscience

Nous sommes tous mus par un moteur psychique individuel qui est la somme totale de nos souvenirs, de nos émotions et de nos impulsions (conscientes et inconscientes). C'est lui qui contribue à notre sentiment individuel d'être sur terre.

Au cours de mes consultations je constate à quel point un grand nombre de personnes réduisent progressivement leur rayon vital et se limitent à vivre une gamme d'expériences très réduite.

Les informations multiples dont nous sommes la cible à chaque instant ont de moins en moins accès à notre être intérieur : elles sont absorbées au niveau de la cuirasse du corps, qui emmagasine et subit. L'accès aux dimensions profondes de l'être, celles qui mobilisent nos mécanismes vitaux, reste interdit. L'expérience profonde est oubliée, refoulée. Seul reste l'exercice de surface, qui recouvre la peur. La vision du monde et de la vie se rétrécissent sournoisement, sous l'action conjuguée de la crainte du regard de l'autre et surtout de l'angoisse de ne plus maîtriser le cours de sa vie. Mais échapper à qui, et à quoi ? La réponse s'est déjà évaporée ; au lieu de quoi persiste un renfermement, le repli sur soi et ses vues figées.

Nous sommes les bâtisseurs actifs de notre vie. Tant au niveau conscient qu'inconscient nous élaborons le modèle de notre quotidien. C'est nous qui déciderons si nous nous orientons vers un modèle standard existant à des milliers d'exemplaires ou si au contraire nous ferons du sur-mesure, du haut de gamme, du « modèle unique », le seul qui réponde à notre individualité.

Comment pouvons-nous nous contenter de si peu de joie vitale ? Pourquoi en restons-nous si souvent à la situation de base ou de survie ?

Apprendre à dire « oui » à la vie, oser l'accueillir avec ses imprévus, ses difficultés, ses crises et ses drames, savoir saisir l'opportunité de faire l'expérience active de chaque situation avec son propre potentiel, imprévisible, inattendu, découvrir que le tout mauvais comme le tout bon n'existent pas. Tel est le choix qui s'offre à nous.

À travers ses choix conscients et inconscients, chaque être humain détermine l'évolution de sa vie : c'est en cela qu'il faut revenir à la notion de sujet déterminé actif, qui privilégie l'intention et l'expérience.

Comment acquérir ou développer la conscience nécessaire à des choix délibérés ?

Quelle est la relation entre la réalité physique et les choix que tout un chacun doit effectuer au cours de sa vie ?

Qu'est-ce qui nous empêche de progresser sur la voie d'une vie plus satisfaisante ? Pourquoi continuons-nous à saboter notre propre vie ?

La réalité qui nous entoure est une création permanente, elle se compose de couches superposées, qui forment notre tissu vital. Chaque personne a sa réalité unique et présente, reflet de sa conscience du moment. Tout ce que nous ressentons, pensons et vivons se reflète dans le miroir de notre vie ;

tout ce que nous y voyons est le reflet de la conscience qui est la nôtre à cet instant ; chaque reflet a sa propre teinte lumineuse particulière, à l'image de l'énergie universelle.

Nous pouvons décider de changer l'appréciation de ce que nous pensons, ressentons. C'est l'intention qui fait que l'expérience peut se transformer en créant de nouvelles formes de pensée, de nouveaux sentiments, de nouvelles actions. Il y a le désir du changement, mais aussi la volonté qui composent l'intention ; les deux se complètent et c'est leur effet conjugué qui permet d'entrevoir de nouvelles perspectives.

Si vous êtes quelqu'un de réservé, voire distant, pas très chaleureux, et que vous choisissez à un moment donné de vous débarrasser de votre méfiance naturelle, de chercher à rester ouvert chaque fois que vous vous voyez tomber dans la méfiance, c'est votre intention de base qui, en changeant, transforme votre fréquence de conscience. C'est vous qui, par voie de conséquence, autorisez l'expérience à réagir en prenant telle ou telle forme.

Nous pouvons prendre soin de notre vitalité, c'est même un devoir. L'harmonie et l'équilibre entre toutes les couches qui constituent notre réalité sont déterminants pour le désir vital qui sera le nôtre.

Nous sommes constamment amenés à entrer en relation avec d'autres êtres humains. La plupart du temps, cette rencontre a lieu à des niveaux de communication larges qui permettent de se retrouver autour d'un langage commun. Ce niveau se caractérise par des croyances et des pensées partagées par un nombre bien plus grand de personnes que celui constitué par notre réalité intime et individuelle. Ces couches s'imbriquent naturellement : le quartier, la ville, le pays, et ainsi de suite. À chaque couche correspond une dynamique énergétique propre qui permet de reconnaître le sentiment d'appartenance à chacune des différentes couches, qui sont partagées énergétiquement par un nombre croissant d'individus.

Prenons l'exemple d'une femme qui vit l'expérience de sa féminité : elle est simultanément femme, mère, épouse, et ainsi de suite. Ces expériences se rejoignent et chacune est vécue à un niveau individuel, mais elles s'inscrivent dans un contexte collectif, se complétant mutuellement pour réaliser l'expérience humaine. Dans tout ce que nous vivons, il y a la dimension de la réalité personnelle et celle de la réalité impersonnelle, celle du collectif partagé. La nouveauté de notre époque, c'est la conscience grandissante que nous sommes des sujets indépendants à part entière, mais qu'en même temps il existe de nombreux liens d'interrelation qui nous unissent dans le système universel.

C'est en découvrant la dimension spirituelle de notre quotidien, expérience qui nous permet de ressentir que nous sommes reliés en permanence à quelque chose de plus grand, de plus vaste, que nous pouvons aborder autrement les aléas de la réalité quotidienne, personnelle et impersonnelle, en y apercevant la croissance. Cela doit nous permettre de faire face à l'absurdité apparente de la vie, souvent insupportable et difficile à admettre.

Chaque jour, à chaque instant, de multiples informations énergétiques nouvelles nous atteignent, aussi bien en provenance de l'extérieur que de notre intérieur. Ces informations sont là pour nous aider à mieux nous connaître, à développer notre potentiel relationnel, à nous apprendre à vivre le moment présent avec conscience et intention.

La perte de force vitale

La force vitale est le résultat quotidien de notre aptitude à rester à l'écoute de notre être intérieur, à résonner de manière harmonieuse et équilibrée avec le monde extérieur.

J'ai déjà eu l'occasion de le dire, mais je ne le dirai jamais assez : ce sont nos intentions qui créent nos expériences. Si nos intentions ne sont pas claires, nous resterons dans un état d'inconscience par rapport à ce que nous vivons. Le monde a été créé inconsciemment par des intentions inconscientes. Mais chaque intention a son propre potentiel énergétique, conscient ou non conscient, extérieur ou intérieur.

Vous suivez la même direction que celles de votre attention et de votre intention ; ce sont elles qui donnent forme à votre expérience.

Le jour où vous parviendrez à admettre que votre vision intérieure est bien plus puissante que ce que votre regard extérieur vous dévoile, ce jour-là c'est votre perception globale, aussi bien intérieure qu'extérieure, qui pourra enfin changer.

Comment abordons-nous une situation donnée ? Que faisons-nous d'un événement ? Quelle place lui accordons-nous dans le processus de vie ?

On peut comparer l'affaiblissement de notre puissance à une lutte sur un échiquier interne. Les pièces sont certaines de nos pensées, de nos actions et de nos habitudes de langage qui reposent sur les attitudes de base suivantes — et si fréquentes :

— manque d'estime de soi, négativisme envers soi-même,

— pessimisme,

— attentes permanentes envers soi-même et les autres,

— jugements de valeur,

— tendance à reporter sur autrui la responsabilité de ce qui nous arrive,

— besoin de contrôle,

— ressentiment et haine,

— croyances empruntées à l'entourage et à la société.

Méditons ces attitudes que nous connaissons tous. Soyons honnêtes envers nous-mêmes : combien de force gaspillons-nous chaque jour à cause de ces énergies négatives dont nous sommes les créateurs ?

Comment perdons-nous notre énergie ?

Les principaux mécanismes actifs de la perte d'énergie sont les suivants :

— l'apitoiement sur soi ou sur les autres ;

— le fait de ne pas savoir mettre un point final aux événements douloureux de notre histoire, ce qui a pour conséqucnce de nous empêcher de nous ouvrir au présent ;

— les jeux de pouvoir, conscients et inconscients ;

— le fait de réagir de manière critique et cynique, de cultiver la méfiance ;

— le fait de considérer le pessimisme comme la meilleure défense ;

— la peur de l'échec, la peur du manque (qu'il s'agisse d'argent, d'éducation, de culture, d'attrait, etc.) ;

— la peur du changement tout court ;

— le sentiment de désespoir face à la vie de tous les jours, accompagné de justifications du style « c'est insupportable, mais nécessaire et inévitable ».

Ces divers mécanismes se répètent et se perpétuent avec d'infinies variantes. Mais, au niveau de notre balance vitale, le solde est toujours négatif.

Posez ce livre un instant et demandez-vous sincèrement quel est votre maillon faible. Qu'est-ce qui vous affaiblit au jour le jour et par quelle stratégie essayez-vous de le compenser ?

Par exemple ; la peur de l'échec vous incite-t-elle à vous surinvestir dans les domaines concernés ? Non seulement dans la vie professionnelle, mais aussi dans la vie affective, avec sentiments d'autodépréciation et perpétuation de mauvaises habitudes destructrices ?

Vous acharnez-vous à continuer dans une voie qui ne donne pas de résultats ?

La connaissance du système énergétique et de ses mécanismes fait partie d'un savoir ancien, constitutif de nombreuses traditions culturelles, mais oublié dans notre monde moderne fondé sur la quête de l'opulence matérielle. C'est très simple : chaque être humain a le droit de se protéger de ce qui lui nuit et de cultiver ce qui aide à son épanouissement. Notre champ énergétique est un système de filtres ; c'est nous qui choisissons ce qui y entre et ce qui en sort. Pour reconnaître et surtout apprendre à surmonter ces mécanismes de filtrage déficients, nous devons renouer avec la dimension spirituelle au quotidien, c'est-à-dire celle qui nous relie au *tout*, qui donne accès à la vision symbolique, qui nous permet de reconsidérer les événements avec recul, sous un autre angle. Le système vital autorégulé et auto-organisé ne peut fonctionner convenablement que si l'on acquiert cette dimension d'ouverture.

Quelques principes très simples aident à comprendre en conscience les règles des échanges d'énergie ou d'information.

Le dénominateur commun de toutes les situations d'affaiblissement est la peur avec ses différents visages : critique, haine, ressentiment, jugement, accusation, etc. Le résultat est toujours le même : une utilisation énergétique non adaptée à nos besoins avec pour conséquence une perte de force.

Ces attitudes doivent être reconnues et méditées, elles empoisonnent le quotidien, elles sont le reflet d'un système vital contracté, replié, où émotions et souvenirs se répercutent en formant des nœuds énergétiques qui font écho à nos schémas individuels de refoulement.

Le premier pas, essentiel, est de prendre conscience de l'énergie que ces systèmes de censure interne mobilisent. Ces différentes attitudes cachent en fait des mécanismes de défense qui partagent entre eux une formidable complicité. Ils se renforcent en unissant leurs forces.

Mécanisme de défense renvoie à émotions refoulées. Pour bien comprendre à quel point votre vie émotionnelle est dirigée par ce jeu entre émotions enfouies et attitude défensive, il convient de marquer une pause afin de bien distinguer l'une de l'autre. Cette clarification est un processus souvent douloureux, mais nécessaire, car la confusion entre émotion et défense, comme entre colère et dépression, entraîne une déperdition d'énergie considérable.

Savoir reconnaître ses émotions, en les acceptant, tout en questionnant la place qu'elles occupent au quotidien, tel est le fondement de toute entreprise de transformation émotionnelle.

Il faut apprendre à ressentir que, derrière toute attitude défensive, critique, se cache une peur non apprivoisée qui s'exprime à travers la colère par exemple, qui, lorsqu'elle est approchée à son tour, révèle l'existence d'une douleur et d'une culpabilité profondément enfouies et non accessibles, mais dont la prise de conscience fera enfin émerger d'autres émotions plus constructives, plus satisfaisantes, contrepoids à la colère agressive. C'est ainsi que l'on devient capable de voir les différents aspects émotifs d'un souci ; la perspective s'élargit et permet une évaluation plus adaptée d'une situation objective.

Les émotions s'enveloppent l'une autour de l'autre, comme les couches d'un oignon. Effeuiller l'une permet d'en dévoiler une autre, mais si l'on reste dans la confusion entre mécanisme de défense et émotion, cela empêche l'accès à toute vision globale et rend impossible la rencontre de l'ensemble des émotions positives et négatives qui y renvoient, occasionnant blocage et déperdition d'énergie

Si nous restons en attente des événements à venir, nous anticipons alors sur notre réalité, mais sans jamais vivre le moment présent. Nous construisons une vision imaginaire et attendons que cette vision devienne réelle. Attendre au lieu de faire : qui ne connaît pas ce piège ? Je vais pouvoir enfin vivre, si mes enfants ont leur diplôme en poche où encore lorsque j'aurai rencontré l'âme sœur. Ma vie va enfin prendre son envol. Nous attendons que nos relations répondent à notre vision, sans nous demander si nous sommes inclus nous-mêmes dans cette optique personnelle, si nous la respectons à notre tour, en y apportant tout le soin nécessaire.

Le jugement que nous portons sur les autres, mais aussi sur nous-mêmes produit le même effet. Le monde dans lequel nous évoluons se décrit à partir de catégories de valeur qui nous permettent de classer les individus et les comportements : bon ou mauvais, bien ou mal. Cette manière duale de procéder nous permet de faire valoir notre sentiment de supériorité et signe une prise de pouvoir. Nous imposons notre échelle de valeurs, jugeant qu'elle est la bonne, voire l'unique, et espérons ainsi augmenter notre propre valeur. Tout comme l'attente, le jugement révèle que nous sommes sur la défensive. Il nous permet de nous protéger, de nous cacher derrière un faux-semblant rassurant de sécurité. Il est bien plus facile de juger que d'être jugé. Ici encore, il s'agit d'une forme d'anticipation : anticipation de ce qui peut venir ébranler notre confiance fragile et risquerait de nous exposer au danger. C'est du moins ce que nous croyons.

Il n'y a rien à juger, rien à critiquer, rien ne me permet de considérer que je suis plus précieux que l'autre, mais rien non plus ne permet d'affirmer que je suis moins bien que l'autre.

Nous oublions que nous sommes tous en résonance naturelle les uns avec les autres. Ce que j'envoie vers l'extérieur reviendra vers moi par l'effet miroir de la communication. Si je porte un jugement sur autrui, c'est aussi et toujours, par la même occasion, un jugement sur moi-même. C'est une blessure pour l'autre, mais aussi une blessure que j'inflige à la partie de moi-même que je n'ai pas envie de voir.

Jugements, attentes, critiques. Tous ces comportements signent un vol d'énergie important. Ils sont le reflet d'un jeu de pouvoir auquel nous participons activement, en le pratiquant mais aussi en le subissant. Si nous pensons que nous sommes supérieurs aux autres et que ceci nous autorise à critiquer et à juger, nous nous nourrissons de l'énergie de l'autre, que nous lui dérobons. Si, au contraire, notre confiance en nous-mêmes n'est pas assez ferme, nous gaspillons beaucoup d'énergie en cherchant frénétiquement à rentrer dans le moule, afin de correspondre aux valeurs dites conformes de la société.

Tout ceci fait que nous nous éloignons de notre être intérieur, qui est l'écho naturel de l'intelligence universelle. Critique et jugement nous occupent et ne nous laissent plus le temps d'explorer la richesse de notre espace intérieur. Nous oublions l'essentiel, à savoir l'amour inconditionnel, source infinie de joie et d'énergie.

Toutes nos croyances, nos sentiments et notre savoir ont leur place dans notre espace de conscience. À certains moments de la vie cet espace peut s'ouvrir, devenir plus ample, laisser entrer une nouvelle lumière, qui éclaire une situation que nous pensions connaître, sous un jour nouveau. C'est cette frontière intérieure qu'il s'agit de franchir, en dépassant la défensive que nous pouvons enfin reconnaître, en élargissant notre horizon, c'est-à-dire en développant notre attention, en observant mieux nos émotions, en parvenant progressivement à comprendre ce langage qui nous parle de notre centre intime.

Commencez par étudier vos pensées et votre langage, afin de détecter les dérapages que vous vous infligez.

Une pensée récurrente renvoie toujours à une émotion cachée et enfouie. Vous pouvez élargir votre attention en vous demandant : Quel est le sentiment que cette pensée suscite dans mon corps, et à quel endroit ? Soyez à l'écoute des nouvelles émotions, des nouveaux sentiments qui feront surface, comme des vagues qui se suivent. Différenciez-les, questionnez leur niveau d'expression, tout en laissant venir les images associées et surtout ressentez ce que votre corps répond. Une fois l'émotion ressentie et intégrée, cela peut diminuer sa crispation.

Ainsi parviendrons-nous peut-être à découvrir qu'au fond de nous-mêmes nous nourrissons une subtile et ambivalente opinion de notre propre personne, que certaines émotions cachent notre peur d'être découvert, crainte qui continue à nous attacher, nous demandant de continuer à faire du sur-place, limitant malgré nous l'expression de la force créatrice.

La puissance de nos schémas mentaux est souvent sous-estimée et nécessite une réévaluation fréquente. Toute reprogrammation doit partir de la compréhension que le cerveau, forgé par ses habitudes, fait tout pour revenir en permanence à ce qu'il connaît et qu'il considère comme bien.

« L'être humain est ce qu'il pense. »

« Vous n'êtes pas obligé de croire ce que vous pensez ! »

Voilà deux phrases que je donne souvent à méditer.

On peut distinguer dans notre pensée deux catégories fondamentalement différentes. D'abord il y a la pensée qui est occupée à saisir et à comprendre le monde, aussi bien l'intérieur que celui qui nous entoure et dans lequel nous sommes plongés à chaque instant. Il s'agit d'une pensée qui est active mentalement, toujours en mouvement, et qui comprend aussi bien les pensées volontaires, que nous aimons développer, que les involontaires, lesquelles surgissent bien malgré nous. Dans cette catégorie entrent aussi bien les préoccupations ordinaires, que des processus de pensée sophistiqués, ainsi que toutes nos fantaisies et notre imagination, qui renvoient à notre espace intérieur avec ses émotions, ses images et ses souvenirs. C'est dans cet espace que nous nous trouvons quasi en permanence, mais il est enfermé trop souvent dans son propre mouvement et tourne en rond. Cette pensée involontaire se réfère au passé ou au futur, elle reflète notre « situation de vie » et s'inscrit dans un espace-temps psychologique, à la différence de la forme de pensée qui se développe parallèlement à l'état de conscience, qui accompagne la présence à chaque instant.

Cette deuxième catégorie de pensée est une pensée qui « repose » en elle-même, tout en traduisant un état parfait de présence, parfois appelé éveil, sans réflexion aucune. Il s'agit de se laisser imprégner par le soi infini, de se fondre avec lui dans l'unité, de découvrir un autre espace de conscience, bien plus vaste, qui dans son émergence nous permettra d'agrandir et de renouveler cette conscience des choses qui fait apparaître les tracas quotidiens comme secondaires. Nous sommes dans notre vie, que nous vivons au présent ; ceci nous aide à accepter la situation de vie actuelle, laquelle ne peut pas nous déborder.

Nous sommes notre monde, mais ne ressentons cependant pas le besoin de nous identifier à lui ; sans nous accrocher à lui, nous nous ouvrons à cet exquis et silencieux océan de connaissances. C'est cette deuxième catégorie de pensée qui nous permet d'élaborer la dimension de conscience, de nous libérer de l'enchevêtrement de la pensée active, que nous pouvons continuer d'observer, mais sans la poursuivre. Cette pensée qui repose en elle-même est difficile à faire émerger. Il faut parvenir à sortir du brouhaha et du vacarme de nos pensées émotionnelles et rationnelles. Cela demande une pratique assidue du détachement et de l'ouverture. Relativiser ses pensées, plutôt que d'y voir une mer de problèmes qui nous lie les mains et les et pieds. Développer une attention pour ce monde mental et émotionnel intérieur. Tel est le meilleur point de départ pour installer une saine distance entre le moi et ses projections mentales.

Nous respirons toujours l'air du présent, mais nos pensées nous font voyager, la plupart du temps, dans le passé à travers nos souvenirs, ou encore dans le futur, lorsque nous voulons prévoir. Nous délaissons mentalement le présent et ne pouvons trouver l'accès à la deuxième catégorie de pensée, qui est uniquement possible au présent.

Cette façon mentale de ne pas se laisser porter par le présent bloque la mise sur pied d'un véritable contact avec ce que nous sommes dans notre for intérieur, mais nous coupe également de toute communication au présent avec l'autre. Nous pouvons le reconnaître dans son présent à lui, le rencontrer, en faisant résonner notre présent avec le sien : ceci demande une disposition pour la distanciation vis-à-vis de ses propres pensées en mouvement, tout en respirant pleinement l'air vital du présent.

Quant aux actions, n'oublions pas que toute action est suivie d'une réaction. Si l'action de départ possède une charge négative, c'est-à-dire inspirée par des sentiments qui nous tirent vers le bas (jugements, critiques, ressentiments) en nous dérobant notre énergie et qui touchent de près ou de loin à la *peur*, la réponse a elle aussi la même fréquence énergétique basse et nous enfermera encore plus.

Le langage

Nous sommes des êtres de langage, mais que faisons-nous de cette spécificité ? Pour moi, jc ticns à le préciser tout de suite, ce n'en est pas une. Le langage ne se limite pas à la verbalisation humaine : il est présent à d'infinis niveaux de communication, humain, animal, végétal, cosmique. En fait, c'est la parole qui est humaine. Le langage, lui, est universel.

Demandons-nous comment nous parlons, demandons-nous quelle place nous accordons à la parole, et ce que nous exprimons à travers elle.

Nous gaspillons trop souvent notre énergie par une utilisation épuisante du langage. Parler devrait être une ouverture vers les autres ; cela devrait aussi nous aider à mieux cerner qui nous sommes. Hélas, lorsque la parole reste tournée vers le passé, avec ses histoires qui nous ennuient, ou lorsqu'elle devient un prétexte pour s'entendre parler (dans le vide, le plus souvent), où encore lorsque le langage est utilisé pour vider sa « poubelle » de connaissances, nos productions verbales sont trop souvent le miroir de notre incompétence à échanger véritablement, de manière vivante, au présent.

Prenons quelques exemples : « Tout a commencé en 1973, le 23 octobre 1973, ce jour-là, j'ai eu mal au dos et depuis je souffre. J'ai consulté de nombreux médecins, mais personne n'a trouvé pourquoi j'ai mal au dos. » Je vous épargne la longue et précise énumération chronologique qui suit. Elle nous fait entrevoir que cette personne s'est laissé emprisonner par son histoire. Trente ans après, presque jour pour jour, elle poursuit toujours son énumération d'épisodes douloureux, elle reste attachée de toutes ses forces au symptôme — certes pénible et qui revient avec insistance — sans envisager à aucun moment de renouveler sa vision des choses, en se posant enfin la seule question qui vaille : « De quelle douleur mon dos me parle-t-il ? Que me dit-il, si je l'écoute au présent ? » Mais le langage de ce patient se réduit à une litanie, qui ne réussit pas à relier les différents épisodes, et cette litanie est en outre stérile, car elle empêche l'ouverture vers la dimension du vécu intérieur et isole également de la rencontre extérieure. Mon patient aurait bien davantage intérêt à se demander : « Mais que s'est-il donc passé le 23 octobre 1973 ? Quel coup ai-je reçu ce jour-là, quel sentiment de trahison, quelle peur d'affronter la vie, quelle peur de l'échec ai-je rencontrés ? » Même s'il est vrai qu'aujourd'hui j'ai fini par penser que cette démarche ne représente qu'un tout petit premier pas vers une conscience au présent, la seule qui permette de se détacher du problème et de sa douleur. Ici, le langage illustre un espace-temps psychologique qui tourne à vide. Il illustre la première catégorie de pensée, incessante, voire compulsive. Or le langage doit devenir un pont, qui nous aide à faire des allers-retours intérieur-extérieur, un outil de facilitation, qui aide à la mise en place du quotidien.

Voici une autre illustration de ce que je veux dire : il s'agit d'une femme d'une soixantaine d'années, en fin de carrière de surveillante hospitalière, qui, après avoir parlé longuement de sa démarche spirituelle personnelle, me dit fièrement : « J'ai bien préparé mon départ à la retraite, après toutes ces années. J'ai collectionné la documentation professionnelle qui m'a semblé importante et intéressante, il y a une pièce entière remplie de dossiers. Le problème, c'est que je ne veux pas la laisser à n'importe qui, il faut que ça soit quelqu'un qui soit digne de prendre ma succession, qui ait la volonté de travailler et d'utiliser cette documentation à son tour. Je ne veux pas que mes dossiers soient mis de côté, ma connaissance doit continuer à servir. »

Je suis restée muette, abasourdie devant cet état d'esprit. Comme elle cherchait mon approbation, je lui ai quand même fait remarquer que la connaissance était un processus personnel, que chacun doit aborder à son rythme, en suivant ses propres repères, et qu'il y a une grande différence entre connaissance et information. Ici dans son cas, il s'agissait plutôt d'un dépotoir de savoir, même si ce terme peut paraître violent. C'était le reflet d'une démarche personnelle, plus extérieure qu'intérieure car fondée sur le désir inconscient de perpétuer un pouvoir extérieur par une prise de contrôle, une quête de reconnaissance, dépourvue de sens pour tout autre. Chacun a besoin de trouver ses propres bases dans le présent vital. Cet exemple est un cas typique d'utilisation abusive du langage en tant que savoir, accompagné de prise de pouvoir.

Autre attitude usante, épuisante, celle qui consiste à parler en s'écoutant parler. À partir d'une phrase de départ banale, on construit un échafaudage qui peut être tout à fait élaboré mais reste vide de résonance, car il ne reflète pas l'état intérieur. Les phrases s'enchaînent implacablement, mais sont figées et à la fin les deux partenaires, celui qui parle et celui qui écoute, sont fatigués et ennuyés. Le moment présent n'est pas pris en compte, il y a déroulement d'un processus de pensée, qui reproduit ce qui a déjà été et empêche le flux vital actuel.

Ces productions de mots sont insatisfaisantes, car elles obéissent à un automatisme de la pensée, qui répète toujours la même chanson. Nous restons attachés à cette pensée, et cela bloque l'accès à la partie créatrice de nous-mêmes, laquelle ne demande qu'à être découverte. Pour devenir un échange vivant, une discussion doit reconnaître l'intention présente qui la porte, se libérer de tout contenu qui fige la situation, qui procède par associations ou identifications et qui reprend les éléments ennuyeux, morts, du passé, ou encore les projections futures, qui elles aussi s'avèrent le reflet du passé.

L'important est de comprendre pourquoi nous parlons de telle façon ou de telle autre. Que se cache-t-il donc derrière ce flot de paroles ? Quelle intention cherche à apparaître ? Cette démarche devient possible à partir du moment où nous créons un espace d'attention centré sur le présent.

Il est fondamental de savoir détecter une attitude négative ou malsaine envers soi ou les autres, qui s'exprime à travers nos habitudes de langage. Notre cerveau considère en effet comme « vrai » tout ce que nous disons, même si nous plaisantons... Ainsi notre ambivalence continuera à être retenue, enregistrée et résonnera dans notre for intérieur tout en produisant des vagues à l'extérieur.

Si nous parlons du passé, alors nous sommes dans le passé et restons dans cette vibration. Très tôt dans notre enfance, nous avons subi des émotions très vives et fortes, bien avant l'acquisition des processus conscients de la pensée et de la parole. Tous nos souvenirs portent l'empreinte de cette matrice émotionnelle ; ils sont partiels et l'événement primaire a depuis été modelé par les sentiments que nous avons développés à son propos. C'est un fait : beaucoup de sombres images concernant notre passé sont le reflet de notre filtre de perception et ne correspondent guère à la « réalité » de ce qui s'est vraiment produit.

Pour devenir attentif à ses émotions et à son ressenti il faut accroître notre acuité sur la manière dont nous utilisons et percevons nos mécanismes mentaux. Il faut apprendre à les reconnaître afin de s'en libérer peu à peu et éviter ainsi la domination de mécanismes de défense. C'est cette nouvelle conscience que nous sommes en train de développer qui nous autorise à laisser tomber les identifications et nous aide à renouer enfin un lien avec le soi présent, authentique, témoin universel de chaque instant.

Notre langage est l'écho de notre conscience : il exprime à chaque instant la qualité de notre résonance vitale intérieure. Pour cultiver le chemin intégral, il est essentiel d'appliquer à notre échange verbal les mêmes principes de conscience et de présence, valables en toute circonstance :

— se laisser porter par le moment présent,

— faire une pause dans ce qui est,

— reconnaître et se débarrasser des identifications que nous reproduisons ou continuons à porter, à partir d'opinions, de situations du passé, lesquelles bloquent le processus de transformation,

— réaliser que le flux de paroles qui saute du coq à l'âne est l'expression de nos automatismes cérébraux : une pensée donne naissance à une autre, mais toujours en nous liant à ce qui était, au lieu de laisser résonner le silence intérieur, qui repose en lui-même et nous dévoile la puissance du langage de la vie,

— favoriser l'expression de tout ce qui est vivant et actuel. Cela permet à la satisfaction joyeuse d'un échange sincère de s'installer ; un contact véritable a lieu et peut résonner dans un lien respectueux de l'autre comme de nous-mêmes.

Choisir consciemment de quoi nous parlons et comment nous en parlons, en surveillant comment nous traitons un sujet, cela fait définitivement partie de notre conscience énergétique.

Les mots qui répondent à notre flux de pensées automatique, sans que nous y prêtions vraiment attention, font que nous parlons dans le vide : aucun échange véritable ne peut avoir lieu et nous perdons une force précieuse. Si, au contraire, la parole traduit un moment de présence consciente, alors nous entrons en contact avec notre intention créative, un échange d'énergie aura lieu selon les principes universels du donner et du recevoir.

Parler avec conscience aide à rester dans le présent. Il est utile de cultiver notre faculté de liberté mentale, qui permet de ne pas s'encombrer l'esprit avec tout un bagage de soucis, de préoccupations, d'anticipations, etc. Cela fait partie d'un « nettoyage » à recommencer tous les jours, en menant l'enquête sur ce qui reste valable, en se débarrassant de ce qui est dépassé et superflu.

Trop souvent, nos paroles reproduisent nos pensées. Involontaires certes, elles traduisent notre état d'esprit, reflet d'une situation, que nous projetons à l'extérieur, au lieu d'être l'expression d'une simple présence.

Il est difficile de ne pas se faire prendre au piège du mental, qui la plupart du temps soit se promène dans le passé, soit se préoccupe du futur. Même si l'air que nous respirons est toujours celui du présent, nos pensées font tout pour nous éloigner de l'instant vécu et, surtout, nous interdisent de vivre véritablement l'expérience qui l'accompagne.

Créez votre nouveau vocabulaire

Cette qualité de langage au quotidien devient encore plus déterminante lorsque des situations exceptionnelles, comme par exemple la maladie, font leur apparition dans notre vie. Quels mots utilisons-nous alors et quelle énergie ces mots dégagent-ils ? Le métabolisme énergétique malade est-il toujours capable de gérer ce gaspillage ?

Développer une attention pour le « comment je parle d'un événement qui me concerne » est un tremplin excellent pour entrer dans la faculté d'abstraction qui nous fait devenir notre propre témoin et autorise l'installation d'une bénéfique distance entre ce que nous sommes et ce que nous reflétons. Réussir à se détacher activement du processus de pensée involontaire, en le reconnaissant avec bienveillance, puis en veillant à augmenter la perception consciente du présent, permet de ne pas se prendre trop au sérieux : c'est la base d'une nouvelle communication. Souvent — et paradoxalement en apparence — c'est dans ces moments extrêmes que nous devenons aptes à cultiver cette qualité de présence.

Bien sûr, nous avons besoin de parler de la maladie, en exprimant la peur et la douleur qui l'accompagnent, mais il faut cependant rester prudent et ne pas tomber dans le piège qui consiste à parler de « bobologie » en permanence. S'enfermer dans ses blessures, physiques ou psychiques, notamment en les alimentant par la peur, ne fait que nous enfermer davantage dans notre peur de notre blessure. Si nous restons attachés, par les mots que nous prononçons, au processus physique de la maladie, ces mots résonnent avec ce que nous ressentons et bloquent et empêchent l'évolution vers quelque chose de plus sain. Il faut apprendre à décrire sa condition avec des mots sains, adaptés, qui ouvrent sur le processus de guérison. Par exemple, dans les groupes de femmes atteintes d'un cancer que j'anime depuis quelques années maintenant, je remarque que très vite la maladie cesse d'être la préoccupation principale. C'est bien la qualité de vie au quotidien, au présent qui accompagne, trop souvent perdue ou reléguée au fond de nous, qu'il s'agit de retrouver et de soigner.

Ainsi la maladie peut être l'occasion « d'un voyage vers cette partie inconnue de moi-même », ou encore « un ami qui partage notre route ». Car les amis ne nous font pas peur, nous pouvons les rencontrer et leur demander comment ils vont, écouter ce qu'ils ont à nous dire. Nous sommes nos meilleurs amis ou devrions l'être : être intime avec soi-même c'est accepter d'entrer dans le flux de sa propre vie, en écoutant les besoins de l'être intérieur. La mission du nouveau vocabulaire est de poser une base positive, saine, qui permette de voir au-delà de la maladie, de rallier les forces puissantes que sont l'espoir et l'amour sur le chemin de la guérison.

J'ai recontré récemment une jeune femme, à qui on venait de diagnostiquer un cancer du sein. Dans un premier temps, il était tout à fait normal qu'elle exprime sa peur devant la maladie. Elle se demandait bien sûr si elle pourrait gagner le combat qui venait de s'engager ; la peur suintait littéralement de chacune de ses phrases. Je lui ai demandé où se trouvait la partie de la femme en elle qui n'avait pas peur, qui faisait confiance, et je lui ai proposé, chaque fois qu'elle se laissait aller à « penser et parler peur », de remplacer celle-ci par le mot « amour ». Cela lui permettrait de sortir de la constriction de la peur et de se tourner vers l'ampleur de l'amour. Cette femme avait un long passé de blessures et d'abandons ; pour elle renoncer à ce qu'elle connaissait depuis si longtemps, c'est-à-dire la peur, l'emplissait d'effroi ; ne pas savoir ce qui allait remplacer le connu, même s'il était malsain, était terrifiant. Elle n'osait pas prononcer le mot « cancer », qui la faisait trembler, et je lui ai conseillé de bien écouter en elle-même. La peur venait-elle de son cœur ou de son cerveau ? La maladie était là, c'était un fait. Elle pouvait faire semblant de l'ignorer, ce qui rendrait la peur et la douleur encore plus vives, essayer de se bagarrer à l'aveuglette avec un adversaire redoutable, lui accordant ainsi un net avantage, ou bien elle pouvait lever le voile pour la regarder bien en face. Elle s'apercevrait alors qu'elle avait le pouvoir de transformer l'ennemi en ami. C'était à elle de décider si elle pouvait l'accueillir, lui permettre ainsi de se montrer sous un autre visage, beaucoup moins effrayant, la rattachant ainsi définitivement à son ombre. Cet exercice d'écoute intérieure nous porte bien au-delà du nuage des pensées involontaires, dans la brume duquel nous nous perdons si souvent. Ce langage intérieur réflète notre état d'esprit, positif ou négatif, sain ou malsain, au quotidien.

Nous sommes bien trop souvent soucieux, préoccupés, aigris ou remplis de ressentiments et de regrets. Nous jugeons les autres et attendons tout d'eux. Même si nous désirons une vie épanouie et harmonieuse, nous continuons à produire des schémas de pensée et de langage marqués par une attitude de contrôle permanent, dont la présence énergétique étouffe le désir et la joie légère du moment présent, et ne peuvent que renvoyer une onde de retour négative laquelle, en fin de compte, n'est que le reflet de notre peur de vivre.

Cette réponse négative que nous avons souvent tendance à considérer comme provenant de l'extérieur, sans prendre conscience que son origine se trouve bien à l'intérieur de nous-mêmes.

Cessons enfin de nous juger, de nous critiquer. Restons exigeants, mais n'oublions pas la tendresse. Notre monde extérieur tel que nous le vivons nous montre et nous renvoie à notre monde intérieur.

Nourrir sa force vitale

Chaque corps est une vague résultant d'une toile tissée de multiples champs de résonance, qui ne sont séparés ou immobiles qu'en apparence.

Nous sommes inséparables du champ de la terre, de celui des autres êtres humains ; à chaque instant, nous influençons et modelons ce grand champ, lequel influe sur nous à son tour.

S'épanouir au quotidien, c'est reconnaître et admettre toute la somme d'énergie humaine que nous travaillons chaque jour : nous donnons, recevons et perdons.

Comprendre avec conscience que nos pratiques d'autosabotage nous font dépenser bien plus d'énergie qu'une promenade à vélo ou un effort sportif est essentiel si l'on veut retrouver l'équilibre corps-esprit. Aussi longtemps que nous suivons une ligne défensive où domine la peur de la vie, mêlée à de l'ambivalence par rapport à ce que nous voulons vraiment, notre bilan énergétique restera dans le rouge.

L'ouverture vers soi, en accordant une place juste et claire à notre histoire sans lui laisser pour autant la priorité, permet son intégration dans le quotidien. Et cela évite le piège de l'enfermement dans un état chronique de victimisation avec sa propre attitude.

Nous oublions trop souvent que l'apprentissage est un processus : ce que l'on pense avoir résolu peut resurgir dans notre vie à un autre moment. Les conflits, les problèmes et les crises font partie de la vie ; nous ne pouvons les balayer définitivement, mais nous pouvons apprendre à y répondre.

Vivre avec conscience, c'est être prêt à réapprendre tous les jours ce qui se présente, sans s'y attacher pour autant. Notre vie intérieure reste marquée à tout jamais par cette phase du début de vie qui n'est fondée que sur des émotions intenses, vécues et ressenties vivement, soit comme harmonie, mais aussi parfois la peur panique extrême, sentiments dominants non saisissables à travers le langage et qui nous accompagnent tous les jours, bien malgré nous. Ces premiers ressentis sont déterminants pour notre attitude et notre façon d'aborder le quotidien ; ils sont à la base de notre individualité : plus nous devenons aptes à vivre l'expérience du présent, moins nous sommes encombrés par le passé émotionnel.

Chacun agit en fonction de l'état de conscience dans lequel il se trouve à un moment donné de sa vie. Cet état de conscience est bien le reflet de l'espace d'attention que nous avons construit autour de nous et qui peut être vaste et ample, ou bien petit et resserré. Accepter de poursuivre une quête d'ouverture fait partie de notre compétence à rester dans le désir de vie, réaffirmant et développant notre auto-estime au quotidien, ainsi que tous les sentiments qui nous aident à nous épanouir. Cette compétence est abandonnée en grande partie à cause de la peur : nous restons alors sur la défensive, vigilants, et la conséquence principale est un resserrement des mailles du tissu vital.

L'identification des véritables besoins est un pas important vers l'épanouissement, mais souvent ils sont difficiles à déterminer, car ils ne correspondent pas toujours à ce que nous pensons devoir faire ou ce à quoi nous devons censément ressembler pour avoir droit à l'amour ou à l'amitié de ceux qui nous entourent. Or ces faux besoins sont surtout l'écho de notre vécu de la petite enfance. Il s'agit de retrouver la résonance avec notre moi profond, par-delà le petit enfant. Ce qui représente notre être essentiel, ce sont les besoins qui nourrissent notre âme, qui nous permettent de nous laisser porter en toute confiance par la vague naturelle de la vie.

S'aligner avec son être profond permet de reprendre contact avec notre puissance intérieure et notre créativité. Or que nous dit cet être du moi profond ? « Développez votre capacité à vivre l'essentiel, dans la contemplation attentive du moment présent. »

Mûrir en conscience, c'est aussi noter attentivement les conséquences de vos actes. En ce moment même, vous êtes en train de vivre une étape de développement, de croissance de votre être, et même si vous redoutez le blocage, même si vous vous sentez coincé, vous n'êtes jamais en dehors de ce que vous avez à vivre, mais bien en train d'honorer une étape de votre vie. L'attention et la présence que vous donnez à cet instant sont entre vos mains.

Demandez-vous donc ce qui vous motive (hier comme aujourd'hui), ce qui vous attire, ce qui vous frustre et surtout ce à quoi vous résistez ?

Nous pouvons découvrir et développer les forces positives qui nous accompagnent sur ce chemin, augmentant ainsi son rayonnement naturel bien au-delà de notre enveloppe physique.

À la base de tout ce qui est positif d'un point de vue énergétique (rappelons aux personnes réfractaires au terme « énergie » que cela revient à de l'information), nous retrouvons deux éléments indispensables, qui nous permettent de reconsidérer nos attitudes ou croyances sous un autre œil, pour réaliser que trop souvent celles-ci sont restrictives, voire limitatives :

— faire confiance au flux de la vie
— rester en ouverture.

Deux principes simples en apparence, mais l'expérience nous apprend que les éléments simples sont en général les plus difficiles à appliquer. Ce qui nous aide à exploiter ces forces, ce sont les capacités à :

— dévoiler et mettre à jour ses mécanismes défensifs
— savoir trouver un sens à certains événements, ce qui permet de les inscrire dans le flux de la vie,
— rester dans le présent,
— rester soi-même face aux autres,
— reconnaître que la vie est un processus individuel et naturel,
— prendre du recul par rapport à soi,
— gérer la peur,
— accepter de changer de cap, ne pas s'acharner,
— reconnaître que l'obstacle aussi porte un message de sens.

Pour cela, nous devons évaluer :

— nos besoins et nos priorités,
— notre sentiment de ce qui est nécessaire,
— nos intentions conscientes,
— nos motivations inconscientes,
— la place que nous donnons aux responsabilités et aux loyautés,
— notre sentiment du vrai et du faux,
— notre niveau créatif,
— l'idée que nous nous faisons de la nature de la vie,
— l'expérience du succès et de l'échec.

Cette énumération est un simple repérage ; elle offre une base de réflexion utile. Chaque élément est une pierre nécessaire à la construction de notre route vitale ; il nous permet de trouver un cadre nécessaire à notre maturation.

Notre champ d'énergie vitale est fortement influencé par nos désirs et notre volonté, par les buts que nous nous fixons, tout comme par les relations que nous tissons autour de nous.

Nous donnons puissance et force à ce qui attire et intensifie notre attention et nos désirs ; cela est possible aussi bien dans un sens positif que négatif. Il y a des désirs constructifs, mais les attitudes destructrices qui se déroulent en même temps sont malheureusement fréquentes et souvent nous avons du mal à les reconnaître, ou alors trop tard.

Derrière chaque action, on retrouve une intention, que nous pouvons définir comme quelque chose que nous décidons consciemment et désirons voir se réaliser.

C'est ici que nous nous heurtons à la principale difficulté : notre ambivalence vient s'en mêler et nous avons beaucoup de mal à énoncer clairement et avec précision ce sur quoi nous voulons centrer notre attention. Cette ambivalence cache bien souvent un désir inconscient de rester dans une zone de vie neutre, de choisir la passivité au lieu de reconnaître et d'assumer notre désir.

En avançant sur ce chemin de la connaissance intérieure, petit à petit, nous prenons conscience du processus mis en place et de ses cycles d'évolution en spirale, nous reconnaissons comment nous nous parlons à nous-mêmes, comment nous écoutons notre intuition. Nous commençons à réaliser comment nous utilisons notre attention.

Ceci est très important : reconnaître où va notre attention. Souvent nous nous demandons ce que nous devrions faire, mais nous pouvons adopter une autre attitude en pensant, qu'est-ce que je veux ? Quel est le prix que je paie effectivement ? Rester dans le désir avec attention et présence, même si nous avons le sentiment d'être encerclés par la difficulté. Cela me rappelle la couverture d'un livre sur le désir vital : l'auteur, une psychanalyste, résumait ainsi sa pensé : nous sommes vivants soit si nous sommes amoureux, soit si nous somnes en analyse. Je m'étais amusée en imaginant le très petit nombre de personncs répondant à ces deux critères.

Pour porter son attention sur ce qui va nous aider à réaliser ce que nous désirons vraiment, veillons à ne pas laisser resurgir d'anciens schémas de comportement. Et aussi accepter que l'inconscient et le conscient forment une *unité*, que l'un n'est pas l'ennemi de l'autre, qu'ils sont complémentaires, l'inconscient n'est pas le simple réceptacle de forces obscures, souvent il se révèle notre allié et nous aide à exécuter ce que nous désirons au fond de nous-mêmes. Le considérer et l'accepter comme un « ami qui nous veut du bien » est une prise de conscience essentielle.

Le fait de voir ces deux forces, conscient et inconscient, main dans la main, nous stimulera pour faire l'expérience de notre unité et nous aider à nous rapprocher de notre centre, en honorant l'inévitable succession des cycles d'évolution qui composent une vie entière riche de sens et de sagesse.

Voilà pour la nourriture intérieure, présente en quantité infinie, dont nous pouvons disposer à volonté... à condition d'apprendre à l'utiliser à notre profit et non en la dépensant pour essayer de rester sur une voie glissante que nous ferions mieux d'éviter.

Il existe pour chacun de nous un apport extérieur d'énergie, qui est surtout précieux dans ces moments de tourmente intérieure, lorsque nous éprouvons un sentiment de constriction assez intense. Nous pouvons trouver cette force extérieure soit auprès d'autres humains ou alors tout simplement en faisant l'expérience que nous pouvons être là, recevoir cette énergie comme un cadeau de l'univers, qui est à notre disposition permanente, et où que nous soyons.

Soyons attentifs à l'énergie humaine qui nous entoure, mais en prenant soin de ne pas en faire une utilisation abusive : on ne doit pas s'approprier l'énergie de l'autre à son insu. Or ceci peut se produire de multiples façons, pour la plupart banales :

— focaliser l'attention de l'autre, à travers la plainte par exemple,

— répondre systématiquement par la critique à l'initiative de l'autre,

— juger autrui ou avoir des attentes démesurées à son égard,

— demander de l'aide sans vraiment avoir l'intention d'y répondre.

Il s'agit d'une énumération partielle, que chacun peut compléter et méditer à son rythme. Reconnaissez ce qui résonne en vous, laissez faire le développement naturel et agissez.

Votre énergie vous appartient, c'est vous qui dirigez son flux. L'abandonner en la bloquant ou en l'employant à tort est tout simplement un gaspillage.

Je constate que de plus en plus de personnes proposent à d'autres de leur « donner de l'énergie » par une présence directe, comme c'est le cas dans le « reiki », qui est l'exemple le plus courant de « partage » énergétique. Qu'est-ce que cela veut dire ? Si j'encourage tout à fait une démarche qui tend à développer la conscience des échanges énergétiques permanents constituant le tissu vital, je suis navrée que cela se passe souvent dans des mystifications, des prises de pouvoir, des partialités qui restent extérieures, au lieu de dire tout simplement que la vie est énergie, qu'elle est à l'œuvre à chaque instant, qu'elle est naturelle et disponible pour chacun et sans limites, hormis celles que nous lui imposons. Les personnes sans énergie n'existent pas. Si elles ont ce sentiment, c'est simplement qu'elles en font une utilisation malsaine ou la perdent par les différents mécanismes décrits précédemment. En l'absence d'une approche qui cherche à installer une conscience intérieure, qui ouvre à la maturation, toutes ces techniques se réduisent, dans le pire des cas, à une manipulation et, dans le meilleur des cas, à une transmission de force vitale vers un organisme qui en a besoin, mais qui, si les mécanismes de déperdition ne sont pas stoppés, se videra à nouveau rapidement. Notre société recherche toujours le même comportement, celui du moindre effort et de la pensée magique. N'est-il pas plus facile de demander de l'aider à remonter son énergie plutôt que de se demander pourquoi on a si peu d'énergie et comment elle s'évapore ? Certaines personnes n'hésitent pas à entretenir ce « don », au lieu d'encourager la personne à faire face à ses propres forces. C'est une forme qualifiée d'abus de pouvoir, base possible d'une dépendance dangereuse.

Votre énergie vous appartient, c'est à vous de décider ce que vous en faites. Si vous la perdez, c'est votre comportement ou votre attitude qui en sont responsables. Affirmez votre position et prenez garde aux mécanismes invisibles. Mettez-vous en mouvement. Sans attendre.

4

Des émotions et de leur bon usage

Que serait la vie sans émotions ?

Mais quelle place leur accordons-nous réellement, au jour le jour ?

Déjà, Platon écrivait : « Il faut conduire sa vie avec soin et intelligence, équilibre et sagesse », mettant ainsi l'emphase sur le sens de la maîtrise de soi, c'est-à-dire la compétence à se laisser porter par le flux de ses émotions, sans être submergé.

L'émotion : point de rencontre corps-esprit

Une courte définition s'impose. Le mot émotion vient du latin *emovere* qui signifie « se mettre en mouvement ». C'est le signe d'une perturbation. L'émotion résulte d'une situation concrète, à laquelle elle répond, et se manifeste à de multiples niveaux. Elle se compose de trois parties :

— une expérience ressentie au niveau du corps,

— des pensées accompagnant cette expérience,

— une expression réactionnelle, une impulsion, qui cherche à donner une réponse.

Exemple : dans une situation menaçante ou perçue comme telle, notre corps se prépare à la défense, il se met sous tension pour chercher à répondre à une pensée de menace physique ou psychique. Cette contraction est l'aspect physique de ce que nous appelons la peur.

Le conflit entre nos pensées de surface et les processus mentaux inconscients sont courants. On a souvent du mal à le reconnaître, mais cette activité inconsciente s'exprime au niveau du corps par des émotions et, tout comme pour les pensées, à nous d'aider nos émotions à devenir plus conscientes. Nous pouvons autoriser cette présence de l'émotion, la ressentir, l'accompagner, en être le témoin.

Les émotions sont une partie de ce tout que nous sommes, elles nous donnent notre coloration individuelle. Mais évitons de tomber dans le piège de définir quelqu'un à travers ses émotions ou ses sentiments. Nous sommes aussi cela, mais pas seulement.

Essayons de prendre notre place de témoin, c'est-à-dire soyons à l'écoute et observons sans juger, laissons se développer ce que nous ressentons et tout ce que que cela implique. Nos émotions sont la porte du cœur ; dans le meilleur des cas elles nous aident à mieux comprendre qui nous sommes vraiment et donc à aller vers les autres. Dans le pire des cas, elles peuvent, de même que nos pensées, nous rendre esclaves et dépendants. L'émotion porte la puissance énergétique de la pensée. Elle cherche à prendre le dessus et réussit en général si nous ne reposons pas suffisamment en nous-mêmes, dépassant le cadre restrictif de la pensée et de l'émotion. S'établit alors un cercle vicieux entre la pensée et l'émotion, l'une venant nourrir l'autre. En restant mentalement accroché à une situation ou à une personne on entretient l'émotion réactionnelle ; sa vibration énergétique fait appel en retour à la pensée de base et ainsi le processus se répète à l'infini.

Chaque émotion est une expérience personnelle, fonction de notre histoire. Notre monde émotionnel est d'une richesse infinie. Il existe en effet une multitude d'états d'âme, une abondance de modes d'être ou, comme dit le Tao, « dix mille joies, dix mille peines ». Chaque expérience s'accompagne d'une sensation : attirante, agréable, neutre ou déplaisante. Ce sont ces sensations qui à leur tour donnent vie aux émotions.

En Occident, lorsqu'on parle d'esprit, on entend en général la pensée rationnelle, intellectuelle, qui se manifeste par un flux ininterrompu de pensées, d'idées et d'histoires, se suivant sans fin. La tradition orientale s'intéresse davantage au cœur-esprit, qui, par-delà les pensées, les sensations, les émotions, intègre de même nos réactions, notre intuition, nos dispositions, et notre conscience.

Les émotions sont indissociables de l'expérience vivante. Elles ne sont ni bien ni mal, quoi que notre esprit cherche à nous faire croire. Elles sont, tout simplement.

Les émotions ne sont pas en soi le problème. C'est la conscience que nous développons autour d'elles, ou plutôt le défaut de conscience de ce que nous ressentons, avec les croyances qui l'accompagnent, qui fait le lit de la souffrance.

Écouter ses sensations, laisser s'exprimer les émotions, c'est rester en rapport avec soi-même. Chaque personne possède sa propre manière de réagir face à une situation concrète ; c'est ce qui dessine notre personnalité et fait notre tempérament.

Dans la première phase de notre vie, qui précède le langage, nous sommes des êtres uniquement de sensations et d'émotions. Face à des sentiments intenses, le petit enfant développe une réponse qui lui est propre ; lorsque la sensation se révèle trop forte, celle-ci peut se transformer en un mécanisme de défense, qui aura pour effet de faire éviter ou contourner cette émotion dans le futur.

Si nous renonçons, par peur de souffrir, à développer la conscience de ce que nous ressentons plutôt que de faire grandir l'habileté à reconnaître et à valoriser nos sentiments et agir en accord avec eux, alors nous occupons seulement l'espace de l'intelligence rationnelle, représentation d'un esprit dual, alternance permanente souffrance-plaisir. Le plaisir se réfère toujours à l'extérieur, alors que la joie est intérieure.

L'intelligence émotionnelle

Elle répond à l'idée du cœur-esprit, exprimée subtilement par l'image du « joyau de l'esprit qui demeure dans le lotus du cœur ». Elle se caractérise par une faculté à reconnaître et à gérer une réaction émotionnelle de manière adaptée à une situation donnée.

Cette compétence essentielle a plusieurs composantes :

— la reconnaissance de l'émotion : son identification, sans laquelle nous restons à sa merci ;

— la capacité de gérer son émotion, ne pas se laisser déborder, voire abuser par elle ; il s'agit d'une indispensable compétence de base qui nécessite une bonne connaissance de soi ;

— une automotivation : c'est-à-dire savoir mobiliser correctement ses émotions pour atteindre ses buts ;

— la capacité de savoir reconnaître les émotions des autres ; c'est ce que l'on appelle aussi l'empathie ;

— et finalement la capacité de savoir soigner ses relations, ou reconnaître l'interaction que nous entretenons avec les émotions des autres.

Une émotion n'est ni dangereuse ni destructrice en soi, tout dépend du pouvoir qu'elle exerce sur nous, de notre identification à elle et de l'utilisation que nous en faisons.

Trop souvent, nous sommes empêtrés dans nos émotions, inhibés par nos blessures anciennes. Les mécanismes de défense sont mobilisés, en état d'alerte, et nous essayons de toutes nos forces de résister, de peur de connaître une souffrance encore plus grande. L'esprit, accaparé par cette lutte, cherche à réduire cette souffrance, mais il n'en possède pas la solution, car il en est une des causes intrinsèques.

Accrroître sa conscience de ces mécanismes de pensée et schémas émotionnels, en les reconnaissant et en ressentant leur charge énergétique, telle est la seule manière de les transformer. Ceci exige un changement d'attitude : nous devons occuper la place du témoin, qui observe ce qui se vit sans jugement et sans attente, mais avec attention et bienveillance.

Le corps, l'esprit, l'âme et leur langage

Comme la psychoneuro-immunologie continue de nous le montrer tous les jours par la découverte de nouveaux neurotransmetteurs, c'est-à-dire ces substances qui sont un véritable relais de pharmacie interne, gérées et fournies par notre propre intelligence corporelle et produites autant sous l'influence de nos sentiments, nos attitudes, nos comportements et nos liens sociaux que par nos réactions physiologiques, nous sommes une entité corps-esprit, qui vit, pense, éprouve et participe de manière active à sa propre régénération et guérison.

Ce sont, entre autres, nos émotions qui sont à la base de la fabrication de ces molécules, dont on sait depuis peu qu'elles sont sécrétées en grande partie au niveau de la muqueuse digestive. La digestion des émotions, c'est-à-dire le processus de transformation, reprend ainsi l'image de la digestion en général. L'amygdale, une partie archaïque du cerveau, intervient quant à elle par la reconnaissance du danger imminent, toujours en rapport avec la complexité du reste du corps. Ce « cerveau émotionnel », encore appelé primitif parce qu'il remonte loin dans notre évolution, semble avoir existé bien avant le cerveau « pensant » ou néocortex. Aujourd'hui, nous savons que nous avons besoin de ces deux parties pour prendre des décisions, pour réagir de manière adaptée et rester dans une interaction réussie avec notre environnement. La raison et les émotions se donnent la main ; elles sont complémentaires et ont besoin de trouver leur équilibre. Les neuropeptides transmettent l'information du sentiment à toutes les cellules du système corps-esprit et semblent représenter la base physiologique de nos sentiments instinctifs primaires, ceux que « l'on ressent dans ses tripes ».

Actuellement on a tendance à négliger l'importance essentielle de ce tissu vital d'émotions et de raison ; on privilégie l'intellectuel au détriment de l'émotionnel lequel, pour beaucoup d'entre nous, a perdu sa familiarité. Nous avons du mal à lui accorder sa juste place. Beaucoup de nos émotions se sont mises à l'abri derrière un système défensif, visant à nous protéger de la douleur primaire, ressentie dans notre petite enfance et devenue base de défense. Mais en essayant de mettre ainsi sur pied un mécanisme protecteur contre les émotions douloureuses, nous nous coupons en même temps de l'expérience profonde de l'être-là, de ce que nous pouvons vivre de bon, de chaleureux, de constructif, car le cerveau archaïque ne sait pas faire la différence entre les émotions positives et négatives : il se contente de nous protéger et nous avertit du danger, réel ou supposé.

Nous avons tous besoin d'éprouver notre peine, de pleurer, de nous laisser aller à notre chagrin, d'ouvrir notre cœur à nous-mêmes et à la peine du monde, en lui permettant de vibrer en nous.

Élargir le corps-esprit au cœur, pour donner naissance au corps-esprit-âme, c'est intégrer toute la dimension de notre espace intérieur, cette richesse souvent cachée qui donne accès à toute la complexité du champ vital.

Ce sont nos sentiments qui nous mettent en relation avec nous-mêmes et donc avec les autres. Encore faut-il savoir leur donner une place appropriée et prendre conscience de leurs implications et conséquences énergétiques.

S'autoriser à ressentir les émotions, complètement et sans discrimination, sans s'y identifier, sans lutter pour les éviter, en les acceptant pour ce qu'elles sont (c'est-à-dire une force indépendante de notre personne), c'est ainsi que l'on parvient à vivre l'émotion sans être submergé par elle.

Les émotions se construisent en strates. Face à une colère apparente, demandons-nous ce qu'elle cache en dessous ; le plus souvent nous verrons derrière elle la culpabilité, qui, quant à elle, dévoile à son tour la peur de la solitude, de l'abandon. Il est donc important de toujours questionner une émotion désagréable ou difficile en se demandant ce qu'elle cache afin de ne pas tomber dans les pièges défensifs. En procédant ainsi, l'on arrive à une meilleure connaissance de soi et l'on peut développer l'esprit qui demeure dans le cœur.

Apprendre à reconnaître et par là même à gérer ses émotions est une étape nécessaire, importante et inévitable du développement personnel.

Combien de personnes autour de nous sont esclaves de leurs émotions et se laissent envahir par certains sentiments, voire se font véritablement malmener par eux ? Le constat est toujours le même : il est bon et nécessaire de ressentir ce que nous vivons, mais il est non moins important de ne pas s'arrêter à cette dimension, de ne pas la surévaluer.

Si les émotions ont à la base une fonction de protection, elles sont également le miroir direct de notre ego, qui est lui-même le reflet de notre résistance à entrer en relation avec les autres dimensions, souvent inconscientes, de notre espace intérieur.

L'espace inconscient

> *Si nous commençons par imaginer que nous sommes aussi grands, infinis, profonds et mystérieux que le ciel de la nuit, alors nous pouvons commencer par entrevoir notre complexité individuelle et à quel point nous restons des inconnus pour les autres, mais également pour nous-mêmes.*
>
> Thomas Moore

C'est notre moteur individuel psychique, qui se compose de la totalité de nos souvenirs, émotions et impulsions, qui détermine notre sentiment personnel et subjectif d'être au monde. Le produit de nos expériences et de nos relations passées forge la représentation sur mesure de notre façon d'être au monde.

Les premiers mois de notre vie se caractérisent par une incapacité à mettre de l'ordre dans ce que nous vivons, sensoriellement et émotionnellement, car nous n'avons encore appris ni la pensée logique ni le langage. Cette phase essentielle est le fondement de notre *moi émotionnel* ; toute expérience résonne au niveau émotionnel uniquement et notre manière de vivre cette phase sera déterminante pour toute notre vie ultérieure.

Les émotions de cette phase précognitive se rangent dans deux groupes : d'une part les émotions positives, qui nous procurent un sentiment de bien-être et d'harmonie lorsque nos besoins physiologiques sont satisfaits, de l'autre des émotions négatives, qui surgissent en cas d'absence de nourriture ou de stimulation. Le bébé, être totalement dépendant, vit cette privation comme un danger réel de destruction, non pas d'un point de vue logique, mais émotionnel. Cette expérience émotionnelle de base est la pierre angulaire des peurs et des angoisses ultérieures, qui peuvent surgir chez un adulte qui, tout en étant doué de raison et de logique, aura beaucoup de mal à (re)trouver la clef de ses peurs profondes. Nous avons éprouvé des émotions, mais ne pouvons expliquer ou décrire leur contenu, nous constatons par contre qu'elles refont surface régulièrement, cette phase de notre vie continue de nous influencer et une étape importante de notre croissance est d'accepter que nous ne pourrons jamais y avoir accès complètement, concrètement et rationnellement, quels que soient nos efforts de compréhension et de transformation.

Ce moi émotionnel fait partie du territoire psychique inaccessible en temps normal et bien que l'essentiel de notre vie intérieure soit régi par les émotions, nous n'avons le plus souvent pas conscience de leur présence. Si nous connaissons la crispation, la défensive et le refoulement, parce que nous les utilisons fréquemment, il n'est pas pour autant convenable dans notre culture de montrer ou d'exprimer ses émotions. Cet espace par définition inconscient dépasse le cadre de ce que nous (re)connaissons.

Une grande partie de ce qui nous détermine est sous l'influence de notre inconscient, cette force obscure qui façonne notre champ vital, la plupart du temps à notre insu et bien malgré nos tentatives de contrôle. C'est notre espace inconscient qui est à la base du champ de la complexité humaine, champ que l'on doit aborder avec des outils adaptés au travail de cette même complexité.

Conscient et inconscient font UN.

Comment parvenir à comprendre notre vie émotionnelle ? Pour cela, il faut effectuer un travail conscient sur notre espace inconscient, nous mettre en résonance avec ce qui est vrai en nous, nous ouvrir à ce que nous sentons, lui donner sa place et l'accepter, ce qui est le premier pas dans l'expérience du détachement.

On peut très schématiquement considérer que notre inconscient, celui qui détermine l'ego en le différenciant de l'universel, est nourri par quatre apports importants, que je donne ici « chronologiquement », en commençant par le plus ancien :

1. *Notre histoire familiale*, c'est-à-dire les relations tissées entre les différents membres d'une famille, son aspect transgénérationnel, les rôles et places octroyés à chacun, les drames, non-dits ou secrets de famille, qui bien que non énoncés de vive voix la majeure partie du temps, donc ignorés de notre espace conscient, nous sont en fait transmis énergétiquement sur le mode inconscient et continuent de nous imprégner avec force.

2. *Le projet-sens*, c'est l'attente des parents ou des autres membres de notre famille à notre égard, qui existe souvent même avant notre conception et qui se prolonge pendant la grossesse et la petite enfance. Ainsi, dès le départ, un schéma d'attente s'installe : il faut être ceci et non pas cela, comme par exemple ressembler à une personne censée traduire ou perpétuer l'esprit de famille ou au contraire se retrouver à son opposé. Cette attente peut être positive et structurante, mais en réalité elle se révèle trop souvent limitative et chargée négativement.

3. *Nos expériences propres* de la toute première partie de notre vie ou petite enfance, qui façonnent notre mode d'adaptation et mettent en place nos attitudes générales devant la vie, développent nos aptitudes émotionnelles, confrontent en permanence notre désir au désir et à l'attente des autres, expérimentent le bonheur, mais également la détresse émotionnelle, qui viennent prolonger et installer encore plus solidement le projet-sens initial.

4. *Les expériences du processus d'individuation*, qui installent pour de bon les schémas de base qui nous sont propres, schémas de comportements ou d'attitudes résonnant avec nos vécus ou perceptions inconscientes stockées, datant de la phase précoce précognitive et se traduisant par des réponses émotionnelles correspondant à notre individualité. Ces impulsions seront conditionnées par une situation de départ qui est reconnue au niveau inconscient, générant une réponse individuelle ; elles échappent au contrôle du « savoir gérer le rationnel et le conscient ».

Nous répétons ce que nous avons entendu, nous faisons ce que nous avons vu faire.

Si vous pensez que ceci est votre cas, arrêtez-vous un instant et considérez les sentiments et les pensées présents en vous en cet instant même. Chaque schéma se met en place, pour camoufler certains sentiments, pour qu'ils ne nous submergent pas, par la voie d'accès qui semble à priori la moins douloureuse.

Reconnaître un schéma donné est le point de départ nécessaire si l'on souhaite réfléchir à une nouvelle stratégie, si l'on veut remettre en mouvement le champ intérieur. Nous oublions trop souvent que tout ce que nous recherchons à l'extérieur, nous le portons dans notre intérieur ; nous avons oublié que faire connaissance avec notre propre vérité est une étape fondamentale sur le chemin de maturité.

Ces réponses ou attitudes émotionnelles prennent racine dès l'enfance et restent la plupart du temps irrationnelles et difficiles à comprendre, à moins de les considérer comme relevant de cette « valise » de l'inconscient, qui nous encombre à chaque instant. Elle pèse souvent bien lourd et — en termes énergétiques — plus elle est remplie, plus elle nous épuise à petit feu. Sans le savoir ni le vouloir, nous continuons cependant à la porter en permanence, en perpétuant les vieilles stratégies qui se soldent par une énergie dépensée à notre insu et fait obstacle la plupart du temps à notre créativité vitale propre.

J'ai rencontré il y a quelques mois une femme qui m'a parlé de la profonde dépression qu'elle avait vécue une dizaine d'années plus tôt. Elle n'arrivait pas à en émerger, en dépit d'efforts soutenus. Elle cherchait par tous les moyens, suivait une thérapie, avait pris des antidépresseurs et allait de plus en plus mal. Un jour, elle s'était inscrite à un stage de développement personnel de plus et avait enfin entendu cette phrase : « Le négatif fait partie du tout. »

Cela l'avait percutée, bouleversée et réveillée. Elle s'était mise à méditer dessus et avait fini par l'entendre et l'accepter. C'est cette acceptation et surtout son intégration qui lui avaient permis de percevoir une nouvelle stratégie possible, ouvrant la porte de la conscience de son état psychique. Elle avait enfin pu remettre en marche la dynamique énergétique et percevoir la dimension spirituelle du tout. En effet, trop souvent nous considérons que ce qui nous fait souffrir doit bien avoir une explication ; il devrait suffire de trouver celle-ci pour résoudre le problème et le dépasser. Le sentiment de culpabilité parce qu'on va mal et qu'on a l'impression de ne pas faire ce qu'il faut ou pas assez est très courant. Si nous parvenons à développer et à accepter l'idée de vivre avec conscience ce qui nous est donné, cela ouvrira la voie à un certain détachement. Vivons ce qui se présente à nous. Que cela soit ressenti comme positif ou négatif n'est finalement pas si important à condition de se laisser guider par le flux du moment présent. On préserve ainsi la possibilité d'ouverture et surtout on s'épuise moins que si l'on continue à se battre contre soi, si l'on continue à être son propre Don Quichotte. Après la tempête, il reste le nettoyage : il faut accepter le travail d'une vie, avec ses changements, ses développements imprévus.

Lorsqu'elle a compris cela, ma patiente a su que ce qu'elle vivait était bien une partie de son histoire de vie. Elle devait accepter de le vivre, même si elle l'appréhendait, afin de réussir à l'intégrer dans son contexte et sortir ainsi de l'impasse. Grâce à cette prise de conscience elle a pu commencer à remonter la pente, considérant que le négatif méritait bien sa place, mais pas toute la place. Elle avait réussi à faire trembler ses mécanismes de défense, permettant ainsi au mouvement vital de revenir et de se redéployer.

Ombres et modèles de comportement

C'est C.G. Jung qui a introduit le concept psychologique d'ombre. L'ombre est indissociable de notre tout : elle est définie par l'ensemble des choses nous concernant que nous ne pouvons accepter, que nous n'aimons pas et dont nous ne voulons rien savoir, que nous avons donc entreposées dans le domaine inconscient, mais qui ne manqueront pas de resurgir, bien évidemment au moment le plus inopportun pour nous.

Souvent, ce côté obscur de notre personnalité est perçu comme une force imprévisible, voire diabolique, qui aurait le pouvoir de nous pousser à faire des choses affreuses. Or, en fait, il s'agit davantage de la totalité de notre matériel personnel inconnu, qui contient même nos talents ignorés. Il est essentiel d'aller à la rencontre de cette partie de nous-mêmes, de travailler sa reconnaissance et son intégration, afin de garder ouvert l'accès à notre potentiel complet.

Notre ombre s'installe et grandit dès le début de notre vie intra-utérine, par le projet-sens que nos parents ont pour nous et qui se poursuit tout au long de notre période de nourrisson et de la petite enfance. Ainsi, même tout petits, nous portons déjà l'empreinte de l'ombre familiale, du matériel inconscient familial qui va participer à façonner notre mémoire émotionnelle, elle-même base de la mémoire cellulaire, qui s'inscrit au niveau du corps.

Très tôt dans sa vie, le petit reconnaît en effet que pour être aimé et accepté il doit répondre à une attente de la part de ses parents et plus tard de son environnement. Il fait de son mieux pour se construire une image personnelle, que l'on appelle encore « ego », laquelle lui permet de contrôler son monde, en éliminant ce qui ne correspond pas à son schéma personnel de survie et d'acceptation, mis en place au décours d'expériences émotionnelles. Ainsi, très tôt dans la vie, nous commençons par exclure et fermer les yeux sur certaines situations qui faisaient l'objet de critiques, de rejet, mais qui en fin de compte nous défendent contre une partie de nous-mêmes que nous ne voulons pas voir.

Comme le disait Abraham Maslow : « Si la seule façon pour rester dans le *soi* est de perdre les autres, alors l'enfant ordinaire va abandonner le *soi.* »

Cette notion de schéma est importante et permet de mieux comprendre comment nous construisons petit à petit nos fonctionnements. Notre ombre s'exprime à travers certaines de nos habitudes, qui se répètent malgré nous et dont nous ne savons comment nous libérer.

Ces schémas de comportement, acquis tôt dans la vie, sont à la base de nos réactions émotionnelles et déterminent notre capacité d'expression, ce que l'on peut encore appeler notre tempérament ou notre caractère et que nous portons à vie. Il est essentiel de reconnaître ses propres modèles de fonctionnement, toujours dans le but de rester dans sa trajectoire de sens, afin de mobiliser tout son potentiel énergétique créatif. Certains de ces schémas sont chargés négativement : ils empêchent l'écoute de l'intuition ou de la sagesse intérieure en coupant le lien qui nous fait résonner avec cette source profonde, en nous poussant à une expression émotionnelle, qui bien souvent n'est pas ou mal adaptée à la situation, aboutissant ainsi à une mise en place de filtres, qui viennent teinter et déformer la complexité de ce que nous vivons.

Ces filtres mentaux font paraître les événements bien différents de ce qu'ils sont en réalité. Ils sont comme un brouillard émotionnel qui teinte les différentes situations et qui nous empêche de voir plus loin.

Si nous souhaitons gérer notre vie avec sagesse et mesure, il est indispensable pour tout un chacun de reconnaître ou d'identifier ces schémas stratégiques qui nous régissent, toujours personnels et trop souvent restrictifs, afin de pouvoir équilibrer et mettre en relation la réponse émotionnelle accompagnante. Cependant, n'oublions pas que le faux va toujours de pair avec le vrai et qu'il y a bien plus de vrai que de faux en nous. Chaque être humain est confronté à ses « stratégies de survie », mais il faut bien réaliser que si notre énergie vitale est drainée ou déviée par nos efforts soutenus pour ne pas laisser apparaître des comportements que nous jugeons « inacceptables », nous resterons bloqués par la peur, le doute, le manque de confiance et nous passerons à côté d'autres expériences.

L'ombre familiale

Toute ombre projette son contenu vers l'extérieur de manière filtrée.

Notre famille possède elle aussi son ombre, nourrie et formée par le contenu transgénérationnel. Notre conscience de ce contenu est déterminante pour la forme que prend cette ombre.

À la naissance, l'enfant est *un* avec tout ce qui l'entoure. Il aspire à l'amour absolu et l'exprime par sa présence même. Face à un nouveau-né, l'adulte ressent cette unité, cette profondeur, ce lien avec l'infini, parfois avec confusion. Dans mon cabinet, j'ai posé l'une à côté de l'autre une photo de mon fils nouveau-né et une représentation du bouddha, j'ai mis très longtemps avant de réaliser un jour que l'essence du nouveau-né était celle du Bouddha, l'amour. Je le savais confusément, de manière partielle, mais le fait de le ressentir avec une clarté absolue à un moment donné a ouvert en moi quelque chose de tout à fait nouveau. J'ai soudain pu intégrer une dimension bien plus subtile et profonde de l'essence de l'enfant. Trop souvent et bien trop tôt l'être humain égare son lien personnel avec cette dimension d'amour universelle, l'*agapé*. Les parents sont de moins en moins en mesure de répondre à cette dimension, qui leur est devenue étrangère et a perdu sa place centrale. Leur histoire de vie les en a éloignés ; à un moment donné, il y a eu renoncement et résignation.

La vision de la naissance, celle du vivre l'amour, se perd.

Bien avant la grossesse les futurs parents aiment imaginer l'enfant à venir : il sera ceci et cela, fera telle chose et pas telle autre. Il y a projection de leur désir et de leur attente parentale, imprégnés de leur propre vécu conscient et inconscient. Si l'enfant qui naît se révèle différent du modèle attendu, ce qui est toujours le cas, s'il s'affirme à travers sa propre demande et ses besoins personnels, les parents se sentiront vite désorientés, déstabilisés, et auront du mal à être dans la présence aimante, qu'ils ont besoin de découvrir et développer eux-mêmes. La présence aimante communique la confiance et installe une sécurité fondamentale dont l'enfant a besoin au quotidien. L'enfant qui se sait aimé sans condition peut rester dans cette présence rayonnante propre au tout-petit.

Mais très vite les négociations commencent : si tu fais ceci, si tu es comme ça, alors tu recevras ceci ou cela. L'enfant a besoin de l'amour de ses parents, il est prêt à tout pour le conserver. Dans le pire des cas, il peut se résigner à renoncer à ses propres besoins. Notre moteur psychique individuel se compose de la totalité de nos souvenirs, de nos émotions et de nos impulsions. Il détermine notre façon personnelle, subjective, d'exister dans le monde. La phase précognitive de la toute petite enfance est remplie d'un vécu émotionnel qui constitue la matière brute et essentielle de notre moi émotionnel. En l'absence de langage et de raisonnement, ce sont des expériences purement sensorielles et émotionnelles, en relation la plupart du temps avec des besoins physiologiques, qui prédominent. Cette phase marquera toute notre vie, mais elle est au-delà de la compréhension consciente, raisonnée. L'on peut cependant distinguer entre les émotions positives qui nous communiquent un sentiment de bien-être et d'harmonie, nous aident dans notre développement, et les émotions négatives qui entraînent une carence ou un refus d'une relation aimante ou de soins alimentaires et corporels. Ce sont ces premières expériences émotionnelles du nourrisson dépendant qui déterminent notre vie. Le développement de l'enfant se caractérise par l'acquisition du langage et de la raison, mais peu importe le degré croissant de complexité, nous resterons toute notre vie dans la nostalgie et à la recherche de ce sentiment de bonheur initial.

C'est ainsi que l'ombre de l'enfant prend place, sous la projection de l'ombre des parents, elle-même nourrie par celle de ses grands-parents... Le manège transgénérationnel a commencé sa ronde et l'ombre familiale au sens large plane au-dessus du berceau. Ce gros nuage, toujours inconscient, parfois menaçant peut être perçu comme une faute par l'enfant, comme quelque chose de mauvais qu'il porte en son sein et qu'il pense mériter en partie, sans pouvoir dire exactement de quoi il retourne. Les parents qui n'ont pas éclairci leur propre ombre familiale auront bien du mal à préserver leur enfant de cette présence lourde et invisible. Répéter les mêmes comportements, chausser les mêmes attitudes que celles rencontrées dans les générations antérieures ou en réaction à celles-ci, telles en sont les conséquences. Ces schémas familiaux de base sont fortement ancrés dans notre inconscient, ils dirigent à notre insu ce que nous pensons décider librement.

L'ombre familiale fait qu'une partie de nous-mêmes ne peut se montrer, ne peut apparaître et grandir. Souvent, c'est cette même partie qui cache le message que nous cherchons depuis si longtemps, bloquant l'accès à notre sagesse intérieure. Revenir vers soi, se mettre à l'écoute de son espace intérieur pour finalement entendre ce que nous avons à apprendre de notre vie, en appliquant les principes universels de sagesse énoncés, impose de reconnaître et de lâcher enfin le mythe familial. Ceci est une étape difficile, mais toujours saine et libératrice.

Souvent, nous continuons dans la voie de ce que nous connaissons déjà, nous appliquons le principe du moindre risque, de la moindre dépense, et nous ne voyons pas que nous empêchons le souffle vital d'allumer notre propre flamme, qui jusque-là couvait sous les cendres familiales. Nous revenons à la créativité, au devoir vital qui est le nôtre : vivre notre propre histoire.

Le futur n'a pas besoin du passé ; il ne doit pas en être une répétition.

Assumons le risque de vivre chaque situation avec présence et ouverture. Nous accéderons à la vision symbolique des choses ; notre regard intégrera le sens, l'inattendu, mais aussi le non-sens. La vie est faite de ces successions.

Schémas restrictifs ou malsains

Il existe quelques grands thèmes dans la vie, que nous avons tous rencontrés et que nous rencontrerons encore et toujours.

Il y a des thèmes constructifs et des thèmes restrictifs. Il faut savoir les distinguer, car ce sont eux qui nous empêchent d'avancer vers notre épanouissement.

Pour les schémas restrictifs, tout s'articule autour de cinq grands axes avec leurs thèmes éternels, qui ont pour conséquence de nous éloigner de notre flux vital naturel :

1. l'abandon,
2. la privation,
3. la subordination,
4. la méfiance,
5. le manque de confiance en soi.

Ces schémas sont le point de départ de nombreuses sous-situations complexes. Ils sont à la base de la peur en général, car ce sont des thèmes contre lesquels nous essayons de nous défendre, que nous ne voulons rencontrer en aucun cas et qui nous conduisent à développer certains schémas de comportement censés nous protéger et qui, en fait, ne sont que des attitudes de refoulement ou des mécanismes de défense.

Tous ces schémas sont imprégnés à la base par des sentiments profonds, quasi innés, que l'on retrouve de tout temps dans l'histoire de l'humanité. Ils font partie de l'inconscient collectif et notre cerveau les a stockés dès la petite enfance et probablement déjà *in utero* dans sa partie archaïque, l'amygdale, qui à la différence du cerveau rationnel, cortical, n'est pas capable de faire une analyse subtile de ce qui nous arrive, mais plutôt reçoit et mélange tout à la va-vite dans le même pot, déclenchant un signal d'alarme peu différencié, qui est la réponse émotionnelle.

Le cerveau émotionnel a pris l'habitude de faire un tri grossier au niveau de ce que nous ressentons et fonctionne en ne sachant lire que certaines catégories de sentiments archaïques.

Face à une situation donnée, il est important de reconnaître le sentiment de base que nous éprouvons, le rattacher à son thème central et de faire appel à notre côté rationnel pour cette lecture, afin d'obtenir ainsi une analyse plus fine et surtout adaptée. N'oublions pas que nos souvenirs se mêlent en permanence à ce que nous ressentons : le présent devient un prisme à travers lequel nous allons observer nos émotions anciennes. L'événement que nous nous rappelons aujourd'hui est en réalité une composition de toutes nos émotions passées et accumulées.

Toute vérité est subjective, cela nous impose de travailler notre capacité à renouveler la vision des choses et des événements passés.

Il s'agit ici d'une compétence indispensable au processus de maturation, que nous acquérons avec l'âge ou plutôt que nous devons apprendre à utiliser à bon escient, sous peine de devenir ou de rester une victime de notre vécu émotionnel.

On ne peut manquer d'être impressionné lorsqu'on se rend compte que nous sommes régis dans notre vie de tous les jours par une petite poignée de sentiments archaïques, que chacun accommode à sa sauce personnelle, mais qui possèdent toujours un effet cumulatif difficile à évaluer d'avance. Aussi longtemps que nous ne faisons pas la connexion sentiment-émotionanalyse rationnelle, nous ne sommes pas dans une vue d'ensemble de la situation. Une vision symbolique permet de se détacher du sentiment primaire et de l'intégrer dans un point de vue plus global, toujours régénérateur, vital, ouvrant à la perspective de conscience.

Quels sont les éléments déterminants de notre monde émotionnel ?

Que faisons-nous des sentiments archaïques ? Comment les traitons-nous ?

Chaque personne cherche à s'adapter le mieux possible au quotidien, essayant de camoufler ces sentiments de base, de leur échapper en développant en réponse un comportement individuel. Mécanisme de défense va toujours de pair avec émotions refoulées : si vous voulez comprendre comment s'établit cette relation, il faut faire une pause et considérer d'abord l'un, puis l'autre. Savoir les différencier et reconnaître le mécanisme de défense sous-jacent aide à lever ce mécanisme, ouvrant l'accès à des émotions plus équilibrées, négatives au départ mais qui permettent de voir émerger des émotions positives jusque-là absentes. Ainsi une situation donnée se montre sous divers angles et l'ouverture est bien plus réaliste.

Prenons un exemple : la colère est un de ces sentiments qui remontent à la nuit des temps. Elle est inévitable et fait surface de temps en temps. Il faut en effet tenir compte d'une colère justifiée, réponse à une attaque réelle et qui éveille notre force naturelle de survie. Si cette colère est maîtrisée, elle permet de réagir de manière adaptée et constructive à la menace perçue. Mais, la plupart du temps, cette colère porte les teintes d'expériences passées et s'en trouve déformée. Ainsi un événement actuel peut réveiller des souvenirs et déclencher la même émotion ancienne, plutôt que de permettre à une nouvelle d'émerger, qui serait plus adaptée à la situation actuelle. Le patron tyrannique peut vous rappeler votre père tyrannique et votre réponse s'adresse probablement autant à votre père qu'à votre patron. Le problème devient réel si cette colère n'est ni justifiée, ni adaptée, ni reconnue. C'est alors un mécanisme de défense pour ne pas entrer en contact avec d'autres émotions sous-jacentes. Il finira par enfermer le coléreux, qui deviendra malgré lui victime de sa colère.

Un garçon de onze ans vient consulter avec sa mère pour énurésie (pipi au lit toutes les nuits). Il est inquiet et bouge sans cesse, il a de grandes difficultés de concentration, donc des difficultés scolaires, et exprime très bien un sentiment d'échec général dans sa jeune vie. Vu la détresse importante de cet enfant, je l'avais adressé un an plus tôt en pédopsychiatrie. Je leur demande donc ce qui s'est passé depuis. La mère me dit qu'ils sont allés consulter trois fois en tout, mais comme cela n'a rien donné, le père n'a pas voulu que son fils et sa femme y retournent, lui-même refusant dès le départ de se déplacer. Sur ce, la mère m'explique que son mari est un véritable colérique. Il rentre de son travail frustré et fatigué, et la guerre commence, pour un oui ou un non. Cris, disputes, vaisselle cassée, insultes, toujours en présence du fils à qui ces scènes sont supposées « apprendre la vie ». J'avais eu l'occasion de rencontrer le père, qui m'avait semblé raisonnable, mais j'ai compris qu'en fait il contrôlait ses émotions à l'extérieur de la maison, mais dès qu'il est chez lui, les fusibles pètent, il explose et cela dans des proportions démesurées. Il n'a pas appris à exprimer sa colère de manière adaptée et utilise celle-ci pour se tromper lui-même en fait. Il est incapable de reconnaître que, sous son agressivité, il se sent blessé, humilié, non reconnu, et ceci depuis fort longtemps. Comme la vie fait bien les choses, quelques semaines après ce rendez-vous avec l'enfant, le père se présente à mon cabinet pour une « bricole », et je me dis qu'il faut saisir l'occasion pour au moins essayer de l'aider à prendre conscience du mécanisme malheureux dans lequel il est empêtré. Il m'écoute avec attention et me dit qu'il n'avait jamais vu la situation sous cet angle. Il pense en effet que se mettre en colère est une excellente mesure éducative, puisqu'il l'avait vécue lui-même, et il n'en connaissait pas d'autre. Le premier jalon vers une nouvelle perspective était posé, mais une telle dynamique a besoin de soutien...

Ce sont nos comportements qui nous caractérisent : ils affirment notre individualité. Nous pouvons les diviser en comportements positifs ou sains, ceux qui nous renforcent au quotidien, et en comportements négatifs et malsains, ceux qui nous affaiblissent en nous faisant perdre de l'énergie.

Le bonheur ou harmonie intérieure n'est pas une réaction chimique spontanée qui va se perpétuer indéfiniment. Comme toutes les choses précieuses de la vie, il demande un travail et des efforts continus. L'enracinement dans des schémas rigides, une vision définitive du monde, est un danger que nous courons tous, mais nous pouvons compter sur notre force intérieure, qui nous permet de décider et d'agir. Si on ignore ses sentiments profonds, en se fiant au contraire à son comportement défensif, on fait du tort non seulement à soi-même, mais aussi aux autres. On empêche les relations, l'amitié et l'amour de se développer. Se confronter à ces sentiments refoulés, c'est comme allumer la lumière dans une pièce sombre : ce que nous pensions être des monstres et des fantômes menaçants sont en fait des réactions normales à des événements du quotidien. Nous les nourrissons en les entretenant et accroissons de la sorte leur puissance.

Les schémas de comportement malsains

J'aimerais développer ici brièvement certains comportements malsains, dont la caractéristique commune est de nous faire dépenser davantage d'énergie que nous pouvons en acquérir, l'effet à long terme étant un épuisement énergétique :

— *le manque de discernement* ou l'incapacité à apprécier justement les choses. Ceci s'applique surtout aux relations humaines. Comment entrons-nous en relation ? Trop rapidement, et il s'ensuit un mouvement de peur et de retrait. Dois-je écouter mon intuition, lorsqu'elle m'envoie ses signaux d'alarme ? Est-ce que je sais ce que je veux et ce que je vaux et à quel prix ?

— *la suraccommodation*, « faire du zèle » : quel est mon comportement face à l'autre, quelle est l'image que je projette de moi-même ? Est-ce que j'essaie de plaire à tout prix à chacun, en me montrant flatteur, efficace, rationnel, cynique, séducteur, trop gentil — ou tout autre comportement qui réflète le désir d'être choisi, d'occuper la place centrale ?

— *la recherche de reconnaissance* : est-ce que j'inscris tout ce que je fais dans un désir de reconnaissance par l'autre ? Est-ce que je me subordonne pour être reconnu par l'autre ? Est-ce que je fais les choses pour être considéré ou bien parce que j'y trouve un plaisir personnel ?

— *le parler trop*, ou comment utiliser la parole ? Est-ce que parler sans arrêt signifie contrôler la conversation, dont je suis le centre, aussi longtemps que je parle ? Est-ce que j'essaie par tous les moyens de continuer à parler, même si je sens que l'autre se retire ? Est-ce que je sais écouter ?

— *être suspicieux et/ou secret* : est-ce que je m'invente facilement des scénarios d'espionnage ? Est-ce que je ressens le besoin de taire certaines idées ou informations, de peur qu'elles ne soient utilisées contre moi ? Ma méfiance m'empêche-t-elle de profiter du soutien des autres ? Comment s'exprime ma suspicion ? Me pousse-t-elle à prendre mes distances ?

— *retenir l'expression* : est-ce que j'utilise le silence, une colère rentrée ou des reproches non exprimés pour faire sentir à l'autre que je suis en désaccord, sans cependant lui donner la possibilité d'exprimer de vive voix le sujet du désaccord ? Retenir l'énergie est une forme subtile d'abus de pouvoir.

— *avoir toujours raison* : est-ce que je me sens plus fort si j'ai « démontré que j'ai raison » ? Est-ce que j'essaie de me mettre en avant, en prétendant savoir mieux que les autres. Quelle est ma réaction lorsque je suis confronté à mes propres erreurs ou à mon ignorance ?

— *manquer d'engagement* : que signifie s'engager pour moi ? Est-ce que m'engager veut dire renoncer ? Si je ne m'engage pas, est-ce pour pouvoir garder une porte ouverte en permanence ? Est-ce que je m'attache davantage à la potentialité d'un projet ou d'une situation au lieu de m'autoriser à œuvrer dans le sens du développement ? Est-ce que je me tiens à l'écart, pensant que ce n'est pas encore ma véritable place ?

— *s'engager dans des missions impossibles* : est-ce que je pense que je dois persévérer et continuer à lutter pour quelque chose, malgré de nombreux signes que je dois lâcher et laisser aller ?

— *continuer à penser que de toute façon le meilleur reste à venir* : est-ce que je reste fixé sur un futur en or qui ne va jamais arriver ? Est-ce que je me laisse décourager par un but trop ambitieux et donc inaccessible, ou au contraire est-ce que je me donne les moyens d'avancer pas à pas ? Est-ce que je suis un insatisfait permanent et le fais-je sentir aux autres ? Est-ce que je sais reconnaître et accepter mes forces et mes réalisations ?

— *prendre pour un fait que mes désirs vont être comblés par l'autre* : est-ce que mes besoins et mes carences remontant à mon enfance font partie du bagage que je fais porter à l'autre ? Est-ce que je pense que l'autre *sait* lire mes pensées et m'apporter tout ce que je désire lorsque je le désire ?

— *battre en retraite face à la difficulté* : si quelque chose ne me satisfait pas, est-ce que je me détourne ? Est-ce que je perpétue la pensée du tout ou rien, c'est-à-dire si quelque chose ne va pas, est-ce que rien ne va ?

— *la peur du changement* : est-ce qu'elle me rattrape dès que j'atteins une nouvelle étape de ma croissance ?

Tous ces comportements, bien ordinaires et familiers, ont comme fâcheuse conséquence de bloquer notre énergie et de nous faire vivre une vie de qualité bien médiocre.

Comment faire pour ne pas rester l'esclave de ces comportements contre-productifs ?

Si vous vous reconnaissez dans un ou plusieurs de ces modèles — et qui ne s'y reconnaîtrait pas ? — il faut les faire sortir de l'ombre le plus souvent possible, afin de les considérer à la lumière de la conscience.

Ne vous enfermez pas dans le jugement, mais prenez la décision ferme de faire de meilleurs choix dans l'avenir et demandez l'aide dont vous avez besoin. Patience ! On ne peut défaire en une nuit ce qui s'est construit tout au long d'une vie, et ces comportements ont été une partie de votre unicité. Observez-vous à travers ces motifs récurrents et, surtout, apprenez à voir en eux la base de nouveaux choix. En règle générale, le jugement nourrit l'ombre et la rend encore plus puissante. Donc, renoncez au jugement !

Cette reconnaissance des motifs de votre vie conduit toujours à une prise de conscience. La plupart du temps, il est difficile de se rendre compte que la vie n'est pas seulement faite de messages de sens commun et que nous avons stocké bon nombre de « contre-messages », qui nous rendent sourds à la voix de notre âme. Le problème est trop souvent que nous ne voulons pas entendre que nous sommes... mal-entendants ! Certains messages contiennent un sens qui ne peut être classé rapidement et simplement ; ils sont porteurs d'un code lié à des événements douloureux de notre passé. La reconnaissance de ce fait est une porte ouverte vers l'épanouissement.

Si vous pensez être concerné par l'un ou l'autre de ces comportements, cherchez à reprendre contact avec vos souvenirs d'enfance. Interrogez votre mémoire : quelle était la réaction de mes parents ou d'autres proches lorsque je me trompais ou que j'agissais d'une certaine manière ?

N'oubliez pas que tout comportement est influencé par les cinq grandes peurs : peur de l'abandon, peur du manque, peur de l'exclusion, peur d'être malmené, peur de laisser percer son manque de confiance.

C'est à partir de la transcription individuelle de ces peurs que chacun élabore sa trame personnelle. Mais souvent ces constructions ne sont pas assez solides et ne résistent guère à la demande pressante de transformation vitale. Nous essayons de garder l'équilibre en dépensant de fortes quantités d'énergie vitale, engendrées dans l'effort démesuré pour garder un semblant de stabilité.

Réfléchissez un instant et demandez-vous combien de fois vous vous êtes autosaboté récemment ? Prenez la décision de rétablir la balance de votre équilibre énergétique, réappropriez-vous votre pouvoir vital intérieur et permettez-vous de pencher du côté de la vie créative, seule à vous donner véritablement force intérieure et stabilité. Une aide thérapeutique spécialisée pour soutenir cette démarche peut être utile et précieuse. Ne vous en privez pas.

Reconnaître ses besoins essentiels

Le bilan énergétique personnel passe par deux étapes :

— découvrir sa **vérité** personnelle et la regarder en face,

— développer et assumer sa **responsabilité**.

Aussi longtemps que nous restons peu conscients de notre responsabilité propre dans chaque situation de notre vie, nous perpétuons les conflits et les doutes.

Commençons donc par être présents là où nous nous trouvons et acceptons de vivre la situation donnée avec la conscience que nous en avons ; bref découvrons qui nous sommes !

Trop souvent nous ne le savons pas et nous ignorons ce que sont nos besoins essentiels. Il ne s'agit ni de notre travail pour lequel nous donnons tout (trop ?), ni de la poursuite des rêves de nos parents. Qu'est-ce qui peut faire résonner ou éveiller ce dont nous avons vraiment besoin ?

Si nous voulons rester dans le flux de la vie, il est essentiel de réaliser la place que nous accordons chaque jour au jugement. Le jugement que nous portons sur nous-mêmes, mais aussi et surtout celui du regard que nous posons sur l'autre et qui nous est bien sûr renvoyé, car nous sommes en résonance permanente avec lui. Le jugement devient ainsi la source d'une perte d'énergie et d'un affaiblissement, tant pour nous-mêmes que pour les autres. Notre échelle de valeurs individuelle est souvent le reflet de notre façon maladroite de rester dans un jeu de pouvoir. En jugeant, nous prenons notre système de valeurs comme représentatif, nous définissons ce qui est bien ou mal. Or, à y regarder de plus près, le jugement réflète notre sentiment d'auto-estime. Nous prenons les devants : n'est-il pas moins douloureux de juger que d'être jugé ? Ce jeu de cache-cache peut durer longtemps. Notre estime de soi n'en tire aucun bénéfice. Mais le fait d'accepter certains de ses comportements comme des caractéristiques vitales intrinsèques permet d'ouvrir la perspective et d'accéder à un niveau d'autoconnaissance supérieur. Chacun a besoin de reconnaître aussi bien ses aspects apparents, positifs que les aspects négatifs, cachés. Surtout, chacun doit développer sa capacité à encaisser et à réagir aux ondes de choc, qu'elles soient positives ou négatives. Toutes deux sont porteuses d'informations constructives, même si chacune offre des possibilités différentes.

Du moment que l'on regarde ses peurs en face, la vie commence à changer ! Arrêtons l'hémorragie d'énergie et rendons sa juste place à notre ombre. Reconnaissons son existence, mais refusons sa suprématie.

Dans ma pratique médicale, j'essaie toujours d'identifier comment l'énergie personnelle est drainée et utilisée en général. Mais, dès qu'une pathologie survient, il y a urgence vitale. Il faut affronter la place de l'ombre et ses conséquences énergétiques, car la situation de maladie la fait en effet ressortir encore plus. J'entends souvent la phrase suivante : « Je ne savais plus comment m'en sortir, la maladie s'est installée, je pensais trouver un répit... », et j'aimerais que, face à la maladie, chaque personne puisse dire un jour : « À chaque situation, il y a une réponse autre que la maladie. À moi de la trouver et de l'écouter. »

Le sacrifice à l'ombre

Le champ d'énergie dans lequel nous vivons et grâce auquel nous créons quelque chose avec notre intention est la conscience.
James Redfield

On peut qualifier certains comportements de négatifs, car ils nous empêchent de maintenir ou d'acquérir une flexibilité ou d'élaborer des choix conscients. Nos habitudes sont en général tellement enracinées que nous avons du mal à les reconnaître. C'est plutôt chez les autres que nous les voyons et les récusons souvent, sans réaliser qu'elles font aussi partie de nous. Il serait illusoire de croire qu'il suffit de décider de s'en débarrasser. L'organisme humain est un système auto-organisé, la vie est un processus de (re)connaissance : il faut donc aborder ces schémas comme des modèles qui évoluent avec notre réalité et reflètent cette réalité dans notre pensée. En reconnaissant avec conscience un seul de ces comportements et en décidant de ne plus lui attribuer de l'énergie psychique, notre compétence d'auto-organisation se met au travail et trouve de nouvelles possibilités. C'est en reconnaissant ces modèles que notre conscience peut prendre du recul par rapport aux événements en créant de nouveaux comportements, lesquels, avec le temps, deviendront de nouvelles habitudes... La vie est faite de cycles ; soyez indulgent avec vos moments de faiblesse, il est inévitable de retomber de temps en temps dans vos anciennes habitudes. Gardez votre sens de l'humour !

Je veux dire par là que, même si l'on avance dans la connaissance de soi, il est inévitable de se heurter à certaines émotions anciennes. Ce que notre travail nous aide à faire, c'est de reconnaître les difficultés plus rapidement et de développer une réponse adaptée et saine. S'imaginer que notre ombre sera balayée une fois pour toutes relève du domaine de la pensée magique.

Comment alléger notre ombre

Le premier pas décisif vers une vie épanouie est de respecter quelques principes de base très simples, mais fondamentaux et que l'on ne répète jamais assez. Comme dans toute démarche intégrative, il faut prendre son temps et ne jamais perdre de vue les éléments suivants :

Principes de conscience :

— j'ai confiance en la justesse de mes choix ;

— j'ai confiance en l'existence d'un message de sens dans toute chose ;

— je vis dans le moment présent ;

— la vie ordinaire est pleine de valeur, mais je peux vivre une vie non ordinaire ;

— je suis prêt à accepter la douleur dans ma vie, non pas à la subir mais à l'intégrer, sans me plaindre ;

— je réalise que ma réalité est faite de pensée, langage et action ;

— j'accepte ce qui est : le bon, le mauvais, le neutre ;

— je reviens toujours à l'intention d'aimer ;

— j'ai confiance dans l'ordre supérieur inhérent à toute chose ;

— je m'engage pleinement et participe à tout ce qui est vital ;

— je cultive respect et tolérance envers moi et les autres ;

— j'adopte une position d'ouverture et garde mon sens de l'humour.

Ces quelques principes spirituels de bon sens, reflet universel d'un savoir traditionnel, nous permettent de répondre à ce qui est en toute circonstance, de capter ce dont nous avons besoin pour notre croissance personnelle.

Notez bien que si vous appliquez un seul de ces principes, vous les appliquez TOUS !

Se rendre compte que tout ce que nous faisons dans le moment présent est porteur de sens, cela reflète la réalité du moment ; c'est une prise de conscience très libératrice.

Reconnaître ses habitudes et faire grandir l'attention par rapport au comment agir, voilà qui permet de créer de nouveaux messages à destination du champ énergétique, lesquels attirent à leur tour de nouvelles situations. Cette pratique favorise notre capacité à rester dans le présent : de nouvelles relations naissent, ainsi que de nouveaux comportements.

Se libérer de l'esprit critique permanent

Un état d'esprit éternellement critique produit forcément des ravages. Il faut savoir se positionner soi-même par rapport à toute situation : cela aide à reprendre en main sa créativité en agissant et en se dégageant des préoccupations mentales négatives.

Se débarrasser des obstacles que nous portons en nous : nos peurs sont les compagnons invisibles de notre quotidien et nous impriment leur direction à chaque pas.

Trop souvent nous oublions que la vie est une création permanente et continue, non une découverte. Nous créons. À nous de prendre nos responsabilités. À nous de savoir où nous sommes et vers où nous nous dirigeons.

Si vous n'aimez pas une partie de votre vie, demandez-vous quelles sont vos pensées à son propos. Vous serez sans doute forcé de convenir que votre vie ressemble parfaitement à ce que vous en pensez ! Combien d'énergie gaspillons-nous quotidiennement en critiquant les autres ou en nous plaignant dès le réveil !

Dites-vous chaque matin : cette journée m'appartient ! C'est *ma* création ! C'est à moi de décider ce que je vais en faire ! Cette intention de conscience ouvrira la porte à un nouvel équilibre quotidien et vous imprimera une légèreté certaine !

Votre pensée affecte non seulement le monde ; elle *est* le monde.

5

Leçons de vie

Ce que tu es en ce moment même est un pas nécessaire pour ce que tu seras demain.

Emmanuel

Chaque moment de notre vie fait partie d'une mission : la nôtre. Vivre la réalité du cœur, rencontrer notre sanctuaire intérieur et rester dans l'expérience de l'être-là, tout simplement, état de créativité, de croissance et de mouvement.

L'apprentissage est permanent et sans fin. Notre maître le plus important est notre savoir intuitif, enfoui mais présent, que nous recherchons à chaque instant : amour et sagesse, trésors de vérité authentique qui font de nous des êtres de lumière.

Nous sommes tous pourtant des égarés, perdus dans le labyrinthe de nos croyances, de nos représentations. La dualité nous guette au quotidien. Nous croyons au pouvoir de la peur, de l'obscurité, de la haine. Ces batailles sont nécessaires et inévitables, car elles nous aident à apprendre les leçons de la vie. L'ombre protège de la lumière, mais sans lumière il ne peut y avoir d'ombre.

Nous sommes en quête de conscience. C'est elle qui éclaire l'inconscience profonde dont la manifestation principale est l'ombre de la peur, reflet du passé ou projection sur le futur.

La conscience c'est la présence. C'est la vie pleine dans le moment présent, l'acceptation de ce qui *est*, sans juger, avec bienveillance tant pour soi que pour les autres.

L'histoire du promeneur

Un homme avançait à grand-peine sur une longue route sans fin. Il était lourdement chargé de pierres et croulait sous leur poids. Transpirant et soufflant, il poursuivait cependant son chemin pas après pas, se lamentant sur son sort et se plaignant de la fatigue qui le paralysait. Le soleil était au plus haut lorsqu'il rencontra un fermier. Celui-ci lui demanda : « Tu m'as l'air bien fatigué. Pourquoi transportes-tu donc ce lourd fardeau ? »

« C'est trop bête, je ne les avais pas remarquées ! » répondit le promeneur. Sur ce, il les jeta au loin et s'en trouva très soulagé. Il poursuivit sa route et, après un long moment, rencontra un autre paysan qui l'interrogea : « Dis-moi, promeneur fatigué, pourquoi portes-tu cette pastèque à moitié pourrie sur ta tête et pourquoi traînes-tu ces lourdes chaînes en fer derrière toi ? » Sur ce, le promeneur répondit : « Je te remercie de me l'avoir fait remarquer, je ne réalisais pas la souffrance que cela était pour moi. » Il laissa tomber ses chaînes et jeta la pastèque pourrie dans le fossé. Il se sentit soulagé, mais après un certain temps il recommença à soupirer. Un paysan, qui rentrait chez lui, le considéra avec étonnement : « Mon ami, tu portes déjà du sable dans ton sac à dos, mais ce que tu vois là-bas, au loin, est du sable comme tu ne pourras jamais en porter. Et ta gourde remplie d'eau ? Pensais-tu traverser un désert ? N'as-tu pas vu qu'un ruisseau coule tout au long de ce chemin ? » « Je te remercie vivement de tes observations. Je ne m'étais pas rendu compte que je transportais tout cela. » Et il vida la gourde, et déversa le sable dans un trou au bord de la route. Finalement, il se considéra de la tête aux pieds, et remarqua soudainement que la grosse pierre qu'il portait autour du cou le pliait en deux. Il la détacha et la lança au loin. Libéré de toutes ses charges, il poursuivit son chemin dans l'air frais de la soirée, à la recherche d'un lieu pour dormir.

Cette histoire est très représentative de la situation de nombre d'entre nous. Elle nous fait réfléchir sur ce que nous nous imposons.

Porter le fardeau de la vie sur notre dos, jour après jour, peiner sur une route sans fin, donc sans espoir, cela semble être une de nos occupations préférées. Seul le regard ouvert des autres nous permet de changer le regard que nous portons sur nous-mêmes. Nous ne voyons plus ce que nous trimbalons avec nous et contre nous. Une pierre vient s'ajouter à une autre, le chemin devant nous semble interminable, nous sommes de plus en plus fatigués et sans joie, et pourtant nous ne ressentons pas le poids de ce que nous nous imposons à nous-mêmes. Nous sommes enchaînés à nos vies par d'invisibles contraintes qui nous immobilisent. Souvent ces contraintes sont des choses dont nous avons peur de manquer, comme le sable ou l'eau dans l'histoire, mais qui existent en abondance autour de nous, pour peu qu'on se donne la peine de les chercher du regard. Nous ne sommes pas sincères avec nous-mêmes et en devenons aveugles.

J'affirme qu'un regard neuf, extérieur, peut nous rendre attentif à notre comportement et nous conduire à l'abandonner, mais en pratique cela ne va pas de soi. Notre résistance est grande, et plus elle est grande, plus il faut du temps pour admettre qu'il faut lâcher du lest.

Nous sommes en attente d'une meilleure vie, mais nous ne voyons pas combien nous sommes loin de la vie en général. Nous restons attachés à nos souffrances passées, nous nous emplissons de ressentiment, de colère, nous sommes inconscients de la vie que recèle chaque instant du ici et maintenant.

Laissez tomber les vieilles histoires ! N'anticipez pas sur le futur !

Soyez là et acceptez de vivre ce qui est, maintenant, tout simplement.

Que faire de la peur ?

Vivre sa peur

Vivre, c'est être exposé à une inévitable tension. Celle-ci est le résultat normal des multiples échanges que nous entretenons avec le monde, aux répercussions psychiques et physiques.

La peur, avec ses nombreuses facettes, est le principal obstacle au flux de la vie. Tout se ramène à la peur, elle est au cœur même de la problématique vitale. Elle fait partie de l'humain. Lorsqu'elle se présente, elle nous impose de prendre soin de la vie.

Car la peur a une fonction existentielle. C'est un schéma réactionnel archaïque présent chez l'homme comme chez l'animal, un comportement de survie. La peur aide à structurer notre société, c'est un puissant moteur social. Sans peur il n'y aurait pas de culture.

La peur est cette émotion que nous ressentons lorsque nous nous sentons menacés ou anticipons une situation menaçante, et que ce sentiment s'accompagne d'une impuissance à gérer la menace. La peur est archaïque, irrationnelle, surdéveloppée ; au fond on ne peut l'expliquer et elle reste insaisissable par l'intellect. La peur ou l'anxiété naissent de l'appréciation mentale que nous nous faisons d'une situation donnée.

Si la peur de nos ancêtres avait une fonction de survie, la peur moderne s'en est éloignée. Celle-ci prend de multiples visages : peur du changement, peur du lâcher-prise, peur de perdre le contrôle, peur d'être démasqué, peur d'être impuissant face aux imprévus de la vie.

Cet état de peur n'a plus rien à voir avec un danger réel et concret. Il se présente sous des formes multiples : anxiété, préoccupation, nervosité, tension, agitation, phobie... Il fait toujours référence à quelque chose qui pourrait arriver et non pas à quelque chose qui est là, maintenant.

La peur, à la base, nous aide d'une certaine manière à prendre conscience d'un danger qui guette ; elle possède donc en principe des vertus positives, protectrices, mais, la plupart du temps, elle sort de ce cadre en nous enfermant dans un fonctionnement mental en décalage permanent avec le moment présent. Trop souvent, elle nous entraîne à avoir peur de la vie tout court. Sommes-nous capables de faire face à tout ce qui pourrait se présenter ? Voilà la question qui nous travaille. Comme la peur reste difficile à saisir, nous plongeons dans la confusion, et l'inquiétude ne fait que grandir avec, en finale, un profond sentiment de dévalorisation et culpabilité.

De tout temps, l'homme a cherché à réduire ou à contrôler ce qui le menaçait, tout en reconnaissant que, au fond, nous ne pouvons bannir la réalité de la souffrance et de la mort. Kant disait : « La peur est le dégoût naturel du danger. » C'est une partie incontournable et nécessaire de notre existence. Nous essayons de rester en territoire connu, sans vraiment réaliser que le neuf, l'étranger, l'inconnu sont déjà présents à chaque instant, et ceci en notre propre sein.

On retrouve la peur comme expression de base dans nombre de maladies physiques et psychiques. Tout processus de prise en charge active de la maladie comme de la vie tout court impose une confrontation directe et suivie avec sa propre peur, ainsi qu'avec la dépression de défense qui s'ensuit souvent, due à la peur de regarder sa propre peur. Or, comment se comporter face à la peur ? Comment faire en sorte que la peur devienne une compétence ? Comment gérer la menace ?

Un homme d'une cinquantaine d'années revient d'un séjour de plusieurs semaines dans une structure spécialisée de prise en charge psychosomatique. Après de longues années de souffrance, il a ressenti le besoin de faire une coupure, de s'immerger dans une ambiance thérapeutique dans l'espoir de trouver enfin davantage de sécurité, de sérénité. Jusque-là, sa vie se résumait à un flux de souffrance, de peur, d'insatisfaction, le tout accumulé au niveau du corps et s'exprimant par des maladies ou des plaintes physiques répétées. Une boucle sans fin, malgré des thérapies multiples qui, tout en l'aidant à développer une certaine lucidité sur son histoire, ne lui avaient cependant jamais permis d'obtenir une amélioration notable de sa qualité de vie. La peur était toujours présente. Le voilà donc de retour, après ce séjour qui devait lui permettre de se confronter à son fonctionnement mental, dans son monde habituel, banal, et, dès le premier jour, ses difficultés ont resurgi. De nouveau, il a dû faire face. Première réaction : la peur de ne pas y arriver, de ne rien avoir changé, d'être dépassé. Son travail est toujours le même, sa compagne, ses enfants, ses amis aussi. Tous ont souvent du mal à le suivre dans sa peur. Cet homme a peur de toutes les fibres de son coprs, il se dégage de lui une vibration de peur. Peur qu'on lui demande quelque chose, peur d'être abandonné, peur que ses besoins ne soient pas satisfaits, encore moins considérés, peur de ne pas pouvoir accéder à une dimension supérieure, peur d'échouer. Il a bien travaillé sur la dimension psychique de son être, clarifié son histoire, mais la peur est toujours là, le doute omniprésent. Il se retrouve dans un véritable état de guerre contre lui-même. Son esprit critique et tout-puissant ne lui permet pas d'évoluer. Tout changement véritable est perçu comme une terrible menace.

À cause de sa peur, le futur reste toujours une copie du passé. Il lui est impossible de rencontrer le présent. Il est dans l'incapacité de lâcher prise, il ne peut vivre le présent, car il ne fait pas partie de ce qu'il connaît.

Cet homme s'est cantonné dans sa dimension psychique, mentale et émotionnelle. Il tourne en rond et se retrouve prisonnier de lui-même, de son ego, de son personnage. Incapable d'adopter un autre point de vue, il ne peut comprendre que la peur fait partie du Tout, qu'une vie sans peur est impossible. Il ne sait pas qu'en rencontrant sa peur il pourrait débusquer la menace. Son attitude mentale ne lui permet pas de regarder sa peur avec conscience. Il ne peut pas allumer la lumière de la conscience pour s'apercevoir qu'il ne reste plus rien de ce qu'il croyait être des fantômes. Il reste dans une vision étroite de ce qui lui arrive et ramène tout à la peur. Il analyse tout rationnellement, élimine d'office ce qui pourrait mobiliser son énergie, ce qui pourrait décongeler une partie de son potentiel vital. Et, bien évidemment, la peur est omniprésente dans son langage : j'ai peur de ci, j'ai peur de ça... Sa peur du présent est telle qu'il ne peut pas dépasser le cadre dans lequel il est piégé.

L'épanouissement authentique est inconcevable sans développement, sans intégration du corps, de l'esprit, de l'âme. Chaque dimension doit recevoir sa juste place. Où se trouve donc la dimension spirituelle pour cet homme ? Quelle place lui donne-t-il ? Il cherche bien un sens, mais il s'agit d'un sens qui résonne avec sa réalité matérielle, mentale, elle-même guidée par la peur. Intégrer chaque pierre de *sa* construction, s'assurer de sa solidité et de sa continuité, voilà la vision d'ensemble qu'il a du mal à laisser s'installer. Il voudrait du changement, ce qui pour lui veut dire quitter son travail, sa compagne, sa maison... Le changement se limite donc en fait au changement extérieur, sans saisir que le changement véritable est intérieur et fait partie du processus de maturation personnelle, celui qui nous permet peu à peu de voir les choses différemment et nous aide à intégrer nos blessures dans notre histoire, sans jugement, à accepter qu'elles fassent partie de nous. Il faut laisser émerger les émotions profondes, enfouies sous la peur, qui deviennent accessibles dès que la peur trouve sa place, sans résonner ni trop, ni pas assez. Cet homme, en dépit de tout le travail personnel déjà accompli, est bien loin d'avoir appris à gérer sa peur. Elle reste une notion abstraite, et le restera tant qu'il ne sera pas capable d'intégrer la dimension spirituelle.

L'expérience de la peur, il faut être capable de la vivre. Il faut d'abord accepter sa présence, il faut l'écouter et y répondre ensuite. Cette expérience est une porte ouverte sur le tout. En relativisant la notion de peur, en la dédramatisant, on lui attribue une place, sa juste place, qui n'est pas toute la place.

C'est uniquement à travers une pratique que nous pouvons faire l'expérience consciente que nous sommes une unité corps-esprit-âme et assimiler cette conscience au niveau du quotidien.

Du moment où l'on réussit à observer sa peur, en devenant son témoin, l'on devient présent, clé de la conscience.

C'est une pratique à développer au même titre que toute hygiène de vie. Le soin de soi doit toujours inclure cette dimension : faire face à la peur au quotidien sans se laisser submerger : la regarder sans s'y attacher.

La peur est le problème central de nos vies. C'est elle qui décide de la vitalité et de la créativité que nous déployons au jour le jour. Elle nous conduit à nous retrancher derrière certaines croyances, certaines attitudes que nous perpétuons tout en sachant très bien que nous limitons ainsi notre potentiel, que nous sommes contre-productifs en quelque sorte, que nous nous interdisons par avance de choisir et d'emprunter un nouveau chemin. Mais mieux vaut être prudent, n'est-ce pas ? Sait-on jamais ce qu'il peut y avoir au bout du chemin ? Voilà les raisonnements que nous nous tenons à longueur de journée.

Nous avons perdu la capacité de voir avec nos yeux, nous regardons mais ne voyons pas non plus avec notre cœur. Nous ne reconnaissons pas ce qui se montre à nous. À cause de la peur, nous nous éloignons de la vie, nous nous replions sur nous-mêmes, nous avons du mal à faire confiance à la vie, nous pensons devoir la gérer parfaitement, essayant de la contrôler sans nous rendre compte que nous nous interdisons ainsi toute croissance et continuons notre sur-place. Il ne s'agit pas d'être aveuglément confiant, mais au contraire de développer un sentiment de confiance en claire connaissance de cause.

Là où il y a la peur, l'amour ne peut se développer.

La peur est la pire des mauvaises herbes, elle se nourrit d'elle-même.

La peur essaie de nous protéger du pire, de ce que nous pensons être le plus terrible, une vie de pauvreté, la maladie et, bien sûr, la mort. Avec un peu de recul, nous comprenons que la barre est placée bien trop haut.

Nous savons que nous ne pouvons contrôler le déroulement de notre vie dans ses moindres détails, mais nous avons du mal à l'accepter. Nous pouvons accompagner, appréhender, mais ne pouvons pas toujours décider de l'évolution d'une certaine situation. Il y a toujours des imprévus, devant lesquels nous sommes impuissants. En conséquence, nous nous trouvons imparfaits.

Notre quotidien est comme les nuages qui flottent dans le ciel. Il va et vient, s'installe et change en permanence. C'est notre manière personnelle de percevoir, de rencontrer le monde à travers notre vision individuelle, qui détermine ce que nous en faisons. Nous pouvons grâce à nos émotions peindre et retoucher la fresque de notre vie au jour le jour. Ce que nous ne pouvons pas faire, c'est maintenir de force (aux dépens de notre force vitale) notre vie dans un état connu, statique, figé, se perpétuant dans la même voie, parfois tracée à l'avance ou initiée par nos parents. Le prix à payer est une perte de notre créativité et de notre vitalité, avec une restriction, voire un effacement de notre espace intérieur.

Une des grandes lois universelles que nous devons respecter et honorer est celle du *changement permanent*. Immanquablement, tôt ou tard, nous sommes en effet rattrapés par des événements imprévisibles, qui nous obligent à une confrontation directe avec cette loi du changement. Ces événements sont parfois dramatiques : un accident, un deuil ou une maladie peuvent venir balayer du jour au lendemain toutes nos certitudes, toutes nos croyances, et nous laisser dans un profond désarroi. Mais, paradoxalement, ce sont souvent ces passages douloureux et imprévus qui conduisent à un certain apaisement. L'adaptation pratiquée jusque-là ne suffit plus, le changement s'impose, mais naturellement il devient une évidence. Après un moment pénible passé à envisager l'insécurité et l'anxiété inhérentes à cette situation, la peur se transforme progressivement. Elle devient plus constructive, voire créatrice ; elle lève son voile et laisse apercevoir autre chose, quelque chose de neuf et de léger.

Que se passe-t-il lorsqu'on prend le risque d'affronter la peur ?

Que serait un monde sans peur ? On a du mal à l'imaginer. Au risque de me répéter, la peur est nécessaire. L'important est de veiller à ce qu'elle ne devienne pas envahissante et paralysante.

Développer sa compétence à gérer la peur est une manière constructive de résonner avec son individualité.

Combien de fois, à l'annonce d'une maladie sérieuse, n'ai-je entendu dire : « Il fallait que quelque chose change ; j'étais au bout du rouleau, mais je ne savais pas comment m'y prendre. » La maladie devient l'occasion forcée mais néanmoins positive d'une réorientation, d'une réévaluation.

C'est dans ces moments d'effondrement que le fait de savoir faire confiance au flux vital, d'accepter le changement naturel, devient essentiel. Cette compétence est notre capacité personnelle à réagir à une situation donnée. Elle peut s'acquérir ou se développer pour peu qu'on s'y implique activement. Dans ces situations difficiles, la peur reste bien l'élément dominant, accompagnée de son cortège paralysant de précautions avec impossibilité d'accéder à l'être profond, tout en continuant à vouloir faire le tri entre le « mauvais », c'est-à-dire ce qui fait peur, et le « bon », qui ne se montre guère. Reconnaître que le « mauvais » peut un jour devenir « bon » pour nous est une étape importante du développement personnel. La poursuite de la perfection est une source de peur. Elle traduit notre confusion et exclut la croissance. Tout ce qui fait partie de la vie mérite d'être vécu. L'expérience inévitable de la douleur et de la souffrance va de pair avec la découverte du rayonnement de la joie intérieure.

La peur réduit l'ampleur énergétique de ce qui nous entoure, limite l'information qui nous est donnée par les événements, en ne la considérant que partiellement. Nous captons sélectivement la fréquence vibratoire énergétique que nous pensons être contenue dans la situation, et cela occulte l'ampleur réelle du message qui cherche à nous atteindre.

À cause de la peur, nous oublions nos rêves. À cause de la peur, nous nous interdisons d'éprouver la dimension d'amour. La peur nous isole du désir. Notre peur ne résiste pas à la mort, mais à la vie. Elle est une ombre omniprésente, qui assombrit tous les aspects de l'existence. Qu'attendons-nous pour lever le voile et regarder la peur en face ? Ce qui nous attend est bien moins terrible que ce que nous avions imaginé.

La peur nous parle de notre passé, de la douleur émotionnelle accumulée. Elle nous raconte notre confusion, la douleur de notre séparation avec notre être intérieur, mais aussi notre nostalgie de cette unité perdue.

Le mécanisme de la peur suit toujours ce modèle limitatif. Physiquement, la peur résonne profondément en nous, à travers les hormones de stress dont elle stimule la sécrétion. Elle acquiert une puissance impressionnante et nous force souvent à capituler, lui laissant terrain libre. Notre corps finit par être emporté dans un tourbillon de sensations désagréables, tachycardie, souffle coupé, vertiges, nausées, douleurs diverses, pour ne citer que les formes les plus connues et fréquentes. En termes énergétiques, le corps-peur traduit le vide de l'inconnu, un trou noir qui nous aspire inexorablement.

Malgré son expression physique violente, la peur cache une expérience intérieure apauvrie. Elle exprime la difficulté de choisir un autre terrain d'expression que celui des hormones du stress, une impossibilité à développer une présence physique. Il est vrai que ces mêmes hormones nous donnent la sensation de vivre, mais cette vie à cent à l'heure aux sensations corporelles fortes et ambivalentes est une fuite en avant, sans direction et sans issue.

La peur est souvent le résultat d'une attente. Nos pensées nous amènent là où nous ne nous trouvons pas encore, et si nous essayons de contrôler la situation de manière rationnelle, cela se solde par un échec. Le doute donne la main à la peur. Ils sont inséparables et expriment la déformation perverse de la lumière et de l'amour : nous vivons dans un mensonge permanent envers nous-mêmes. C'est un peu comme si un peintre n'avait d'autre choix que d'utiliser les couleurs primaires et n'osait pas expérimenter des mélanges. C'est comme si dans la vie nous nous interdisions des teintes subtiles, complexes, correspondant mieux à ce que nous voulons exprimer et nous permettant de ressentir de nouvelles vibrations.

L'angoisse de l'inconnu a toujours fait partie de la vie. La peur d'une vie imparfaite est un frein puissant. À nous de déterminer si ce stress sera positif, créatif, ou si nous nous laisserons happer. Après tout, mieux vaut une peur certaine, même désagréable, que pas de sensations du tout ! Cette attitude est répandue dans notre société moderne où tant de gens s'intoxiquent avec des sensations physiques extrêmes. De nombreuses personnes fonctionnent sur ce mode, cédant à la peur de la vie, l'autorisant à prendre la main, devenant son esclave, sans désir réel de sortir de ce schéma.

La peur se construit par couches superposées. Une peur en complète une autre. Lorsque finalement nous en prenons conscience, c'est un véritable édifice de peur que nous avons construit en nous et dont la pierre angulaire est la peur de la mort.

La peur reflète l'inconnu, elle est fantaisie et non réalité.

Comment désamorcer la peur ?

La règle d'or : Si vous regardez votre peur les yeux ouverts, le cœur ouvert, allant courageusement à sa rencontre, vous vous rendrez compte que la peur est un espace vide, qui résonne violemment avec la force que vous avez mobilisée pour l'éviter.

Chaque fois que la peur se présente, ne vous laissez pas entraîner dans son scénario, par exemple en vous laissant aller à imaginer comment la maladie va vous terrasser, mais au contraire focalisez votre attention sur la peur elle-même. Où la peur se fixe-t-elle dans votre corps ? Qu'est-ce que vous ressentez ? Où vous conduit-elle, en dépit de votre volonté ? Demandez à la peur ce qu'elle cherche à vous dire : si je regarde en face ce qui me préoccupe, alors je peux l'intégrer ; si, au contraire, j'essaie de refouler ou d'ignorer ma difficulte, alors elle me coupe de moi-même, de mon espace intérieur.

Un jeune homme d'une trentaine d'années vient me consulter pour des insomnies. Il dort en moyenne trois heures par nuit et ceci depuis un certain nombre d'années. Malgré cela, il a l'air tout à fait en forme physiquement. Je lui demande de me décrire ses journées. Professionnellement, il a un poste à responsabilités et il me dit faire plus que ce que l'on attend de lui. En effet, son besoin d'activité est important. L'inactivité l'insupporte et déclenche immédiatement un flot d'hormones de stress. L'angoisse monte, et il se met à transpirer beaucoup, ce qui lui est très désagréable. Il essaie donc d'anticiper en permanence afin de ne pas se retrouver dans la situation d'inactivité. Après le travail vient le sport, qu'il pratique avec assiduité et endurance. Surtout pas de repos ! Il est exigeant avec lui-même et veut le maximum en toute circonstance. Mais, rentré chez lui, que faire ? Lire ou écouter de la musique sont des activités trop statiques pour lui. Tout ce qu'il peut faire tranquillement et seul le met mal à l'aise. Il redoute cela et l'évite. Il ressent bien une fatigue normale en fin de journée. Mais une fois couché, c'est comme si elle s'envolait. Lorsqu'il parvient enfin à s'endormir, il se réveille un cycle de sommeil plus tard, en sueur, avec un sentiment de grand malaise. Il aime venir en aide aux autres, aussi s'applique-t-il à chercher des solutions pour les uns et les autres et passe en grande partie ses nuits blanches à s'interroger sur le sort de telle ou telle personne.

Lorsque je lui demande : « Et vous ? », il me regarde, étonné, et répond que sa vie va bien. Il déteste penser à lui et à sa vie. Ça lui est insupportable et il fera tout pour l'éviter, sans parvenir à m'en dire plus. C'est d'ailleurs le schéma qu'il suit avec fidélité : tout pour les autres, rien pour lui. Le pourquoi de cette situation lui échappe totalement. Il est incapable de faire un lien entre son insomnie tenace et sa peur profonde de se regarder en face, de faire enfin connaissance avec soi, de découvrir un autre niveau de présence qui lui permettrait, justement, d'écouter sa peur, de la démasquer tout en l'intégrant dans son histoire.

La peur est une tromperie, une illusion que nous nous imposons à nous-mêmes, nous trichons jusqu'au jour où nous avons le courage de la regarder en face.

Lorsque je reçois un patient pour la première fois, je lui demande souvent de méditer sur ces trois questions : « Qu'est-ce qui vous manque dans votre vie ? De quoi avez-vous besoin ? Comment faites-vous pour obtenir ce dont vous avez besoin ? » Je lui demande d'y méditer, car la plupart des personnes ne savent pas quoi répondre ou, plutôt, n'osent pas le faire tout en connaissant parfaitement la réponse au fond d'eux-mêmes. Ces trois questions sont pour moi comme un inventaire de vie et permettent d'aborder la dimension du désir. Elles permettent de voir immédiatement à quel niveau se place la personne : dans le passé, dans le futur ou dans le présent !

La peur de la vie se retrouve à tous ces niveaux, mais cela est très différent de rester figé dans la peur d'un passé douloureux ou de se projeter anxieusement dans l'avenir. Ai-je besoin de préciser que la personne ancrée dans son présent est celle qui vit le plus sereinement ? La peur exclut la simplicité. Elle impose de construire en permanence des voies d'évitement. Le chemin le plus direct n'est que rarement envisagé, car il nous met face à une situation, et il n'y aura alors d'autre solution que de l'affronter.

Mais la peur n'est pas seulement une réaction de défense. Elle s'installe et devient souvent partie d'un système. On s'y habitue, on accepte de lui faire une place. Il n'est pas rare d'observer une véritable dépendance, aussi bien mentale que physique, tant les hormones du stress sont indispensables au fait de se sentir en vie.

Je me souviens d'une jeune femme, prisonnière d'un système de pensées obsédantes, avec des comportements compulsifs épuisants. Elle suivait une psychothérapie depuis un certain temps déjà et m'affirmait avoir compris qu'elle construisait toute seule un engrenage de pensées tournant autour de choses la plupart du temps parfaitement futiles. Elle m'avouait pourtant, avec des étincelles dans les yeux : « J'aime sentir cette escalade dans mon corps, mon cœur qui bat de plus en plus vite, ma gorge qui se noue et m'empêche de respirer. Au fond de moi-même j'ai envie de savoir jusqu'où je peux aller, quelle est la limite que je peux transgresser. »

C'est ce témoignage qui m'a permis de mettre directement la peur et la souffrance en rapport avec le plaisir, le besoin de rencontrer ses limites pour se sentir en vie. Or plus on s'enferme dans cette attitude, plus on lui accorde de place, plus il devient difficile de s'ouvrir à d'autres sensations. On exclut toute autre expérience sensorielle ; le monde se réduit à une dimension de sensation physique intense issue de la souffrance de la pensée ou de l'action obsédante, paradoxale certes, mais réelle.

C'est cette réduction du vécu que l'on retrouve dans toutes les formes de dépendance, et l'on sait qu'elles sont nombreuses : comportement affectif, alimentaire, sexe, drogues, argent ou compulsions tout court. Certains affirment même que nous sommes devenus une société de dépendants. Plus une dépendance prend de l'importance, plus la vie s'appauvrit. La peur et la dépendance filtrent les événements. Mais l'on peut se poser la question : qu'est-ce qui vient en premier ? L'attitude de dépendance ou l'appauvrissement de l'espace intérieur ? Car cette restriction va toujours de pair avec une anxiété, une appréhension de la vie, une attitude de défense contre le désir vital, resserrant et compliquant le quotidien !

Je pense que c'est le désert intérieur, résultat de notre puissant système de défenses, qui nous pousse vers cette existence dans la peur et la dépendance. Pourquoi accordons-nous une telle place à la peur ? À l'opposé de la peur, il y a l'amour : l'obscurité de l'inconscient fait face à la lumière consciente. Confronté à la peur, il faut choisir volontairement et avec conscience l'espace dans lequel nous voulons nous situer : peur ou amour ? Plus nous faisons du surplace et restons coincés d'un point de vue énergétique dans la fréquence de la peur, plus nous empêchons les mécanismes d'autoguérison d'être actifs.

Chaque fois que l'on se retrouve plongé dans la peur, qui rime toujours avec le passé ou le futur, il faut s'efforcer de revenir à l'amour possible au présent. Nous pouvons apprendre à regarder la peur avec amour.

Le filtre de la peur est très efficace, il empêche le contact avec notre être profond, celui qui est et ne connaît ni passé ni futur, contact indispensable au processus de développement et de transformation.

Rester enfermé dans le brassage douloureux de nos histoires, sans atteindre la dimension du lâcher-prise qui nous permettrait d'aborder avec conscience la phase de prise de responsabilité personnelle, est une étape de maturation qui reste à franchir. En reprenant contact avec sa sagesse intuitive on pourra enfin envisager une reprogrammation, sortir du cadre étroit de son histoire en ouvrant de nouvelles perspectives. Freud lui-même ne disait-il pas de la psychanalyse : « Elle transforme une misère hystérique en un malheur ordinaire. »

Reconnaissons en premier lieu que chaque individu se caractérise et se définit par ses bords et ses angles personnels, plus ou moins tranchants. C'est notre imperfection personnelle qui demande à être embrassée. De par notre façon personnelle de répondre à notre histoire de vie, nous nous individualisons et devenons différents.

Chacun a son lot de souvenirs mauvais ou douloureux. Mais à quel point ces souvenirs résonnent-ils avec la réalité et surtout quelle place leur donnons-nous dans le présent ? Quelle place accordons-nous à la projection du passé ? Comment le passé vient entraver le présent ?

Graf Durckheim disait : « Si nous pouvions vivre dans la réalité de l'instant, nous ne connaîtrions pas l'angoisse ! Car ce que nous ressentons et que nous appelons angoisse est toujours en relation avec un passé qui n'est plus et un futur qui n'est pas encore. »

Nombre de personnes vivent ainsi sous l'emprise de la peur. Intérieurement, elles sont soumises à l'incertitude et au doute, lesquels renvoient toujours à l'impuissance. Cela se manifeste par un profond manque de confiance en soi, mais aussi dans le monde qui les entoure et surtout dans une force de vie, capable de nous guider, dans les bons comme dans les mauvais moments. Nous faisons davantage confiance à la peur qu'à la vie. Conscient et inconscient ne font qu'un, leur communication-échange est continue. Et notre inconscient peut donc être une aide précieuse pour créer ce que nous avons envie de voir apparaître dans nos vies. Mais il peut tout aussi bien nous saboter, si nous laissons cette force en friche, si nous l'autorisons à se développer sauvagement, au lieu d'agrandir la conscience qui elle peut utiliser de manière constructive cette puissance intérieure. Nous savons tous à quel point la personne humaine est capable d'affronter et de maîtriser des situations difficiles, souvent dramatiques. C'est dans ces moments douloureux exceptionnels que la force infinie de la vie se révèle à nous : elle nous aide à dépasser la peur dans ces situations extrêmes, utiles, nécessaires, mais ô combien dérangeantes.

Je reçois en consultation une femme qui souffre d'une insomnie tenace. Elle est très anxieuse et tout ce qui l'entoure dans sa vie de tous les jours lui cause du souci, notamment les choix de vie de ses enfants adultes. Son mari vient de faire un accident cardiaque, aussi brutal que massif et ceci peu de temps après avoir pris sa retraite. Eh bien cette femme sera tout étonnée de répondre aux propos très pessimistes du personnel soignant en les remerciant de faire tout leur possible, et de leur dire qu'elle a confiance dans la force de la vie, que ce sera elle qui décidera au bout du compte et qu'elle acceptera l'issue, quelle qu'elle soit. Ce lâcher-prise sera tout à fait nouveau pour elle : elle acceptera de vivre le moment présent, ce qu'elle n'avait pas vraiment pu faire jusqu'alors. Cette étape douloureuse de sa vie lui permettra de ressentir au plus profond d'elle-même à quel point la vie est sacrée et son mystère entier. Cette expérience lui permettra par la suite de bénir ses enfants dans leurs trajectoires de vie et de reconnaître qu'elle n'avait pas le droit, en tant que parent, d'imposer ses propres attentes. Au bout du compte, son mari retrouvera, après une longue convalescence, une excellente qualité de vie, et tous les deux ont aujourd'hui le sentiment d'avoir commencé une nouvelle vie, qu'ils considèrent comme un cadeau de la conscience. Leur cadre s'est considérablement allégé. Ils ont appris à lâcher le contrôle et à laisser la place au mouvement naturel de l'existence.

Quelles sont les conséquences de la peur ? Comme je l'ai déjà dit, elle réduit notre terrain d'expériences ; elle nous pousse à nous accrocher à des dogmes, des jugements, des systèmes de croyance, mais aussi à certaines personnes, à des situations professionnelles ou à nos enfants. Ainsi la peur est bien souvent le problème central de notre vie, car elle dévore notre joie de vivre et fait que :

— nous nous sentons petits et impuissants,
— nous perdons notre vitalité,
— nous perdons confiance dans la vie,
— nous nous éloignons de nous-mêmes.

Ce qu'il faut bien comprendre c'est que nous nous accrochons. Ce n'est pas la faute à quelqu'un d'autre, mais bien la conséquence de notre pensée. Le lâcher-prise devient une nécessité à partir du moment où nous nous attachons et, donc, où nous nous limitons.

La résolution de nos problèmes n'est jamais l'affaire des autres. Nous disposons du libre arbitre et sommes donc libres de choisir nos pensées et nos actes. N'oublions jamais que nous portons cette entière responsabilité. Il est de notre devoir de l'endosser. Si nous cherchons des réponses extérieures, c'est que nous estimons qu'il n'en existe pas à l'intérieur, et nous faisons obstacle aux mécanismes d'autoguérison qui nous imposent de pratiquer cette écoute intérieure. La conséquence dramatique, c'est que nous faisons obstacle à notre propre vie et à notre développement. Ce que nous bloquons ne peut plus circuler. Ce qui ne circule plus meurt. On peut vérifier cela tous les jours.

La peur répond à une autre loi universelle : la peur attire ce dont on a peur. Elle entrave notre énergie et notre capacité à évaluer avec recul. La peur utilise la pensée, qui devient vite un cercle vicieux, le fameux serpent qui se mord la queue.

Le monde est ce que nous pensons de lui. Dans le modèle holistique nous créons notre réalité. C'est notre appréciation du monde qui détermine sa nature. C'est donc nous qui décidons s'il est bon ou mauvais, notre vision personnelle est déterminante de la manière dont nous vivons. Tout est un, tout est relié à tout, rien n'est vrai, tout est vrai. Chaque pensée possède sa fréquence vibratoire, tout est énergie ou information qui tend à se matérialiser. Ce sont nos pensées qui déterminent ce que nous vivons. Il faut en prendre conscience.

Le monde extérieur nous révèle notre monde intérieur. Il est son reflet, son miroir. C'est notre prise de conscience qui nous permet d'élargir notre vision du monde, de sentir que nous sommes une partie de l'intégralité de l'univers, que nous pouvons nous relier à son amplitude, à son espace et à sa présence indéterminés. Nous sommes des champs vibratoires individuels, composés d'énergie et d'information, faisant partie du grand champ universel : de quoi pouvons-nous avoir peur ?

Ne pensons pas, ressentons !

Vous pouvez changer votre pensée maintenant, si vous le voulez. Ou, si vous préférez, vous n'êtes pas obligé de croire ce que vous pensez.

Tout ce dont j'avais peur est arrivé, que va donc faire la peur maintenant ?

Que pourrais-je faire si je n'avais plus peur ?

Quelles sont les énergies que vous produisez autour de vous du matin au soir ?

Quelles informations donnez-vous à votre système vital ?

Ce sont des questions fondamentales, car si nous comprenons qu'en fait nous pouvons penser ce que nous voulons et que ce sont nos pensées qui déterminent l'énergie que nous émettons, nous pouvons alors partir à la reconquête de notre espace intérieur. Déjà, nous commençons à sortir du marasme de la peur. Combien de personnes épuisées doivent leur fatigue à ce flux continu de pensées, d'inquiétude et de préoccupation ? Tout état de présence est inséparable de la fréquence vibratoire qui l'accompagne. De quelle énergie avons-nous envie dans notre vie, laquelle aimerions-nous ressentir et partager autour de nous ?

La peur ou bien l'amour, qui se trouve sur la même échelle, mais à l'autre extrémité ?

N'oublions pas que le principe d'action-réaction nous dit que chaque pensée revient à son émetteur. Ceci est illustré entre autres par des proverbes comme : « On récolte ce que l'on sème », et « Ne jugez pas et vous ne serez pas jugé ». Comment travailler la peur, comment l'exorciser, comment ne plus être son esclave ?

C'est uniquement à travers la reconnaissance de nos sentiments et émotions que nous pouvons atteindre et déminer la peur. Notre raison et notre intellect ne nous aideront guère dans cette démarche.

Regarder la peur en face nous aide à faire un travail d'intégration : accepter notre passé avec toute sa douleur et sa souffrance. Ce passé nous ne pouvons plus de toute façon le changer, ni l'oublier ni l'effacer. Mais aussi longtemps que nous ne l'avons clarifié et intégré dans notre présent, il continuera à nous imprégner de son énergie de souffrance et donc à nous empêcher d'avancer. Il nous épuisera et surtout nous interdira de vivre réellement dans le présent.

Chaque peur prend racine dans la peur de la mort, mais au lieu de retarder la mort (lointaine), elle nous retire de la vie (immédiate). À cause de la peur nous ne communiquons plus avec nous-mêmes et de la manière la plus extrême, car cela touche à notre partie la plus intime, là où la réconciliation n'a pas encore eu lieu.

J'ai vécu ma première rencontre directe avec la mort au début de mes études de médecine, lors d'un stage à l'hôpital. Une femme d'une cinquantaine d'années mourait d'un cancer. Elle était agitée, anxieuse et souffrait. Comme je ne savais pas quoi faire, je me suis simplement assise à côté d'elle et lui ai pris la main. Nous sommes restées ainsi un bon moment, dans le silence. Elle s'est apaisée peu à peu et j'ai compris alors que la mort fait resurgir les peurs les plus profondes et qu'en même temps c'est l'instant de la vie où la peur a le moins de prise sur nous. C'est à ce moment qu'elle a pu accepter cette vérité fondamentale : nous mourrons tous. Même si elle s'est battue toute sa vie contre cet instant, elle permet ainsi à la vie de se manifester de nouveau, exprimant toute son authenticité, comme lors de la naissance.

Mais pourquoi attendre si longtemps, trop longtemps, avant de comprendre que vivre une vie au présent, avec amour et sans peur est possible à chaque instant ?

Il y a une dizaine d'années, un de mes amis de cœur mourait du sida, il savait la fin proche et était rentré chez ses parents en Bretagne. J'étais sur le point de lui rendre visite. La veille du voyage, j'ai appelé sa mère pour confirmer mon arrivée et elle m'a dit que mon ami était très fatigué. Il lui était impossible de se lever ou de répondre au téléphone, mais il lui avait demandé de préparer un clafoutis aux cerises, un plat que j'adore et que nous avions partagé jadis, comme tant d'autres choses, moments de complicité et fous rires insensés. Il avait aussi demandé que l'on place son lit dans le jardin, sous les pommiers en fleur. Il m'attendrait là. Je ne l'ai jamais revu, car il est mort paisiblement cette nuit-là. Nous avions été très proches en pensées au cours de ses derniers jours, et cela me réconfortait de savoir que lui aussi avait pensé à nos fous rires. Il savait qu'il allait mourir, mais il avait su garder sa riche présence émotionnelle. C'était quelqu'un d'absolument brillant intellectuellement, sa maladie violente lui avait imposé de développer à toute allure l'intelligence du cœur. Plus il s'affaiblissait, plus il faisait de la place pour les choses simples et essentielles. Il n'y avait plus que l'amour dans sa vie, la peur avait débarrassé les lieux depuis un certain temps déjà.

Pour arriver à dépasser la peur, nous avons besoin de nous ouvrir à d'autres émotions et surtout de laisser entrer la vie au présent, c'est-à-dire l'amour.

Toutes nos décisions se basent finalement sur ces deux émotions fondamentales : l'amour du côté positif, la peur du côté négatif. L'amour nous donne de l'énergie et nous renforce par la sérénité, la joie et la paix qu'il nous apporte, tandis que la peur nous prend de l'énergie et nous affaiblit, voire nous rend malade à travers ce qu'elle dégage : colère, haine, ressentiment et culpabilité.

Il n'y a pas peur et amour, mais seulement peur ou amour, car l'un exclut l'autre. Si nous sommes dans la peur, alors l'espace de l'amour reste vide. C'est l'un ou l'autre.

Nous avons le devoir de décider dans quel espace nous voulons vivre et cela à chaque instant. Il faut renouveler souvent ce choix, surtout dans les situations difficiles, lorsque la peur et ses acolytes semblent s'imposer d'eux-mêmes. Cependant, c'est bien la peur qui nous permet de choisir consciemment l'amour. C'est elle qui nous fait décider de vivre le présent plutôt que de rester coincé dans le passé. Mais que faire en attendant que cette étape intermédiaire se profile plus clairement, donnant accès à l'amour ?

Nous ne sommes pas seuls à vivre cette émotion, c'est une expérience partagée par tout le monde. Si nous avons compris cela, alors nous aurons déjà franchi un pas vers la dédramatisation et la démystification de la peur. La peur n'est pas toute-puissante : c'est nous qui lui donnons son pouvoir. Plus la peur grandit, plus la vie se rétrécit. Si, au contraire, nous décidons de faire place nette pour l'amour, alors nous atteindrons à terme la liberté de vivre la vie que nous avons recherchée, simplement ancrée dans le présent.

La course à l'obstacle, crise en vue

Dire que la vie est une route parsemée d'obstacles est d'une banalité absolue. Pourtant, cela correspond à la vérité. Nous nous retrouvons constamment confrontés à la difficulté d'accepter cet énoncé et de vivre avec. La manière dont chacun de nous va reconnaître et aborder l'obstacle est essentielle. C'est notre vision de la « réalité » qui détermine son contenu énergétique, ainsi que son développement potentiel.

Pourquoi l'obstacle reste-t-il si souvent imprégné d'une coloration négative ? Comme je l'ai déjà dit : l'obstacle n'est ni bien, ni mal, il est.

C'est notre façon personnelle d'y répondre qui lui donne sa dimension ou valeur énergétique ; il n'y a pas d'énergie absolue positive ou négative, chaque obstacle porte en lui une information que nous allons voir à travers le prisme du sens que nous lui donnons. L'obstacle devient alors ou bien un apport de force, ou bien une perte de force, perte qui sera suivie d'un regain de force. Mais il est important de comprendre que c'est nous qui décidons.

Un grand nombre de personnes sont en difficulté et peinent à découvrir la dimension du sens face à des drames ou des problèmes personnels. C'est alors que l'aspect spirituel, qui consiste à accepter de *vivre* tout ce qui *est* au moment présent en ayant confiance, prend toute sa signification.

Il est toujours utile de nous demander individuellement comment nous réagissons face à un obstacle donné. Qu'est-ce que cela réveille en nous ? Est-ce que nous arrivons à le vivre, c'est-à-dire à avoir la patience de le voir se développer et mûrir pour finalement se transformer, en y apercevant enfin une dimension de sens ? Ou, au contraire, restons-nous limités à sa stricte information primaire de blocage temporaire ou permanent d'une voie que nous avons choisie ? Parfois nous continuons même à l'utiliser pour justifier et maintenir notre cloisonnement intérieur, celui qui interdit l'accès à l'expérience et au ressenti.

L'expérience humaine est un processus de dialogue entre ce que nous connaissons et la nouveauté qui surgit grâce au développement. Ce que nous appelons crise est justement cet entre-deux, cet espace dans lequel la vie cherche de manière créative son nouvel équilibre.

Mais, au départ, la crise est un décalage entre une situation que la vie nous demande de maîtriser et les moyens apparemment insuffisants dont nous disposons pour y répondre. Toute la vie se réduit alors au vécu du problème, sans conviction d'y pouvoir apporter une élaboration créative.

Le champ énergétique de la vie est constitué du jeu de l'ouverture et de la fermeture de ses réseaux : cette pulsation arrêt-marche est à la base de l'équilibre de l'existence. Mais si nous n'arrivons pas à intégrer l'information que procure la vision symbolique des événements, alors nous restons à la merci du blocage, incapables de découvrir que l'obstacle porte aussi un message de sagesse et de force créatrice, qui nous permet d'avancer.

Je me souviens d'un récit de Christiane Singer, qui évoquait l'expérience douloureuse d'une femme abandonnée par son mari pour une autre femme. Elle décrivait le moment où la situation basculait, le moment où la femme prenait conscience que plusieurs possibilités s'offraient à elle et que c'était à elle de choisir. Elle pouvait bien sûr se lamenter que la vie était trop injuste et dure avec elle, elle pouvait se battre pour persuader son mari de rester, le convaincre que c'était son devoir de ne pas abandonner sa famille, au moins pour les enfants, mais elle pouvait aussi se dire que son mari était bel et bien parti, accepter la réalité de sa décision et se confronter enfin à sa douleur personnelle, lui ouvrant ainsi une place dans son quotidien. Cette dernière éventualité s'ouvrait sur l'espace du non-sens, de l'incompréhensible, lequel est bien réel et demande à être pris en compte.

Nous sommes naturellement attirés par la quête du sens, mais nous ne pouvons ignorer le non-sens que nous rencontrons en route. Reconnaître le non-sens, le valider en l'affrontant d'une manière ou d'une autre est un point de passage obligé pour atteindre une nouvelle zone de sens.

Si crise il y a, c'est que quelque chose change et se transforme dans un mouvement ascendant, dont le point culminant est en même temps point de bascule vers quelque chose de nouveau. Si les mécanismes de contre-régulation dont nous disposons sont insuffisants ou inadaptés, la crise se traduit par une perte d'équilibre émotionnel, qui reste cependant limitée dans le temps si l'on parvient à ne pas s'accrocher.

Quand surgit une situation dramatique, douloureuse, violente, on se retrouve plongé un long moment dans le vide : on ne comprend rien, on ne sent rien, il n'y a que l'absurde incroyable perçu comme non-sens. Le vécu subjectif de ne plus pouvoir construire sa vie laisse souvent la place à la peur et à la panique, contre lesquelles on se défend par la colère et le ressentiment, eux-mêmes à la base de comportements d'agression envers soi et les autres. Se laisser porter par la vague du moment, faire confiance, c'est s'asseoir dans la crise, rester dedans, l'accompagner et l'écouter.

Une crise est toujours le reflet d'une réalité intérieure, de notre réalité intérieure, du versant intime et subjectif de la vie. Le nouveau existe déjà à côté de l'ancien, mais nous ne le voyons pas encore, car nous sommes pris dans l'entre-deux, dans la transition créatrice du souffle de la vie. Nous commençons à nous interroger sur la validité de ce qui nous semblait aller de soi, même si nous ne sommes pas encore prêts à lâcher prise.

Si nous posons notre regard sur cet espace intérieur, nous voyons apparaître de nombreux éléments reliés et en mouvement permanent : ils sont en interaction et se transforment. C'est notre façon de les relier qui donne le sens, sens lui aussi en évolution, jamais statique. Mais face à des événements traumatisants, dramatiques, ce mouvement intérieur se ralentit, se fige en se rétrécissant. L'activité dynamique se met en suspens, en attente d'une solution. Il se crée un état apparent de vide intérieur.

C'est un temps d'arrêt nécessaire, permettant de se reconnaître et de se poser dans cet espace de mal-être avant de prendre un nouvel élan et réagir. Un nouveau lien est en train d'apparaître, entre l'obstacle et notre monde intérieur. Il nous informe sur une partie de nous-mêmes que nous avons du mal à reconnaître. Ainsi, nous pouvons la situer, nous lui donnons sens. En prenant conscience que nous portons une part de responsabilité par rapport à chaque difficulté qui surgit, nous pouvons redevenir les sculpteurs créatifs du processus vital. La façon d'utiliser ou de gérer l'énergie potentielle que représente une situation est un pas essentiel pour la maturation.

Mais avant de pouvoir apercevoir cette ouverture et entrer dans cette dynamique, il faut faire face au désert, espace vide où il n'y a rien à dire, rien à comprendre, où l'on ne trouve que douleur et stupeur.

Il serait dangereux d'affirmer que chaque situation renferme forcément un sens. Ce serait nier ces espaces de non-sens où l'on trouve douleur intérieure et incrédulité extérieure, qui peuvent devenir extrêmes, balayant tout sens possible, toute essence vitale au passage, ne laissant que chaos et confusion, mal-être, voire maladie. Ce sont des passages à vide impressionnants. Si nous voulons reprendre notre existence en main, il faut confirmer ce désir de manière pratique en posant des actes, aussi petits soient-ils et aussi insignifiants qu'ils puissent paraître.

La vie est ainsi faite : elle nous impose de rester dans un développement jusqu'à notre mort. Certaines étapes de maturation doivent être franchies, elles ne sont pas forcément liées dans le temps, mais reflètent souvent des passages rituels, eux-mêmes en résonance avec certains événements, qui peuvent être fort douloureux. En respectant la succession des cycles naturels que la vie nous présente, nous sommes invités à poursuivre notre croissance spirituelle, c'est-à-dire embrasser la vie dans sa totalité mystérieuse. Mais trop souvent nous avons perdu le contact avec ces rythmes naturels, nous n'entendons plus leur mélodie. Chaque phase de transition est un développement qui va de pair avec une labilité, une fragilité qui résonnent avec nos peurs, nos doutes, nos tensions. Les anciens conflits qui depuis toujours ont fait partie de notre vie se voient réactivés. L'ancien et le nouveau coexistent, mais comment les réconcilier ?

Quelle réponse donner à l'obstacle, lorsqu'il se présente ?

Plusieurs possibilités nous sont offertes :

— *considérer l'obstacle comme non avenu* et le nier dans sa dimension absolue. Ceci n'est pas forcément négatif, c'est parfois le mécanisme le plus adapté et le plus utile pour échapper à la douleur insupportable qui paralyse le système vital, mais il faut qu'il reste limité dans le temps ;

— *décider de reprendre le cours de l'existence* dans un nouvel élan de vie, s'affirmer malgré la douleur dans une existence en dehors de celle-ci, se remettre en mouvement vital, redevenir le sujet de la redécouverte de son espace intérieur ;

— *partir en quête de sens face à l'inconcevable*. La stupeur du premier instant passée, l'on cherche une réponse à la question du pourquoi. Cette création permet de se réconcilier avec la dimension personnelle, reliant l'événement au reste de l'existence. Parfois le sens que nous lui donnons permet de l'intégrer au contexte de vie et remplit donc une fonction rassurante. Cela permet d'échapper à l'absurde, source d'angoisse souvent inacceptable.

Mais il faut rester vigilant, car si nous acceptons n'importe quel sens, surtout s'il vient de l'extérieur, si nous nous conformons à son contenu, alors nous fermons l'espace personnel trop vite et devenons prisonniers du sens extérieur. Surtout, nous courons le risque d'entrer dans une possible dépendance par rapport à la personne ou à l'institution qui pense posséder ce sens. Le mouvement dynamique intérieur est remplacé alors par la vérité statique extérieure.

Le sens que nous donnons aux événements douloureux de notre vie est le fruit d'un processus intérieur et résonne toujours avec absurde et non-sens. L'un donne naissance à l'autre : ils alternent naturellement et surtout ne s'excluent pas. Traverser le non-sens est le meilleur moyen de voir surgir le sens.

On peut distinguer l'approche occidentale traditionnelle, qui tente de résoudre une difficulté, et l'approche énergétique, beaucoup moins commune.

L'espace de non-sens se traduit par un apparent chaos énergétique, vide et plein qui se bousculent, provoquent des turbulences, bloquent et font appel à de l'énergie extérieure pour trouver une solution. Reconnaître ces turbulences et ressentir leurs effets pervers sur nous aide à défaire certains nœuds et permet au flux vital de circuler de nouveau. C'est-à-dire retrouver la fluidité là où il y avait stagnation, l'élan du mouvement qui aide à émerger.

Le fait d'être directement confronté à une situation donnée se révèle souvent bénéfique, mais hélas pas toujours. Sans renoncer à un esprit logique et raisonné, nous découvrons en même temps que se produit notre maturation consciente que la vision symbolique permet finalement de distinguer l'accès à des réponses nouvelles, bien plus profondes et adaptées.

Ainsi, on peut comprendre une difficulté donnée :

— *comme une chose négative en soi* et en rester là. Vous pourrez vous interroger sur l'information qu'elle recèle, sur ce que véhicule la situation et demander qu'elle vous soit révélée ;

— *comme un obstacle définitif à tout succès*, qu'il faut éliminer rapidement et à tout prix, ou alors envisager le pourquoi de la situation, comprendre son développement et découvrir la leçon à en tirer, tout en se posant un certain nombre de questions : quels sont les éléments auxquels on doit prêter attention ? Quelle attitude personnelle a favorisé ce développement ? Quels avertissements avez-vous ignorés ? Votre rapport au temps était-il favorable ? Existe-t-il tout simplement un meilleur moyen de répondre à une situation donnée ?

— *comme un obstacle extérieur,* visant à vous empêcher définitivement de toucher au but de votre vie, ou alors comprendre que l'idée de l'obstacle extérieur est une croyance intérieure qui vous appartient en propre ;

— *comme un obstacle pouvant être cadré et géré* en utilisant des méthodes de contrôle. Par une approche logique, objective, de résolution rationnelle des difficultés, ou encore par une action radicale, voire aggressive.

Vous pouvez aussi approcher et commencer à dénouer la difficulté en étant clair sur ce que vous voulez, en restant intuitivement réceptif, et surtout en étant capable de reconnaître la croyance de base qui a en fait créé et nourri l'obstacle. Il faut alors manifester le désir d'être actif par rapport à cette croyance, affirmer sa volonté de procéder à certains changements et accepter de lâcher prise pour que la situation puisse évoluer naturellement.

Il faut faire une différence entre les grandes crises humaines, comme la disparition d'un proche, la perte d'un emploi, les difficultés financières, et la multitude de soucis ou préoccupations quotidiennes que j'appelle plutôt des problèmes (le fils adolescent qui a des problèmes à l'école ou la voiture qui tombe en panne). Si nous disposions, face aux difficultés à affronter, d'une aide à l'évaluation, comme par exemple la règle que l'on utilise à l'hopital pour évaluer la douleur que ressent un malade, il faudrait se demander face à ces événements quotidiens où nous les plaçons sur cette échelle, comment nous les vivons, quelle importance nous leur accordons et, surtout, quelle est la place qui nous reste pour nous-mêmes. Cela revient la plupart du temps à *réaliser que nous nourrissons nos problèmes*.

Qu'est-ce qu'un problème pour nous ? Comment naissent les problèmes ?

Pensez à ce que vous trouvez problématique dans votre vie en ce moment. Cela peut être une simple préoccupation, un conflit plus pesant, etc. Vous constaterez que cela se limite souvent à une interrogation sur ce que vous devez faire à un certain moment de votre vie. Vous vous demandez quelles sont les voies pour y arriver. Souvent cette interrogation nous renvoie à la difficulté de ne pas savoir précisément vers où nous avons envie d'aller. Nous ne parvenons pas vraiment à éclaircir notre désir ; nous ne sommes pas en phase avec notre message intérieur, qui reste brouillé et confus.

Essayez de ressentir ce qui se passe dans votre champ énergétique. Sentez comment l'énergie est aspirée par l'inquiétude, qui draine en fait le potentiel de développement de la situation et bloque vos ressources.

En se faisant des soucis, on entretient le problème, on l'aide à grandir, mais cela n'aboutit que très rarement à l'ouverture vers la solution. Plus nous pensons à ce qui nous préoccupe, plus nous donnons du pouvoir à cette situation. Nous nous enfermons dans notre système de pensée, qui tourne en rond, notre façon de voir le problème se rétrécit. La préoccupation devient ainsi une barrière solide qui nous empêche de laisser venir à nous une solution créative.

N'oubliez jamais que vous donnez de l'énergie à ce sur quoi vous vous concentrez. Il vous appartient de construire votre scénario et de décider s'il sera sain ou malsain, y compris au niveau de ses répercussions énergétiques. Ceci est très important ; surtout si vous vous trouvez dans une situation de maladie, où vous n'avez plus le luxe de pouvoir dépenser votre force et votre puissance dans des pensées préoccupantes qui vous coupent de vos ressources de guérison.

Si votre quotidien est imprégné par des pensées du type « que vais-je faire s'il m'arrive ceci ou cela ? » (des catastrophes la plupart du temps), alors vous avez trouvé le chemin le plus direct pour vous rendre là où vous ne souhaitez pas aller. En général, nous sommes tous très doués pour focaliser notre attention sur les événements que nous avons peur de voir se produire. Que va-t-il se passer si mon contrat n'est pas renouvelé ? Que vais-je faire si ma maladie récidive ? Que se passera-t-il si je ne rencontre pas l'âme sœur ? Et ainsi de suite.

J'ai été amenée à accompagner Agnès, une femme de quarante ans, malade depuis plusieurs années d'un cancer du sein qui entre-temps avait donné des métastases et pour lequel on ne disposait plus guère de ressources thérapeutiques. Pratiquement aveugle, elle était soignée à domicile par une équipe médicale et par sa belle-mère, rayonnante d'amour et d'intelligence du cœur. Ce qui me frappait le plus chez Agnès c'était la peur qu'elle dégageait, une peur presque viscérale et qui se traduisait par une tentative désespérée de garder le contrôle et dont le résultat paradoxal était un repli sur soi et une non-présence. Elle m'a raconté que, toute jeune déjà, elle était persuadée d'avoir un jour un cancer du sein alors qu'il n'y avait aucun antécédent familial. Elle y pensait sans arrêt, s'imaginant malade et en train de mourir. Cela l'obsédait véritablement, elle n'en dormait plus la nuit.

Depuis le début de sa maladie, dont le diagnostic avait d'ailleurs été tardif du fait de son attitude entre peur et déni, elle avait entrepris en même temps qu'un traitement médical traditionnel plusieurs démarches de guérison, dont une consistait à travailler la « clarification cellulaire », c'est-à-dire reconnaître et libérer le message profond inscrit au niveau cellulaire. Dans son cas cela correspondait à la pensée obsessionnelle « je suis malade, je vais mourir », qu'il s'agissait de remplacer par « je suis vivante, je vais m'en sortir et guérir ». Cela lui avait demandé beaucoup d'efforts. Elle estimait l'avoir fait avec sincérité, et sa détresse de ne pas voir se produire le résultat physique tant espéré était d'autant plus grande. Après cela, elle avait entendu parler des recherches de Claude Sabbah, médecin français, qui soutient la théorie selon laquelle chaque maladie porte à la base son conflit propre — pour le cancer du sein, en l'occurrence, il s'agirait d'un conflit de filiation — et qu'il est essentiel de reconnaître ce conflit pour permettre sa résorption et la guérison. Il est vrai que cette femme connaissait un grave conflit de filiation : fille unique, sa mère n'avait pu, pour une raison que j'ignore, s'occuper d'elle et l'avait confiée à sa grand-mère. Agnès avait deux enfants, dont une fille cadette, qui était adolescente maintenant et avec qui la communication avait toujours été très difficile. Elle continuait à régler ses comptes avec sa mère, oubliant d'aller à la rencontre de sa fille. Elle était toujours suivie par une équipe de Claude Sabbah qui, malgré la détérioration physique évidente d'Agnès, continuait de lui affirmer qu'elle était sur le chemin de guérison, que sa métastase cérébrale était le signe de la résolution d'un conflit, qu'elle allait se résorber et que donc tout allait bien. Quant à moi, je ressentais une colère violente à l'encontre de cette équipe de « thérapeutes » qui entretenaient le déni. Si ce dernier peut être une attitude utile, car il permet de rester en suspens, en attendant de retrouver une nouvelle dynamique, dès lors qu'il est conforté par le thérapeute il s'avère dangereux et irresponsable, car cela interdit un véritable travail d'acceptation. La peur de la mort était présente à chaque instant, mais ne pouvait être entendue et écoutée.

Chaque fois que j'arrivais, sa fille, au bout de quelques minutes, se glissait dans la chambre, se recroquevillait en position fœtale sur le canapé et nous écoutait en silence. Alors que jusque-là, Agnès parlait d'elle uniquement, de sa peur de la maladie, de sa perplexité de ne pas sentir qu'elle guérissait, un jour elle s'est mise à me parler de sa fille, du bonheur qu'elle avait ressenti le jour de sa naissance, de sa joie de voir sa fille grandir, mais aussi de son chagrin de ne plus se sentir actuellement en relation avec elle, de leur incompréhension mutuelle. Je lui ai demandé pourquoi elle pensait que cela s'était passé ainsi et elle m'a répondu avec beaucoup d'émotion : « Ma vie n'était plus que peur, j'étais persuadée que j'allais attraper une maladie mortelle, et je veillais jour et nuit pour que ce démon ne puisse m'attaquer. Peur et contrôle : les deux ne laissaient guère de place à l'amour et l'harmonie. Je n'étais pas disponible pour ma fille, ni pour personne d'autre, je gravitais autour de moi-même, prisonnière de mon système de protection qui, je commence à le voir seulement aujourd'hui, m'a tout simplement interdit de vivre. Je pensais pouvoir me mettre à l'abri de la vie, en contrôlant moi-même et les autres. Je manipulais les autres à travers ma peur, j'essayais d'obtenir ce que je pensais m'être dû et que je n'avais pu obtenir dans mon enfance. Il m'était difficile d'être la mère de ma fille, je ne savais comment m'y prendre, et je me suis résignée à la maladie. Je ne me rendais pas compte que j'étais isolée sur mon orbite et je n'autorisais personne à entrer dans mon espace. »

« Et aujourd'hui, est-ce que je vais guérir ? » Cette question revenait en permanence. Voir cette femme mourante s'accrocher avec acharnement à la vie et en même temps ressentir son incapacité à sortir de sa coquille, à faire un pas vers l'autre, ou à s'apercevoir tout simplement qu'il était là, avec elle, cela m'était très pénible. Elle avait utilisé la maladie pour continuer dans l'impasse de sa vie, elle commençait à peine à comprendre qu'elle n'était pas dans la dimension vivante du présent, qu'elle n'avait jamais connu cette confiance-là. Elle avait construit sur la peur. Là où il y a la peur, l'amour ne peut grandir. Avec prudence, j'ai essayé de la ramener au moment présent, je lui ai proposé de sentir ce qui se passait en elle et autour d'elle, d'écouter les bruits réconfortants de la maison, d'entendre les chevaux qui hennissaient dans le pré à côté, d'utiliser ses sens pour ne pas rester isolée et prisonnière de ses pensées angoissantes. Cela ne l'apaisait que brièvement, elle ne pouvait et ne voulait pas se détacher de sa construction mentale. Elle voulait guérir à tout prix, sans saisir que la guérison exige d'abord de guérir nos vies, et que nous sommes bien plus que nos pensées.

Elle continuait à résonner de peur, elle me disait : « Je ne vais pas mourir, n'est-ce pas ? » Je lui tenais la main, je lui parlais de la paix que j'avais pu observer chez tous les mourants, je lui disais qu'elle pouvait permettre à tous ceux qui l'aimaient de s'approcher d'elle, qu'elle ne devait pas avoir peur de dire « je t'aime » et de témoigner enfin cet amour mutuel, bien présent. Pour Agnès, cette ultime étape n'a pu se faire que le tout dernier jour de sa vie, mais elle a eu la grâce de vivre cet instant où elle a compris qu'elle n'avait pas *besoin* d'avoir peur de mourir, qu'elle pouvait aimer, sans conditions, qu'elle était entourée par la présence tendre et enfin légère de sa mère et de sa fille, et de tous ses proches, avant de s'éteindre en paix avec elle-même et les siens.

Nous construisons nos problèmes à notre façon. Il y a autant de problèmes que de personnes. Face à notre mauvaise et bien trop fréquente habitude d'être préoccupés, nous pouvons nous demander d'abord, combien d'énergie cela nous coûte et pour quel résultat. Comment pouvons-nous réussir à nous recentrer, afin de retrouver notre équilibre énergétique ?

La réponse est simple : demandez-vous ce qui vous préoccupe maintenant, en ce moment précis, respirez avec conscience et décidez de suspendre le scénario malsain, puisque vous venez de réaliser que l'instant que vous vivez n'est pas menaçant, que c'est votre peur de ce qui pourrait arriver qui vous met en difficulté.

Vivre le moment présent sans retenue.

Sortir de la peur et de la préoccupation, se reconnecter avec la réalité de l'instant, laisser de côté l'échafaudage de scénarios, discours et présupposés malsains, tous à la base de notre épuisement.

Chaque fois que vous vous surprenez à ce mauvais jeu, souvenez-vous que tout ce à quoi vous accordez votre attention se nourrit de vous. C'est vous qui le faites grandir. Ceci est valable pour les aspects que vous avez envie de développer, mais également pour tout ce que vous aimeriez voir disparaître à tout jamais autour de vous.

La décision d'interrompre le processus vous appartient. C'est vous qui avez le pouvoir de neutraliser l'énergie qui s'en dégage. Apprendre à reconnaître un scénario indésirable dès qu'il se présente est le premier pas à faire pour vivre au présent : visualisez un panneau STOP immédiatement et donnez ainsi à votre esprit mental un cadre nécessaire, remettez-le à sa place.

S'exercer quotidiennement à ne pas se laisser prendre au piège de la peur, de la culpabilité, du doute et des reproches envers soi-même ou les autres, telle est la pierre angulaire d'une véritable hygiène de vie, aussi indispensable que l'exercice physique ou une alimentation saine. Pourquoi le faisons-nous si rarement ? Pourquoi ne voyons-nous pas à quel point cet équilibre énergétique est essentiel pour notre santé ?

Si vous voulez prendre en main votre vie, avec présence et conscience, vous devez développer votre habileté à gérer le quotidien, avec ses rebondissements, ses contrecoups et ses blocages. Cette compétence fait partie de l'intelligence émotionnelle et stimule le processus de maturation spirituelle. Reconnaître que ce sont nos pensées et nos intentions qui dirigent et orientent notre flux vital, que, à condition de savoir les gérer, elles font de nous des êtres déterminés, accepter que c'est le travail intérieur qui modèle notre présence extérieure, cela permet de changer notre approche des événements, d'élargir notre horizon.

Reprenons contact avec notre intuition, acceptons de nous laisser guider par des événements qui se produisent juste à ce moment-là et qui traduisent la résonance synchrone intérieur-extérieur. Ce sont ces situations qui nous aideront à trouver la position du sujet déterminé, celui qui a développé l'aptitude à faire des choix de vie cohérents avec ses désirs.

Que faire lorsqu'il s'agit de problèmes « réels » ? Que faire si nous développons un cancer par exemple ou perdons notre emploi ou encore si nous perdons un être cher ou sommes frappés d'un accident ?

Ce qui va être déterminant, ce qui va vraiment faire la différence, c'est notre façon personnelle de répondre à ce type d'événement. Et cela doit refléter l'espace de notre réalité intérieure.

Un événement difficile est toujours une occasion, même forcée, de réflexion personnelle. En tant que tel, cela renforce le processus de croissance personnelle et spirituelle. Nous n'avons pas créé consciemment ce qui vient de se passer, mais nous sommes bien les créateurs de notre manière de recevoir la situation, d'y répondre et de la travailler, afin de l'intégrer dans notre espace.

C'est dans ces moments de vie décisifs que l'ombre occupe une place puissante. Là encore, il ne faut pas se saboter au niveau énergétique par une attitude ou des pensées malsaines, qui sont en écho avec l'ombre. Cela est primordial et exprime notre choix personnel conscient et inconscient.

Autre prise de conscience fondamentale : reconnaître que certaines de nos croyances entretiennent les obstacles et ne sont absolument pas utiles du point de vue d'une élaboration personnelle en vue de leur résolution ou de leur assimilation.

Accepter que le futur n'est pas une répétition du passé, une suite d'événements déjà connus, ne pas continuer à expliquer l'inconnu en des termes connus, c'est-à-dire continuer à répéter des modèles insatisfaisants et limitatifs, est un autre pas nécessaire vers l'ouverture intérieure.

Le seul pas qui importe est celui que vous faites maintenant.

Aussi pénible que cela puisse être de se souvenir de propos négatifs tenus dans certaines situations, il est essentiel de le faire : c'est dans l'acte de cette remémoration que repose la liberté de faire autrement.

C'est un véritable travail actif sur vous-même : faites tomber les barrières derrière lesquelles vous restez en attente, votre pouvoir est déjà en place. Il n'attend que le signal d'éveil.

Quelle place donnons-nous à nos vieilles blessures ?

La vie est faite de morts et de renaissances. Au centre, il y a la régénération.

Les blessures font partie du tissu de la vie. Elles ont de multiples visages. Elles sont inévitables. Elles sont universelles et nous les avons tous rencontrées, au moins sous leurs formes les plus fréquentes : abus, humiliation, non-reconnaissance, abandon.

Elles découlent d'un processus de mise en scène de certains événements ou situations en fonction de ce que nous avons ressenti, pensé ou vécu. Ces processus aboutissent à une articulation à l'intérieur de notre espace personnel, avec deux possibilités d'élaboration.

Il y a d'abord le mode actif, aigu, qui permet l'expression de la dimension que nous avons donnée au conflit en question. Dans ce cas le processus de guérison est déclenché et peut se poursuivre. L'espace psychique reste ainsi dynamique, en ouverture sur l'intelligence naturelle de la guérison.

Si, au contraire, pour une raison ou une autre, cette expérience active d'une situation douloureuse devient impossible, la porte de sortie étant inaccessible, alors le conflit s'installe et devient chronique. L'espace intérieur se rétracte et perd ses moyens d'action et de réponse. Il y a paralysie et, dans le pire des cas, arrêt d'être, avec perte de la relation corps-esprit.

Notre réalité intérieure est complexe. C'est la traduction de l'espace subjectif dans lequel nous vivons, ressentons, pensons. C'est notre univers intime, à chaque instant, représentation en écho du système corps-esprit.

Chaque blessure possède sa propre résonance ou fréquence énergétique, qui souvent et de manière inconsciente se mêle à ce que nous vivons au quotidien, teintant et déformant subtilement notre perception des choses. Tout événement douloureux s'accompagne de fortes émotions, qui parfois nous semblent tellement dangereuses que nous nous retirons dans un état de stupeur, seule réponse envisageable dans ces moments extrêmes. Les traumatismes petits ou grands se suivent, notre espace intérieur, déjà en difficulté, a de moins en moins de possibilités de réponse. Sa carence en flux naturel, qui permet d'aborder la douleur, s'aggrave et fige son développement. Le mouvement dynamique se perd dans ces situations d'impasse.

Il est important de souligner qu'une blessure donnée n'aura pas les mêmes répercussions chez différentes personnes. Chacune développera sa propre résonance, en fonction de son vécu et de ses expériences antérieures. Si certaines personnes se découvrent la capacité d'effectuer un travail psychique constructif à partir de la blessure en cherchant à l'intégrer, d'autres s'en trouveront marquées de manière indélébile. Elles y laisseront une partie de leur capital vital. Ce qui fait la différence quant au devenir d'un traumatisme, c'est le fait que la blessure vient s'installer sur un matériel déjà formé, qui porte la mémoire du vécu propre, mais aussi de la somme des messages transgénérationnels transmis au sein d'un groupe familial ou socioculturel.

Aussi longtemps que dans une famille le message « je suis un malchanceux » continue à faire sa ronde, il trouvera facilement de nouveaux adeptes, orientant ainsi dès le départ l'attitude du « candidat ». À quoi bon faire un effort, s'animer, devenir actif, puisque de toute façon la chance n'est pas de votre côté et qu'on ne pourra pas atteindre son but ? Cette croyance se développera avec la force de notre conviction.

À travers notre ressenti, les blessures s'installent dans la mémoire cellulaire du système corps-esprit et deviennent un filtre de notre réalité intérieure. Elles sont en résonance avec notre ombre, qu'elles viennent nourrir de temps en temps, accroissant la masse des émotions et des impulsions secrètes et refoulées.

Un métabolisme physique œuvre en permanence au maintien de l'équilibre. Il s'applique à éliminer les toxines qui sont inévitablement produites par notre organisme. Il en va de même avec nos émotions. Il existe un métabolisme psychique qui lui aussi cherche à préserver l'équilibre entre ce que nous ressentons et l'expérience active. Il accompagne et nettoie afin d'éviter que ces émotions ne s'installent comme des toxines et ne nous empoisonnent au fur et à mesure de leur production. Il n'est pas étonnant que l'élaboration des peptides, réponse physique aux émotions que nous éprouvons, ait lieu au niveau des « tripes », lieu de métabolisation et de détoxification par excellence.

À la longue, si notre ombre devient trop puissante et envahissante, les blessures accumulées et non métabolisées finiront par éliminer tout ce qui fait appel à la créativité dynamique de notre espace intérieur, à faire taire notre volonté à ne pas demeurer les victimes de notre passé.

Nous voyons le monde extérieur à travers ce qui nous a fait mal, à travers un vécu ancien, avec le spectre de ses propres croyances négatives et restrictives, qui limitent ou interdisent de nouveaux choix et perpétuent par là même des croyances et des attitudes que nous n'avons pas choisies et qui ne nous correspondent pas — ou plus.

Le seul moyen de ne pas rester bloqué dans une perception gelée par la douleur ancienne est de s'en dégager, de retrouver la capacité de revivre une situation en la ressentant, en la repensant, sans être submergé par elle.

Celui qui a conscience de l'expérience humaine, avec toutes ses dimensions, de l'expérience qu'il est en train de vivre à l'instant même sans pour autant s'y perdre, celui-là peut rencontrer la lumière qui se cache derrière l'ombre.

Ce qui donne leur pouvoir aux blessures, c'est qu'elles nous atteignent profondément et à notre insu dans notre noyau intérieur, à un moment de grande vulnérabilité. La blessure occupera tout le terrain psychique, lequel, dans un réflexe de réponse défensive aura tendance à se figer, à perdre sa malléabilité et surtout à cesser de se développer.

Ces territoires ravagés par la blessure « oubliée » restent immatures, bloqués au stade de la blessure. Nous y répondons soit par des sentiments peu différenciés, archaïques, inadaptés à notre développement, soit par une rétention de toute expression émotionnelle, de crainte que la blessure ne s'en trouve renforcée. Ces sentiments, tels que la culpabilité ou la colère, naissent d'une accumulation de blessures non résolues que nous continuons de porter comme un fardeau. Elles s'installent, nous pèsent et finissent par devenir partie intégrante de notre identité. Ces sentiments archaïques, comme celui de la colère rentrée par exemple, changent la perception du passé et déforment notre vision de la réalité. Ils renvoient à notre petite enfance, mais également à nos histoires familiales transmises. Comment leur donner leur juste place ?

Le fait de rester en relation étroite avec ses blessures, qui se traduisent par des problèmes récidivants, est souvent une façon de continuer à réclamer l'attention de l'autre, un appel à l'aide. C'est en même temps l'attitude parfaite pour faire du surplace. L'espace intérieur n'est pas écouté ou interrogé (il ne suffit pas de dire « écoutez-moi », encore faut-il avoir quelque chose à dire), et rien n'est entrepris activement pour chercher et trouver sa véritable place, en faisant une mise au point adaptée.

Nos blessures nous permettent ainsi souvent de nous cacher. Nous échafaudons un mur de problèmes et espérons que personne n'osera demander ce qu'il y a derrière ce mur. Il y a toujours des excuses : ce n'est pas (encore) le moment, ça ne sert à rien, ça ne va rien changer, etc. Nous continuons notre chemin en tâtonnant, sans même noter que nous portons toujours le fardeau que nous nous sommes imposé. La blessure ancienne devient la pierre de touche de nombreux problèmes et obstacles.

Les obstacles sont un très bon moyen pour ne pas affronter notre vérité. Nous sentons que nous portons un lourd fardeau, mais ne sommes pas prêts à le poser et à faire le tri. La course aveugle continue, la fuite en avant, et chaque jour de nouveaux problèmes surgissent et nous assaillent. Décider d'aborder activement les blessures est une étape nécessaire du processus de guérison.

Entrer en relation avec ses blessures

Une blessure devient obstacle à partir du moment où elle nous empêche d'avancer sur notre chemin vers l'épanouissement naturel.

Notre moteur psychique est alimenté en grande partie par des émotions profondes, cachées, qui continuent à résonner avec la blessure originelle. Ce sont des sentiments de colère, d'humiliation, de culpabilité que nous avons peur de montrer aux autres et surtout à nous-mêmes. Nous les considérons dangereux. Nous sommes mal à l'aise avec ces émotions et surtout nous n'avons pas envie de nous souvenir de l'événement primaire, ni des impulsions qui y renvoient. Nous les endiguons profondément, espérant ainsi les faire disparaître. De puissants mécanismes de défense s'installent et ce qu'il faut comprendre, c'est que ces sentiments secrets influencent en permanence la qualité de nos relations. Ils décident de notre succès professionnel et déterminent nos réactions au deuil et à la joie.

N'oubliez jamais qu'un obstacle ou problème auquel vous vous confrontez représente avant tout une masse ou une quantité d'énergie. Nous avons attiré cette énergie dans notre champ d'expression, il faut donc la travailler.

Cette énergie, si vous savez l'apprivoiser, vous pouvez l'utiliser de manière constructive en la libérant. Elle vous permettra dans ce cas d'avancer, mais elle peut aussi se retourner contre vous et imploser. Il est essentiel de comprendre comment la difficulté est comptabilisée dans notre métabolisme énergétique

Le principe de base « action-réaction » intervient ici : ce que nous faisons va appeler inévitablement une réponse-réaction. Encore faut-il reconnaître l'action, afin de ne pas être surpris par la réaction. C'est là que les choses se compliquent. Nous avons attiré un obstacle dans notre champ énergétique, mais que faire de lui ? Quelle place lui accorder ? Reconnaître la place qu'il occupe s'avère souvent difficile, voire insupportable. Si nous refoulons un problème qui paraît insoluble, notre peur de rencontrer les fortes émotions et impulsions s'y référant et que nous pensons négatives va nous amener à des comportements et des façons de parler qui viennent paradoxalement renforcer le problème.

Pour travailler un obstacle, il faut se tourner vers l'obstacle, aller à sa rencontre, ainsi qu'à celle des sentiments cachés qui l'accompagnent au lieu de tout faire pour les éviter.

Il faut entrer en relation avec ces sentiments et les écouter : la douleur, la colère et la culpabilité sont des réactions normales et spontanées, mais il ne faut pas qu'elles deviennent une excuse. Les répéter, c'est admettre que ces blessures anciennes fassent le lit de notre autosabotage.

Il faut accepter avec confiance l'idée que tout ce qui arrive s'inscrira dans notre livre de vie, que l'on ne peut se limiter à opposer le bon au mauvais. Ce n'est qu'en prenant un nécessaire recul que l'on peut porter un autre regard sur un moment difficile et comprendre que, en fin de compte, le mauvais a aussi du bon et inversement. Si nous considérons l'aspect émotionnel refoulé, si nous lui permettons de faire surface, si nous acceptons la douleur qui l'accompagne, nous comprendrons mieux les mécanismes profonds qui nous animent et pourrons évaluer s'ils sont utiles à notre épanouissement ou si, au contraire, ils sont un élément destructeur qui nous enferme dans notre solitude, nos difficultés relationnelles, notre attitude de sabotage.

Pour retrouver la lumière, il faut franchir l'obscurité. Notre univers est ainsi fait et il ne manque jamais une occasion de nous le rappeler en nous mettant à l'épreuve. L'absurdité de la vie devient plus facile à regarder à partir du moment où nous la percevons comme une leçon et comme un outil. Affronter nos émotions refoulées, cette partie de nous-mêmes que nous n'avons pas envie de voir, nous aide à élargir notre horizon, à changer notre angle de vue, à accepter que la lumière et l'ombre se suivent naturellement, et surtout nous autorise à en faire l'expérience, à vivre en l'intégrant au moment présent.

Cela demande du temps et une disposition à se laisser porter par le processus du changement naturel.

Nous pouvons voir, par-delà le bien et du mal, cette dualité qui nous est dictée par notre ego, instance de protection, de survie et de contrôle. Nous pouvons dépasser le champ de l'ego pour entrer en résonance avec le champ énergétique universel, lequel ne connaît pas la dualité, mais nous ouvre la porte vers la vision symbolique des choses et nous permet par là de sortir du cercle du bien et du mal. Tout jugement sur une situation résonne énergétiquement et pèse immanquablement sur la balance de la vie. Nous devons apprendre à laisser les situations suivre leur cours, les ressentir et les accompagner en restant ouverts au développement qu'elles nous offrent. Chaque situation contient son enseignement, lui-même particulier et différent pour chacun d'entre nous.

Pourquoi cette reconnaissance est-elle si difficile ?

Les sentiments et les émotions qui naissent en réponse à une certaine situation sont le reflet d'une forme de communication intérieure qui navigue entre le passé-présent et cherche à établir un lien entre le corps et l'esprit.

Cette communication est souvent oubliée, perdue. Les sentiments ne sont pas reconnus et ne peuvent se vivre librement. Un sentiment donné en cache souvent un autre, bien plus profond, mais aussi plus douloureux. Par exemple, la colère cache presque toujours une peur qui ne peut s'exprimer. N'oublions pas que chaque problème qui se pose à nous est notre problème. Il résonne avec notre vécu antérieur, et nous le façonnons en conséquence. Il nous concerne et fait appel à notre capacité à y répondre, capacité aussi bien émotionnelle que rationnelle. Mais aucun problème ne doit inonder tout ce que nous sommes, aucun problème ne doit conduire la personne à s'identifier à son problème et donc en même temps à transmettre ses limitations.

Si, pour une raison quelconque, ce travail actif de reconnaissance et d'intégration émotionnelle ne peut se faire, ce conflit imprime dans notre tissu vital la vibration spécifique et propre à ces émotions cachées, qui continuent ainsi d'occuper le champ vital.

Si notre champ énergétique a déjà intégré le problème, s'il lui a trouvé une place, il convient de se demander si cette place correspond effectivement à celle que nous souhaitons lui donner. Trop souvent une situation que nous vivons comme problème devient une partie de nous-mêmes. Elle nous envahit et nous dépensons notre énergie vitale pour trouver une solution à quelque chose d'extérieur. La blessure originelle, quant à elle, reste cachée. Savoir relier une situation difficile à une blessure enfouie exige une introspection consciente.

Ce que nous pensons sur ce qui nous arrive a tendance à se réaliser. Comme vous pensez que l'obstacle est réel, vous continuez de réagir. Lorsqu'on s'identifie entièrement à ce que l'on pense, cela déforme notre réalité dans la même direction.

Essayez de considérer le problème comme un observateur extérieur. Devenez votre propre témoin. Prenez un peu de recul par rapport à ce qui vous préoccupe.

La vie d'adulte se caractérise trop souvent par le fait que nous ne vivons plus nos sentiments. Nous ne leur permettons pas de se développer naturellement. Nous ne faisons plus l'expérience de ce fait essentiel : un sentiment se déploie dans le temps d'une certaine manière ; il nous occupe un moment, puis il diminue naturellement et finit par laisser la place à autre chose. Mais pour que cela se réalise, nous devons accepter de suivre le cours des choses, sans nous y accrocher. Hélas, nous essayons trop souvent de contrôler nos sentiments par nos pensées, de les cantonner au niveau de l'esprit, au lieu de les ressentir et de les exprimer de manière adaptée. Nous tournons en rond et devenons contre-productifs, car nous ne sommes plus à l'écoute de notre vérité intérieure.

Acceptez de prendre cette place d'observateur neutre, et vous constaterez que les pensées négatives qui accompagnent une situation difficile ont été créées par vous-même, par votre approche personnelle.

Vous dépensez votre énergie et tirez la balance énergétique dans le rouge. Parce que vous continuez à vous dire : je n'y arriverai pas, je n'ai pas le temps, je manque d'argent, je ne vaux rien.

Vous n'êtes pas obligé de croire ce que vous pensez.

Chaque fois que vous réaliserez que vous vous enfermez dans ces systèmes de pensée qui ne vous font pas avancer, ce sera déjà un grand premier pas de prise de conscience. Déjà, vous commencerez à récupérer un peu de votre espace intérieur perdu.

Observez simplement pendant quelques instants vos pensées, sans jugement ni intervention, et demandez à votre sagesse de vous aider à accompagner la situation présente. À présent, que sentez vous ?

La réponse est à l'intérieur de vous. La dynamique est bien là, présente. Une situation qui vous semble statique signale en fait un blocage de son développement naturel. Vous vous y opposez, vous essayez de la diriger au lieu de laisser venir.

Si vous avez laissé un problème vous envahir, demandez-vous quel contact vous avez avec votre centre. Votre témoin intérieur n'est certainement plus sollicité. L'observation avec recul devient impossible : votre attention n'est plus dans le moment présent. Elle oscille entre le passé et le futur.

L'inquiétude est toujours en résonance avec le passé ou le futur. Elle s'accroche aux histoires anciennes et cherche à les reproduire. Elle nous empêche de vivre le présent et fait de son mieux pour occuper sa place de saboteur préféré de notre existence.

Travailler un obstacle, c'est reconnaître notre ambivalence, notre résistance au changement, à considérer notre système de pensée, nos contradictions. Je veux, mais je ne peux pas, car... (et il y a toujours de bonnes raisons à cela, bien évidemment).

L'acte de résoudre un problème n'existe pas. Il faut observer ce qui nous agite intérieurement, reconnaître que l'on est le sujet de sentiments contradictoires, souvent refoulés. Aussi longtemps que nous ne serons pas clairs avec nous-mêmes, la situation ne pourra pas vraiment changer.

Il est important de se donner du temps, de prendre son temps, sans oublier que chaque fois que nous sommes dans la position de l'observateur, nous travaillons intérieurement, et que c'est cela qui conduit au changement extérieur.

Plus on vit dans le présent, plus on favorise le flux naturel de la vie, et plus on empêche à de gros blocs de sentiments non élaborés de s'accumuler, de restreindre votre vision du monde et des choses.

Demandez à votre intuition de vous guider, de vous aider à écouter le présent et vous découvrirez que la résolution d'un problème peut être un processus créatif. Chaque expérience a son sens et son enseignement.

Apprenons à vivre en acceptant que les choses SONT à un moment donné, faisons confiance au processus naturel de la vie, qui est changement, sans porter jugement et restons ancrés dans cette forme de créativité qui nous porte.

Il peut paraître néanmoins difficile de considérer certaines tragédies comme un processus créatif, tant elles nous paraissent absurdes. Nous restons muets et pétrifiés et, pourtant, une fois la stupeur passée, une autre vision de la situation émerge progressivement et nous découvrons que ce temps a été nécessaire, utile et finalement bénéfique à notre croissance personnelle. Rétrospectivement, il nous paraît même difficile de concevoir comment on aurait pu s'en passer. Le processus actif du développement franchit l'espace de non-sens et finit toujours par rejoindre la dimension du sens.

Une douleur peut paraître énorme ; une douleur peut être insupportable. Mais elle est. Nous pouvons essayer de nous y opposer, de la refouler, mais le seul résultat pourra être un désespoir encore plus grand. La vague de l'absurde nous submergera et nous emportera au loin. Il faut apprendre à vivre cette expérience : laissez-vous porter par cette vague, tôt ou tard elle vous ramènera à bon port.

Acceptons que cette douleur fait partie de nous, donnons-lui sa place et écoutons-la. Vivons-la : c'est la seule manière de garder vivant notre espace intérieur en passant par les différentes phases du développement. C'est ainsi que nous éviterons la paralysie, situation d'impasse interminable qui se construit sur la base de sentiments que nous préférons ne pas aborder, de peur de souffrir encore plus.

L'enfant sait que chaque sentiment a sa durée de vie propre. Il sait que la tristesse, les pleurs, la colère ont une durée limitée, qu'elles finissent par diminuer puis s'éclipser, pour peu qu'on accepte de les vivre sans essayer de les contourner, de les éviter, en faisant l'impasse. À nous, adultes, de redécouvrir cette expérience naturelle, nécessaire au maintien de la dynamique intérieure du mouvement vital.

Celui qui est l'esclave de ses sentiments et de ses impulsions, celui qui est incapable de les rencontrer librement, aura tendance à penser en termes magiques. Il renoncera à l'action propre, orientée, et continuera à penser qu'il n'y est pour rien. Il sera donc incapable de travailler activement à sa transformation annoncée.

Les blessures anciennes font partie de notre tissu vital. Elles nous marquent pour la vie. On peut et on doit les approcher, afin de les reconnaître et de les intégrer dans toutes leurs formes de résonance. Mais il est illusoire de penser que l'on pourra les effacer, faire table rase et reprendre à zéro.

Le travail de clarification des situations, des souvenirs et des émotions douloureuses, ainsi que des impulsions qui les accompagnent conduit immanquablement à la peur et à l'angoisse. Les impulsions imaginées se concrétisent et deviennent menaçantes. La peur est l'expérience d'une inquiétude intérieure, d'une tension, d'une vague d'émotions dépourvue de raison concrète. Elle est une de ces expériences de l'existence que nous rencontrons tous à un moment donné.

En reconnaissant sa peur, on parvient à apprécier d'un œil critique ses propres problèmes et préoccupations, à réaliser que les conflits sont de même inséparables du tissu vital. Par respect envers nous-mêmes, restons vigilants et attentifs au quotidien. Nos problèmes continueront à nous accompagner, mais en les reconnaissant nous pourrons les dédramatiser et les réduire.

Le bien-être psychique est un travail sur soi de tous les jours.

Travail de nettoyage, travail de réparation

La vie est un Tout. Le grand cercle de l'expérience terrestre englobe tous les domaines de l'existence, petits et grands, obscurs et lumineux, joyeux et tristes.

La vie est une suite de naissances et de morts, de pertes et de gains.

La vie nous donne quotidiennement ses leçons. Notre maturation spirituelle nous permet de les accepter en tant que telles, de leur rendre leur sens, sans lequel nous resterions enfermés dans la résistance face à une douleur absurde.

Mais chacun sait aussi combien il est difficile de respecter et de suivre ce flux vital naturel.

Pourtant, notre transformation intérieure est le fruit d'un processus conscient, laborieux et difficile. Nous ne pouvons laisser derrière nous les souffrances d'une vie familiale, dont le poids nous écrase, ni oublier les difficultés du monde qui nous entoure. Nous avons besoin de les reconnaître et de les intégrer dans notre pratique au jour le jour. Mais nous ne devons pas pour autant leur permettre d'écraser notre présence au monde.

Faites l'inventaire critique de vos préoccupations, de vos problèmes, de vos tracas, de vos soucis. Vous ne pourrez ignorer votre peur voilée. Vous pouvez, face à cette peur, essayer de vous échapper en mobilisant vos mécanismes de défense, en détournant vos pensées ou en évitant la confrontation. Tout cela peut effectivement vous aider à calmer très provisoirement la peur.

Mais si vous concevez au contraire la peur comme accompagnant naturellement le processus de renouvellement, vous découvrirez qu'elle peut être stimulante, elle vous permettra de faire remonter à la surface les vieux souvenirs, sentiments et impulsions, que vous pourrez alors confronter de façon productive et critique. La peur est présente dans toute vie. Osez la regarder en face : cela vous apportera une clarté, vous aidera à apprécier les problèmes à leur juste valeur. En la considérant sans la surestimer, on opère un rééquilibrage énergétique : la force émotionnelle ainsi libérée sera à nouveau disponible pour une nouvelle étape de construction.

Un adage connu dit : Celui qui ne se vit pas ne peut dans la même proportion laisser vivre l'autre.

L'expérience de la souffrance peut nous faire comprendre, grandir, mais il arrive aussi qu'elle conduise à la mort psychique ou physique. Nous connaissons tous des personnes mal en point et tellement déconnectées de leur source intérieure que la mise en marche du processus de guérison est fortement compromise. Le désarroi de la société moderne, avec ses situations d'abus, d'éclatement et de confusion a produit chez nombre de nous des blessures profondes et indélébiles.

Vous pouvez construire votre jardin d'Éden, à condition d'y croire. Mais vous pouvez aussi choisir d'entretenir une souffrance énorme. Pour sortir de cette impasse, vous devez entrer en rapport avec la conscience du besoin de guérison. Dans un processus accompagné, cela vous réconciliera avec votre être intérieur, vous aidera à rencontrer et à réévaluer vos peurs et vous approchera de l'expérience d'une existence aimante et créative.

Nous portons tous en nous des schémas de comportement que nous avons adoptés en réponse à des événements douloureux. Nous avons développé des défenses morbides qui sont en grande partie responsables de notre souffrance profonde. Si on décide de rester un être blessé et humilié chronique, on doit alors mener la vie d'une victime. Mais vous serez votre propre victime, même si vous avez la conviction que les autres sont responsables de votre malheur.

L'apprentissage d'un nouveau comportement émotionnel permettra à une nouvelle attitude d'émerger. La déception ou l'humiliation sont des expériences douloureuses — découvrons qu'il est possible de vivre ce sentiment. Reconnaître et laisser s'exprimer cette douleur est tout à fait adapté. Cela devient problématique seulement si la douleur s'installe dans le temps et dure trop longtemps, en partie parce que nous l'entretenons et ne l'autorisons pas à s'effacer.

Ce sont des systèmes de croyance transmis de génération en génération, des scénarios et des identifications qui soutiennent les problèmes et fécondent nos convictions, leur conférant ainsi le pouvoir dont elles ont besoin pour survivre.

Une même question revient encore et encore : comment et pourquoi certaines personnes renoncent-elles à la vie, leur vie ? Pourquoi choisissent-elles des faux-semblants qui leur permettent de se tenir à l'écart du « risque de la vie » ? Pourquoi adoptent-elles des attitudes passives et dépendantes, pourquoi font-elles du surplace et limitent-elles délibérément leur conscience ? Tout le monde a besoin, à un moment donné, de faire ce travail fondamental sur soi, analyser ses relations avec ses parents et sa famille, et développer ainsi sa conscience, afin de mieux comprendre ses mécanismes intimes. Or on assiste trop souvent à la résignation d'une personne qui sait bien que sa vie tourne en rond, mais qui ne voit pas d'alternative. Elle abandonne sa responsabilité, n'est plus prête à se demander dans son for intérieur où est sa vérité, sa lumière. Seule une attention profonde à l'ensemble de notre existence peut nous aider à nous épanouir intérieurement. Seule une telle attention nous permettra de faire tomber des cloisons, de prendre enfin conscience des multiples dimensions qui se côtoient chaque jour en nous.

Voici quelques questions bénéfiques et libératrices que chacun d'entre nous peut se poser de temps en temps :

Que fais-je de ma vie au quotidien ? Quelles sont les dimensions que je vis pleinement ? Où est ma créativité ? Quels sont les aspects que je considère moins importants et que j'évite d'aborder ? Quels sont les sentiments que je ressens lorsque je pense à cela ? Comment puis-je rencontrer les émotions que cela éveille en moi ? Est-ce que j'adopte une attitude défensive ?

Certaines personnes attendent le fameux jour où tout ira mieux, le jour de la solution miracle. D'autres emplissent leur quotidien d'une foule de petites contraintes, élaborées au fil des jours, et les occupant de manière rassurante. Enfin, il y a ceux qui ont décidé de s'attaquer au problème et de commencer le grand nettoyage, car il est malheureusement faux de penser que le temps suffit à guérir nos blessures profondes.

Certaines blessures s'incrustent et, malgré nous, la mémoire transgénérationnelle fait que nous les transmettrons à nos enfants. Le travail thérapeutique aide à revenir sur notre histoire et à regarder bien en face les certitudes que nous avons développées pour poser enfin la question libératrice, celle de leur validité. C'est sur ces certitudes que s'est bâtie notre identité, et elles nous ont par là même imposé leurs limitations.

Mais cette identité est-elle véritablement la nôtre ?

Prenons conscience du fait que nous portons en nous toutes les possibilités. Cela nous permet de regarder les cloisons de notre vie en face et de lâcher prise, pour que notre espace intérieur se transforme et grandisse en se déployant. Cela suppose une implication active et responsable dans le processus de transformation, avec des actions déterminées et orientées.

Retrouver derrière l'obscurité de la peur et du doute la lumière naturelle de l'amour et de la joie, c'est à cela que conduit la guérison de l'esprit.

Trop souvent encore, la décision d'entreprendre cette démarche personnelle est fondée sur l'urgence. C'est le cas de la force majeure : la maladie ou un drame humain nous tire brutalement de notre cocon et nous nous apercevons que nous n'avons jamais vraiment réfléchi à la dynamique de la vie, ni à ce qui est essentiel. Surtout, nous découvrons que nous avons beaucoup de mal à dire ce qui est essentiel pour nous.

Pourquoi avons-nous renoncé ? Pourquoi avons-nous préféré nous cantonner dans un espace de conscience restreint ?

Comment continuer à résonner avec son histoire, sans en être prisonnier ? Comment renouer avec son être profond et satisfaire le désir de vivre une vie pleine, riche et épanouie, conforme à notre identité authentique ?

Qu'est-ce qui nous empêche de vivre la vie que nous nous sommes imaginée en étant enfant ? Que sont devenus nos rêves les plus fous, les plus extraordinaires et joyeux ?

Les premières années de la vie d'un enfant ont cette simplicité spontanée : la vie coule de source. Chaque journée démarre avec un plein d'énergie, l'enfant vit l'instant présent complètement et de manière incroyablement créative. Il se couche heureux et fatigué le soir, sans la moindre appréhension du lendemain. D'ailleurs pourquoi demain serait-il moins bien qu'aujourd'hui ?

Je me souviens d'une petite fille de trois ans que j'ai aperçue un jour avec sa grand-mère dans le jardin du Luxembourg à Paris. C'était la fin de l'hiver ; les premiers rayons de soleil se promenaient dans les branches encore nues des grands arbres. La petite fille a enfourché son tricycle et avec une expression de jouissance triomphale s'en est allée, roulant à toute allure. Nous entendions ses rires de plaisir, elle rayonnait le bonheur et la joie parfaits. Cette petite fille vivait l'expérience de l'amour dans sa plénitude et son évidence au quotidien. C'est une rencontre à laquelle personne ne peut résister. Un jour ou l'autre, elle nous a tous inondés de sa lumière et de sa joie, cette joie d'être là à cet instant précis.

Malheureusement, l'expérience de cette plénitude est trop souvent amputée, certaines règles familiales imposent rapidement des limites. L'enfant abandonne sa légèreté, sa spontanéité. Il fait désormais les choses en pensant à leurs conséquences, elles-mêmes fonction des systèmes familiaux transmis. Il apprend à évaluer ses actes en fonction de l'amour conditionnel qu'il recevra s'il fait bien telle chose, et le refus d'amour ou de considération s'il ne fait pas telle autre.

Le cercle infernal de la complication se met en branle. La vie ne sera plus jamais comme avant. Les lois de la vie extérieure se mettent en place et son flux puissant nous éloigne à grands pas de notre vie intérieure, qui est de plus en plus reléguée au fond de notre inconscient, rejoignant et imprégnant nos zones archaïques, laissant des émotions fortes mais rationnellement inexplicables, comme la peur de ne pas y arriver, la peur de l'abandon, la peur de la vie dans le cas extrême.

La peur est toujours le reflet de notre doute

Lorsque nous prenons enfin conscience de cette distanciation, le temps du décrassage est peut-être venu. Mais en général cela n'intervient qu'après bien des rebondissements et des résistances. « Je ne vais pas si mal que ça, je peux y arriver tout seul, après tout je connais mon histoire et je la gère », c'est par ce genre d'arguments que l'on essaie de continuer ce que l'on a commencé, pensant encore au fond de soi qu'un véritable changement est peut-être évitable.

Accepter de reconsidérer ce que nous pensons savoir, lui accorder un regard nouveau, tout cela impose de rencontrer une fois pour toutes nos blessures enfouies, et surtout de laisser les émotions, qui les accompagnent, remonter à la conscience. La peur essaiera de nous imposer ses limites, mais on peut apprendre à négocier avec le malaise. Il faut pour cela devenir capable de supporter la douleur déclenchée par les émotions anciennes. On peut les examiner avec attention et bienveillance : on constate alors que l'intensité de la douleur diminue progressivement.

C'est cela qui nous permet de nous demander si les certitudes bâties autour de ces mêmes blessures sont toujours valables. Plus nous apprenons à confronter nos émotions, plus nous développons l'aptitude à diriger notre vie, dans le sens de l'épanouissement et non du sabotage.

Non, il n'est pas nécessaire d'y parvenir par vos propres moyens. Vous avez le droit de demander de l'aide, mais c'est bien vous qui ferez le travail et dicterez le rythme auquel vous avancerez. Le résultat de ce travail personnel dépend de ce que nous y apportons, de notre volonté de lâcher prise et de notre détermination à mener une vie plus saine et épanouie.

Une approche psychothérapeutique qui n'intègre pas la dimension de développement personnel, et donc spirituel, sera aussi limitée dans ses résultats qu'une pratique de croissance personnelle qui ne tient pas compte de l'importance et du besoin de guérison des blessures psychiques. Peu importe la technique particulière utilisée par le thérapeute : il existe aujourd'hui toute une gamme de méthodes. L'important, c'est de trouver le moyen d'ouvrir notre conscience à une perception de soi dépassant la pensée et les mots, intégrant le corps, le ressenti, les émotions. Ce sont les ouvertures de conscience accompagnant le processus thérapeutique qui nous font avancer, ce sont elles qui permettent à une situation étriquée de se dénouer.

Au bout du compte, c'est une relation profonde conduite avec attention, bienveillance et sans jugement qui sera la source de la guérison. Les vieux schémas et les anciennes peurs se manifesteront et se libéreront dans une atmosphère de confiance et de compassion, sans attachement. La personnalité du thérapeute est au moins aussi importante que la forme de thérapie choisie.

Vivre en intégrant toutes les dimensions du vivant, aussi bien le corps que l'esprit ou l'âme, suppose ce nécessaire travail de clarification. Chaque dimension a son importance, l'on peut bien sûr essayer de stimuler davantage l'une de ces dimensions, espérant ainsi ne pas entendre le cri de l'autre, qui se sent négligée et appelle au secours. C'est une question de temps, de processus. Il est nécessaire de garder ou de développer une vision d'ensemble. Il faut accepter qu'il est normal de procéder par étapes, sans jamais oublier de questionner l'ensemble.

La dimension spirituelle de la vie humaine ne peut s'épanouir si le ressenti de la souffrance reste nié, refoulé, si on ne l'aborde pas avec conscience et détermination. Pourquoi ? Tout simplement parce que le quotidien entretient la résonance avec tout ce que nous sommes, donc aussi avec cette souffrance et cela rend toute pratique spirituelle difficile, partielle, voire impossible.

C'est l'histoire du moine qui revient dans sa ville natale après quinze années passées dans différents monastères, où il excellait dans sa pratique de méditation. Revenu dans un cadre de vie ordinaire, il réalise que les relations humaines lui sont toujours aussi mystérieuses, qu'il a toujours autant de difficultés à rencontrer l'autre, l'homme de la rue, qui ne partage pas le même code spirituel que lui. Sa pratique dans un milieu protégé lui a permis de développer cette dimension, mais le retour dans le monde du quotidien, avec ses problèmes banals, ses émotions et ses sentiments de tous les jours, lui fait comprendre qu'il n'est pas vraiment plus avancé. Son savoir-être ne lui permet pas de faire l'impasse sur le savoir-vivre. Il se retrouve face à une partie de lui-même qui n'a pas encore trouvé de résolution ; cela lui permet enfin de commencer cette nouvelle étape de clarification de la dimension psychique, nécessaire pour retrouver toute sa richesse spirituelle.

Nous avons besoin d'éclaircir nos histoires d'origine, de comprendre celles de nos parents, de les inscrire dans leur continuité, de revenir à nos rêves d'enfants, de réaliser comment nous avons pris ou pas pris notre place. Mais ce travail douloureux doit être fait avec amour, compassion, sans jugement, en ouvrant notre cœur. Il ne s'agit pas de régler ses comptes, ni de juger, sans oublier que même l'acceptation de la dynamique de la prise de conscience induit souvent une phase de colère, de rejet, voire de mépris.

Ne pas se laisser dominer et mener par des émotions mal identifiées, en s'y perdant, essayer de toujours les regarder en face afin de les reconnaître. Que ressentons-nous alors ? Quelles sont nos sensations corporelles ? Quelles images ou quelles histoires me viennent à l'esprit ? À quoi cela me fait-il penser ?

Faire connaissance avec ses émotions, c'est permettre à toutes ces sensations d'émerger, accepter la douleur qui va avec, les écouter pour finalement se rendre compte qu'elles obéissent elles aussi à la loi universelle du changement. Même si parfois elles nous semblent démesurées et insurmontables, elles finissent toujours par diminuer, la douleur associée commence à s'estomper : cela signifie que la guérison est déjà bien en place et continue sur sa lancée.

Comment faire le ménage ? Que faut-il nettoyer ?

Ce qu'il faut nettoyer : toutes ces choses, situations et événements du passé qui nous encombrent, ainsi que tout ce qui se trouve devant nous et fait obstruction, en nous empêchant d'avoir une vue dégagée sur la lumière naturelle inhérente à notre existence.

Chaque jour, nous nous trouvons dans des situations qui déclenchent en nous des sentiments ambivalents. Nous ne savons pas trop comment les aborder, ni à quoi elles se réfèrent. Ce sont de petites émotions qui s'accumulent progressivement, que nous avons du mal à reconnaître. Et nous avons donc aussi du mal à exprimer le malaise, grand ou petit, qui les accompagne.

J'anime depuis quelques années des groupes thérapeutiques s'adressant à des femmes atteintes d'un cancer. Dans ces réunions, ce qui revient toujours c'est la difficulté de comprendre notre propre fonctionnement, de reconnaître les systèmes de défense que nous mettons en place, souvent fondés sur des croyances anciennes, mais dont nous continuons à accepter les fausses conclusions, qui nous empêchent ainsi de réaliser nos besoins authentiques. La présence de la maladie nous impose d'apprendre à ressentir où et comment des fuites d'énergie vitale se produisent au quotidien et de travailler à la nécessité de relier ces pertes d'énergie avec nos schémas de comportement.

Un jour, une des femmes qui participaient à une réunion a prononcé ces belles phrases : « Je dois balayer devant ma porte et ceci tous les jours. Si je ne le fais pas, il y a accumulation ; je perds ma clarté de conscience et je me noie à nouveau dans les déchets de mes pensées et émotions. Si au contraire je reste présente et vigilante, si j'essaie d'accompagner chaque situation au moment même où elle se produit, ma vie au quotidien devient bien plus facile, légère, et surtout moins toxique pour mon esprit et par conséquence pour mon corps. »

La réalisation du fait que nous sommes exposés et soumis à des schémas de pensée puissants, qui nous emmènent trop souvent là où nous n'avons plus envie d'aller, réveillant des émotions intenses, désagréables et souvent fort douloureuses, nous confronte chaque jour à la puissance de nos expériences anciennes.

Apprendre à gérer ses émotions, c'est d'abord savoir les reconnaître, les identifier et accepter leur développement, tout en les empêchant d'être les tyrans de nos vies. Il est nécessaire de limiter leur puissance, et le meilleur moyen est de s'attaquer une fois pour toutes à leur élaboration, car une émotion douloureuse suit elle aussi la loi naturelle de la vague : elle se construit et finit par se défaire, pour peu que nous acceptions de la laisser s'échouer sans nous accrocher à elle. Mais il est très difficile, sinon impossible, d'éliminer ces émotions douloureuses complètement de nos vies. Chaque vague importante est suivie d'une multitude de vagues plus petites, mais le même principe essentiel reste vrai : il ne faut pas résister, mais l'accompagner et la laisser partir. Les vagues vous secoueront de moins en moins fort et vous pourrez vous laisser porter par elles au lieu de couler.

Souvent, l'accumulation toxique dans notre vie est telle qu'il vaut mieux commencer par les petits travaux, procéder avec présence et conscience, intégrer peu à peu les éléments de notre histoire que nous avons nettoyés de leur charge émotionnelle polluante. Cela nous permet d'avancer lentement dans notre déblayage, et de faire apparaître de plus en plus clairement ce lieu vers lequel nous avons vraiment envie de nous diriger.

Au risque de me répéter, chaque information consciente ou inconsciente est une énergie qui s'inscrit dans notre système vital, soit en perte, soit en gain.

Chaque vécu émotionnel renferme un capital d'énergie, l'on ne peut parler d'énergie positive ou négative, il n'y a que des énergies bien ou mal utilisées. À vous de les modeler selon votre conscience et vos besoins, votre énergie vous appartient.

Une bonne thérapie est une thérapie qui intègre, qui rend entier et permet la compréhension de nos multiples points de vulnérabilité et de défense, en les replaçant dans le contexte de notre histoire personnelle et transgénérationnelle. Elle nous aide à nous libérer de croyances et de conclusions devenues caduques. L'énergie ainsi libérée devient disponible pour le déploiement de notre espace intérieur, créatif, vivant, elle nous permet de partir à la découverte de tous les aspects profonds de notre être.

Nous sommes tous pareils, nous avons tous connu la souffrance et nous avons tous la possibilité d'agir sur cette souffrance. Retrouvez un équilibre là où il y a chaos, apprenez à vivre sans mécanismes de défense qui étouffent notre vitalité et acceptez l'imperfection ordinaire !

En conclusion, apprenez à tourner la page ! Acceptez de poursuivre votre chemin de vie ! Il y a bien eu des obstacles, mais ils sont derrière vous. Ce que vous continuez à percevoir devant vous, c'est l'ombre portée de l'obstacle. Et qui peut avoir peur d'une ombre ?

Comprendre un problème ce n'est pas l'éliminer. La clarification de la situation est le point de départ pour prendre sa vie en main. Cette attitude psychique nous impose une grande disponibilité pour répondre activement et de manière responsable aux situations du quotidien. Une fois que vous aurez démasqué vos mécanismes de défense, la question essentielle sera : Et maintenant, que vais-je faire ?

Les mesures les plus efficaces de transformation émotionnelle ne sont pas particulièrement difficiles ni dramatiques. Il s'agit de se défaire des masques de séduction et de contrôle, enlever son manteau de culpabilité, ne pas céder à la tentation du rôle de victime et abandonner la colère du juste.

Toutes ces attitudes sont attrayantes en ce qu'elles nous offrent la possibilité de rester passif face aux problèmes. Il est facile de rester victime des circonstances, d'exprimer colère et ressentiment, en se lamentant du mal que nous font les autres. Il est difficile de reconnaître que nos émotions profondes, cachées, nous font mal, à nous et aux autres, que nous avons des impulsions négatives, destructrices, en partie vécues et en partie enfouies.

La voie du changement est escarpée, mais elle en vaut la peine.

Vivre un échec, accepter l'imperfection ordinaire

Comment gérer l'imperfection au quotidien ?

Cette question peut sembler davantage philosophique que psychologique. Il est vrai que la psychothérapie n'apporte guère d'éclaircissements sur ce point, et pourtant cela nous touche et nous concerne parfois de très près.

Le sans-faute n'existe pas, même si toute notre quête tend vers cette perfection illusoire.

L'imperfection est partie intégrante de la vie, aucun parcours ne s'envisage sans erreur ni faute. Nous devons reconnaître ce principe pour pouvoir nous pardonner nos fautes à nous-mêmes ainsi qu'aux autres, sans cependant nous résigner à rester passivement exposé, à la merci de notre comportement.

Savoir se pardonner n'est pas une simple attitude intérieure. Il faut aller plus loin encore, afin d'équilibrer ses fautes par des actes positifs qui viendront en aide aux autres, donc à soi.

Je me comporte envers les autres comme j'aimerais qu'ils se comportent envers moi. Si nous nous sentons coupables d'actes négatifs, il est possible d'augmenter la qualité et la quantité du bien dans le monde en proposant aux autres de les aider. Action-réaction : ce principe édicte que ce que je fais me sera rendu.

Si je prends soin de ne pas polluer mon espace intérieur par des pensées et des actes qui s'opposent à mon équilibre vital, je veille par la même occasion à ne pas polluer l'espace extérieur, que je partage avec la communauté qui est la mienne et que j'honore.

La responsabilité que nous assumons pour nous-mêmes, les autres, voire la société, est un tout relié et insécable. Si une attitude de destruction et d'autopunition se répète trop souvent, nous nous devons de la dépasser, en affirmant : « C'est ainsi que cela s'est passé », tout en continuant de regarder vers l'avant, fermement déterminé à poursuivre notre développement et à réparer ainsi, par notre volonté, nos fautes.

Nous vivons avec le poids de nos fautes et de nos erreurs. Comme pour toute autre situation, ce poids peut se transformer en autre chose. Il peut évoluer avec le temps du destructif au constructif. Pour reconnaître une défaite, un échec, il faut l'assimiler, ce qui est toujours douloureux.

On ne se libère jamais complètement de tout sentiment de culpabilité, mais si vous restez dans un état d'ouverture critique face aux problèmes quotidiens plus ou moins graves, vous trouverez la réponse adaptée et consciente pour chaque situation.

On peut toujours tirer un enseignement d'une expérience, qu'elle soit bonne ou mauvaise. L'expérience est un point de départ pour changer d'orientation, pour ouvrir la porte à la pensée et à l'action.

Quant à l'imperfection ordinaire, elle nous renvoie à l'idée du chaos originel.

Chaque journée nous confronte à notre désir de perfection et nous met face à notre imperfection. Nous devons l'accepter avec amour. Ne vous laissez pas conduire dans une impasse par une recherche qui vous éloignera de votre unité. Cette recherche de perfection est une représentation de notre esprit mental. Il faut dépasser cette dimension mentale en intégrant le chaos avec son propre ordre inhérent pour aboutir à l'ouverture sur le tissu vital, dans toute sa complexité. Sachez donner sa juste place à votre attente, développez le dialogue avec elle, réévaluez-la souvent et vérifiez sa validité. La perfection que nous recherchons est le reflet de l'attente, qui est présente en nous. Il faut rester exigeant vis-à-vis de soi-même et faire travailler son potentiel tout en gardant un œil critique sur le résultat escompté. Et le résultat est lui-même à évaluer en fonction de toutes sortes de critères : ce qui nous semble imparfait sous un certain angle peut se révéler parfait sous un autre. Hélas ! la plupart du temps notre regard sur ce qui nous anime est partiel, et la sévérité dont nous faisons preuve envers nous-mêmes est souvent fortement surévaluée. Apprenons à être plus indulgents, surtout envers nous-mêmes, tout en maintenant une exigence naturelle, mais adaptée au contexte.

6

Lâcher prise : faire confiance à notre capacité d'autoguérison

La vie avec toutes ses difficultés nous expose à une rude épreuve : transformer l'obstacle en progrès, ou au moins ne pas le vivre comme un échec.

C'est un défi à relever au quotidien ; ne pas rester paralysé devant l'obstacle, que l'on perçoit comme un barrage, ne pas perdre ses moyens.

Quelles sont donc les ressources dont nous disposons pour réagir ?

L'obstacle perçu correspond en règle générale à un événement ou à une situation qui s'inscrit dans notre vie à l'improviste. Il nous met en difficulté. Il occupe notre espace intérieur et/ou extérieur et nous impose de l'affronter avec les moyens qui sont les nôtres à ce moment précis de notre histoire.

C'est là que réside la véritable difficulté : comment reconnaître et mettre en œuvre tous les moyens pour ce travail ? Chaque situation est une leçon, pour peu que nous voulions bien l'apprendre. Notre réponse sera le reflet de ce qui est déterminant dans notre vie à l'instant *t*, un miroir de notre état de conscience qui, à son tour, cherche à devenir étape de croissance.

La difficulté que nous affrontons nous offre un miroir, qui nous aide à porter un regard sur nous-mêmes. Mais l'image est souvent floue. Cependant, pour progresser dans nos vies, nous avons besoin d'apprendre à renouveler notre regard sur une situation donnée, connue ou inconnue, à développer notre propre vision d'ensemble afin de comprendre, si possible accepter et surtout intégrer un aspect difficile et nouveau dans la construction permanente de notre tissu vital.

C.G. Jung disait : « Nous rencontrons la difficulté à un niveau donné, mais la solution se trouve toujours au niveau suivant. » Apprendre à élargir sa vision des événements vers une vision symbolique, qui dépasse le regard général et commun de la société, cela suppose que l'on cultive une approche individuelle de la vie, tout comme nous avons besoin d'apprendre à écouter et à regarder de cette nouvelle manière élargie, pluridimensionnelle. C'est ce tout qui soutient et stimule l'enclenchement de mécanismes complexes et subtils d'autoguérison, dont notre corps et notre esprit disposent à volonté, pour peu que l'on sache les stimuler et les mettre à profit.

J'ai écrit un livre sur la guérison, intitulé *Votre esprit est votre meilleur médecin.* Je me contenterai donc de ne reprendre ici que certains points essentiels tout en développant quelques idées nouvelles. Si vous souhaitez approfondir cette question, je vous conseille de vous référer à mon livre précédent.

Situation de maladie et approche de guérison

Notre espace intérieur est en résonance directe, permanente, avec notre monde extérieur : leurs relations sont complexes, et il existe à de multiples niveaux des boucles d'échange subtiles, qui assurent la communication à tous les étages de l'être. Corps, esprit, âme : tout est relié, tout est un, chaque dimension intègre et vient compléter l'autre. Notre système vital est à l'image d'un hologramme, dont chaque partie infime contient et réflète le tout.

Un déséquilibre de ce système, à quelque niveau que ce soit, est perçu comme une information, dont l'effet est une réaction qui transporte sa vague d'information aux niveaux d'organisation cellulaire les plus subtils du corps.

Toute perturbation de l'entité corps-esprit-âme stimule et active directement les mécanismes naturels d'autoguérison du corps, qui œuvrent au rétablissement de l'harmonie de départ.

La médecine corps-esprit se base sur la reconnaissance du fait que chacune de nos pensées-émotions s'accompagne de la libération d'une substance chimique, un peptide, qui traduit et inscrit cette pensée-émotion au niveau du corps. C'est un système de communication très élaboré et complexe, qui permet de relier chacune de nos émotions à notre système corporel, en le transcrivant en langage du corps. C'est en ce sens que l'on peut dire que notre biographie est véritablement notre biologie et détermine notre unicité.

L'unité corps-esprit est une entité intégrée : ce que nous pensons, ressentons et faisons a un effet immédiat sur notre santé. De même que nos sentiments s'impriment dans notre corps, notre état physique influence nos émotions et nos sentiments. C'est pour cela qu'il est difficile d'affirmer dans le cas d'une maladie chronique, par exemple, que la maladie physique a donné lieu à la dépression psychique plutôt que le contraire. Le seul fait constatable, c'est que, dans la situation de la maladie chronique, l'atteinte est générale et concerne tous les niveaux de l'existence, ce qui est la manifestation de leur interdépendance profonde et subtile.

L'autoguérison est une compétence naturelle du corps humain. Elle veille en permanence à rétablir l'équilibre physiologique, à contrebalancer tout ce qui tend vers la perturbation ou désorganisation. Cela touche toutes les dimensions du corps humain. Toute désorganisation s'exprime soit par une maladie aiguë, soit par une maladie chronique comme un cancer, une maladie neurologique ou auto-immune.

Le processus naturel de réparation est présent à chaque instant. Il s'active à notre insu, dès que le système corps-esprit reçoit l'information d'une perturbation concernant l'un de ses multiples aspects. Le phénomène d'autoguérison prend alors la régénération en main et travaille activement sa réponse.

Comment se fait-il, me demanderez-vous, que la maladie soit si souvent gagnante ?

Toute maladie est plurifactorielle, elle dépend de facteurs autant externes qu'internes qui forment un ensemble complexe : si je pense que notre état de santé est fortement influencé par notre manière de penser et de vivre, je sais pertinemment que les facteurs génétiques et toxiques sont incontournables et doivent être pris en compte. Mais je considère que notre action doit se développer là où elle est en effet pratiquable. Il est aujourd'hui possible de reconsidérer et de transformer notre mode de vie ou de restructurer notre monde émotionnel, mais nous ne disposons guère de moyens d'action qui nous permettent de changer notre patrimoine génétique.

La plupart du temps, lorsqu'une maladie se déclare, notre première réaction est de chercher une explication extérieure. Nous avons tendance à reprendre la pensée générale qui a cours sur cette maladie. Nous nous demandons, par exemple, si cette maladie est difficile à traiter, si elle va nous couper de notre vie, si elle est incurable.

La nouvelle situation est encore trop récente pour pouvoir être analysée d'un point de vue individuel : comment je ressens cette maladie, que représente-t-elle pour moi, qu'est-ce que *je* crois, comment vais-*je* réagir ?

Cette première phase, très générale, vécue au niveau du sens commun, avant que nous ayons réussi à élargir notre vision du problème en parvenant à intégrer notre dimension intime, sera suivie d'une deuxième phase, plus personnelle.

À ce stade, l'essentiel est de savoir développer et utiliser la capacité de réponse de l'organisme d'une manière adaptée à la situation nouvelle, par une attitude responsable, qui sera à la base de notre force et de notre énergie vitales. En prenant en main notre vécu, nous stimulons l'activation du système général, qui œuvre à rétablir l'équilibre.

Souvent, au départ, on préfère ne pas trop réfléchir aux facteurs intérieurs, intimes qui accompagnent la maladie. La pensée dominante dans notre société ne prend pas encore en compte l'importance de notre vie intérieure dans le comment et le pourquoi de la maladie. Elle ne considère guère, sinon de manière accessoire, la place qu'occupent nos sentiments et nos émotions dans l'état de maladie, sans parler des répercussions énergétiques au niveau de l'entité corps-esprit-âme. Pour franchir cette étape, nous devons dépasser la vision dominante et atteindre un niveau personnel de réflexion, offrant une ouverture vers une vision symbolique de l'obstacle et une approche différente.

Que est le sens du mot « symbolique » dans ce contexte ? Cela revient à élargir son angle de vision en dépassant l'approche commune et surtout en atteignant notre être intérieur, qui lui est en résonance avec la sagesse universelle, celle qui nous permet de vivre une situation d'une manière plus globale, en même temps qu'elle nous aide à prendre la distance nécessaire par rapport aux facteurs immédiats pour permettre aux facteurs intimes, cachés, d'émerger.

Prenons un exemple. La maladie fait partie du Tout. Il n'y a pas que la maladie dans ma vie, mais elle est là, qu'a-t-elle à me dire, qu'ai-je besoin d'entendre ? Le pourquoi est important, mais ce qui compte vraiment c'est : « *Comment* je vais y répondre maintenant. La maladie s'est installée dans ma vie, que vais-je faire à partir d'elle et avec elle, qu'est-ce qu'elle me dit ? »

En choisissant ainsi de nous placer par-delà la difficulté elle-même, nous l'intégrons dans notre unité. Nous l'écoutons et, en même temps, nous pouvons commencer à nous en détacher progressivement pour accéder à un autre niveau de réflexion, qui nous situe véritablement dans la qualité du vivant, intérieur et extérieur.

Face à une maladie grave, que reste-t-il de notre vie en fin de compte ?

C'est une remise en question profonde, qui nous permet souvent de voir ce que nous ne pouvions ou refusions de voir jusque-là. L'événement nous ébranle. La plupart du temps, notre façade s'efforce de résister avant de finir par tomber, détruisant l'échafaudage que nous nous sommes construit pendant toutes ces années, nous laissant nus et impuissants. C'est du moins le sentiment que nous en tirons.

Dépasser les facteurs extérieurs, commencer à se positionner intérieurement, surtout en nous demandant de quelle partie de notre monde intérieur nous n'entendons plus la mélodie, pourquoi y avoir renoncé de notre propre chef, quand, comment et dans quelles circonstances ?

La maladie est toujours une invitation à franchir la porte qui relie notre vie à notre âme. Elle nous tend la main et nous demande d'approfondir ce lien, sans peur, mais avec amour et respect pour nous-mêmes.

Le corps malade est notre allié

La vie recherche la plénitude. Elle demande l'intégration de chacune de nos expériences au niveau du corps et de l'esprit. Cela nous aide à laisser derrière nous la dimension du qu'en-dira-t-on et de la réaction individuelle de l'ego.

Prendre soin de son corps, mais aussi de son esprit, dans toutes les dimensions de l'existence, c'est savoir rester à l'écoute. Écoute du corps, écoute du cœur. Honorer notre corps physique, c'est soigner l'intention d'être vivant, présent, de ressentir l'énergie essentielle de l'univers qui coule dans nos veines. Le corps est une porte vers l'esprit. Il faut veiller à garder cette porte ouverte sur l'existence.

Soyez sincère. Avez-vous vraiment de l'amitié pour votre corps ? Êtes-vous en échange, en partage avec lui ? L'écoutez-vous, lui demandez-vous comment il va ? Ressentez-vous s'il y a malaise et vulnérabilité ? Ressentez-vous ce qui lui manque et ce dont il a besoin ?

Notre corps est ou devrait être notre allié, en toute circonstance. Nous nous devons de maintenir le dialogue avec lui, d'écouter les messages qu'il reçoit et ceux qu'il nous transmet. Le corps réagit face à tous les événements et exprime notre malaise, notre mal de vivre, notre mal-être. Sa réponse ultime est la maladie. À travers votre corps, c'est votre être intérieur qui se fait entendre. Le chemin vers la maladie est un processus en escalade, qui signale la désorganisation du système corps-esprit. Pourquoi l'entendons-nous si tard, lorsque la maladie est déjà installée ? Qu'avons-nous fait du malaise qui l'a précédée ? Souvent nous n'avons pas su quoi faire de notre mal-vivre, nous ne l'avons ni reconnu, ni entendu. Nos mécanismes de défense fonctionnant à merveille, nous n'avons pas su exprimer nos émotions et nos sentiments refoulés, nos angoisses face à la peur et à la douleur. Ce travail indispensable demande de la volonté et de la conscience.

Les souvenirs-engrammes douloureux se trouvent relégués, oubliés au fond de tiroirs que nous avons refermés, notre conscience ne nous autorisant pas encore à considérer ces espaces de souffrance avec tout ce qu'ils contiennent pour les faire sortir à la lumière du jour et permettre ainsi de les libérer de la peur qui les entoure et de les accueillir avec l'amour du présent. On peut sortir du placard les vieux fantômes et découvrir qu'ils ne sont plus que des ombres. On peut le faire, à condition d'être bien ancré dans notre vie présente.

La guérison est un processus naturel, présent chez chacun de nous et que nous pouvons soutenir activement. Pour cela, nous devons accepter de traverser les phases qui nous amènent de la pensée générale prédominante à une vision individuelle et personnelle de notre vie. Allons encore plus loin ; cherchons même à atteindre une dimension symbolique universelle. S'engager dans le processus de guérison c'est toujours franchir une étape de croissance et maturation personnelle.

Le corps est une porte d'entrée vers toute la dimension de l'être-là. Habiter son corps, c'est le ressentir de l'intérieur, reconnaître le flux de la vie, présent dans chaque cellule, chaque organe, chaque être vivant. Être là, sans chercher à expliquer, ressentir à travers le corps cette sensation du tout vivant, simple et sacrée, qui à travers notre forme extérieure physique nous relie à quelque chose de plus vaste, de plus grand, de mystérieux.

Être là, en habitant son corps de l'intérieur, nous conduit aux portes d'une réalité exquise de repos et de paix, qui soutient notre puissance intérieure, vibrante de vie, à chaque instant.

Aussi longtemps que nous restons soumis à notre mental, nous sommes séparés de cette dimension. L'esprit rationnel absorbe notre conscience et transforme tout à son image. Pour atteindre à la conscience de cette dimension vitale, il faut aborder le mental avec conscience, en le freinant. Faire des mises au point fréquentes, déplacer l'attention focalisée par la pensée, en la dirigeant dans le corps, ressentir que l'on est, tout simplement.

Le système corps-esprit obéit à la dynamique énergétique

Notre corps est l'expression du champ énergétique invisible qui donne la vie à ce que nous percevons comme corps physique.

Cela est vrai non seulement face à la maladie, mais en toute circonstance. Il faut donc évaluer la balance énergétique. De quel côté penche-t-elle et pourquoi ? Comme je l'ai déjà dit dans le chapitre que j'ai consacré à cette question, l'énergie c'est de l'information. Nos attitudes, nos pensées, nos croyances représentent des dépenses énergétiques. Si elles sont négatives et pessimistes, si ce sont des soucis ou d'autres préoccupations, il y a perte d'énergie. Si, au contraire, notre attitude de base est positive et saine, en équilibre entre notre raison et notre cœur, la situation énergétique est équilibrée. Face à un obstacle donné, qu'il s'agisse de la maladie, d'un drame grand ou petit, on a toujours besoin de faire un effort et, en cherchant à revenir vers l'équilibre de base, nous dépensons de l'énergie. Il faut veiller quotidiennement à ne pas épuiser nos réserves. Un bilan rapide en fin de journée doit montrer une balance équilibrée. Si tel n'est pas le cas, si elle penche du côté négatif, il faut en chercher la cause de toute urgence afin de la prendre en charge.

Ces attitudes et ces croyances malsaines ne sont pas faciles à démasquer. Elles cachent bien leur jeu et sont fortement ancrées, car souvent leurs racines sont anciennes. Nous pouvons essayer de les écrire, pour les voir noir sur blanc. Au besoin nous pouvons les confronter en parlant avec des personnes choisies, de confiance. Comment nous perçoit-on ? Que communiquons-nous à l'extérieur ?

Examinez vos relations, passées et présentes, familiales, amicales, professionnelles ? Quelles sont celles que vous considérez en suspens, chargées d'éléments non éclaircis qui continuent à occuper une partie de votre capital énergétique ? Quels sont les sentiments (jalousie, ressentiment, peur) que vous associez à certaines personnes vers lesquelles vous continuez à diriger votre énergie malgré vous ? Les conflits à petit feu nous consument de l'intérieur. Soyez attentifs aux relations que vous nouez et faites toujours une évaluation énergétique sur votre manière de les vivre. Comment vous sentez-vous avec cette personne ? Bien, léger ? Et avec telle autre ? Vous donne-t-elle envie de battre en retraite, écrasé par un sentiment désagréable de lourdeur ?

Suivez ce que vous sentez, mais n'oubliez pas de vous questionner avec un certain détachement. Demandez à votre témoin intérieur de vous guider vers ce qui est bon pour vous, tout comme il peut vous aider à reconnaître ce qui l'est moins.

En donnant à la vie cette dimension intérieure, ouverte sur la sagesse intelligente, nous devenons plus aptes à sortir de certains conflits, aussi bien internes qu'externes, épuisants parce que nous les entretenons et les alimentons.

Nicole, une femme de trente-cinq ans, mère de trois enfants, vient en consultation pour un syndrome de fatigue chronique avec douleurs musculaires importantes. Cela fait dix ans que ça dure. Elle est mère au foyer ; son couple va bien ; son mari la soutient entièrement, me dit-elle, même si elle passe une grande partie de sa journée au lit. C'est lui qui fait la cuisine, une femme de ménage s'occupe de l'entretien ; elle leur dit ce qu'il faut faire et ils exécutent. Comme je suis surtout intéressée par son fonctionnement psychique et énergétique, je lui demande : « Comment vivez-vous le fait de ne rien pouvoir faire ? À quoi pensez-vous ? Qu'est-ce qui vous préoccupe ? » Elle me répond qu'elle ne se sent pas déprimée. Elle est simplement très fatiguée et lasse de voir que rien ne va mieux, en dépit du temps et du repos qu'elle se donne. J'insiste : « Qu'est-ce qui revient dans vos pensées ? Avez-vous vécu une humiliation, un choc ? » Et là elle réagit : « Il y a une chose que je ne peux oublier : ma voisine. J'aime rendre service, me rendre utile, c'est plus fort que moi, or cette femme boit, elle néglige ses enfants, sa maison est dans un état lamentable. Quand j'allais encore bien, j'avais pris l'habitude de lui confectionner des petits plats. Si je nettoyais devant ma maison, je faisais de même devant chez elle. J'avais l'impression de faire une bonne action, et comme par ailleurs j'aime que les choses soient bien nettes et propres... Or un jour elle m'a violemment prise à partie en m'insultant et m'a demandé d'arrêter sur-le-champ de faire quoi ce soit pour elle. Ça lui était insupportable. Elle m'a carrément mise à la porte. Je me suis retrouvée bredouille. Je ne comprenais pas qu'elle puisse refuser mon aide et surtout je ne voyais en quoi cela la dérangeait. Je me suis sentie salie, rejetée et terriblement humiliée. Mon mari m'a dit ne pas m'en faire. Au fond, pour lui, c'était tant mieux comme ça, parce qu'il ne la supportait pas. Mais moi je n'ai jamais pu oublier. Je continue de penser à elle tous les jours. » La souffrance de cette femme était stupéfiante. Elle était complètement absorbée par son corps-douleur, elle niait sa frustration psychique, qu'elle essayait de toutes ses forces de maintenir loin d'elle. Tout son espace vital se trouvait occupé par des pensées compulsives. Son corps était affaibli et épuisé par cette lutte continue. Apparemment, son mari jouait le jeu. Il avait laissé sa femme se retrancher dans sa forteresse physique. Elle exprimait une douleur infinie, mais restait aux commandes et tirait les ficelles d'une manière assez autoritaire par ailleurs. Elle avait installé autour d'elle un jeu énergétique dont elle était le centre et qui la nourrissait. En même temps, elle se complaisait dans son rôle de victime inébranlable.

Ce besoin irrésistible de venir en aide aux gens, d'arranger les choses pour les autres, est bien connu sous le terme de « helper syndrome » (le syndrome de celui qui vient en aide).

Si l'on considère le niveau primaire, celui auquel on a directement accès, on peut se dire en effet qu'aider c'est bien, courageux, et que cela mérite une reconnaissance. Pourtant, à y regarder de plus près, que se cache-t-il derrière l'aide que l'on apporte ? Pourquoi avons-nous besoin d'aider ? Avec du recul, on comprend que ce besoin correspond symboliquement à un archétype qui a toujours existé, celui de « s'oublier héroïquement pour venir en aide à l'autre ». Cet archétype particulier s'installe dans notre vie et se solde malheureusement trop souvent, sous couvert d'altruisme, par un comportement autodestructeur.

En reconnaissant que le besoin d'aider répond à un archétype au niveau symbolique, archétype qui a toujours existé et existera toujours, on se détache de la vision individuelle directe et il devient possible d'intégrer le symptôme dans le contexte de toute l'histoire de vie. On apprend ainsi à dialoguer avec les modèles anciens que l'on porte en soi, on les reconnaît, on les comprend et surtout on devient sensible à la répétition installée en dépit de soi et qui se retrouve aujourd'hui à la base de notre dynamique, de ce qui nous anime, sans vraiment correspondre à un désir profond. Grâce à cette prise de conscience, on peut se demander : « Que puis-je faire pour corriger ce comportement ? Comment sortir d'un cercle vicieux qui m'épuise ? Comment faire en sorte que la force et le pouvoir puissent à nouveau être utilisés pour me soutenir et m'aider à rester en santé ? »

Par l'analyse d'une attitude concrète, par la prise en considération de ces différents aspects, on apprend à gérer un comportement, on œuvre activement à des solutions et on influence une situation donnée de manière positive. Voir le côté symbolique permet de lâcher prise, la peur n'a plus de raison d'être et donc l'énergie qui accompagne la peur redevient disponible.

Pour revenir à Nicole, après notre rencontre, elle a commencé à affronter réellement ce qu'elle sentait dans son corps, à faire face à ses émotions, à ses frustrations. Une nouvelle dynamique s'est installée lentement. Son regard sur elle-même et les autres s'est transformé petit à petit. Elle est devenue capable de regarder en face toute sa violence refoulée, de reconnaître qu'il lui fallait déployer des efforts incroyables pour ne pas l'entendre et que tout cela l'avait obligée à se retirer du monde. Elle avait adopté une attitude de victime, car c'était la seule façon vivable pour elle, qui lui permettait de retenir l'attention des autres, de se sentir vivante quelque part.

Le problème avec ce genre de situation est l'installation dans la chronicité, plus cela dure, plus il devient difficile de démasquer les défenses. Mais rien n'est perdu, toute l'énergie est bien emballée en profondeur, mais attention : le déballage peut être dur.

Rester centré sur le présent et apprendre à dire non

Face à la maladie, mais aussi et surtout si vous essayez de développer votre qualité de vie, il est toujours essentiel de vous demander : « Ai-je vraiment envie de consacrer mon temps à ce que je suis en train de faire ? Comment organiser ma journée ? Quel est mon espace-temps personnel ? Quelles sont les personnes importantes dans ma vie, est-ce que je leur consacre le temps qu'il faut ? »

La guérison est un processus qui se déroule uniquement dans le présent. Savoir sortir d'une activité permanente, en aménageant des espaces d'écoute intérieure, de présence dans votre corps, même très brefs, au cours de votre journée, vous aidera à rester en contact avec vos sentiments et émotions, et permettra à de nouvelles perceptions d'émerger. Apprendre à ne pas vous encombrer de rencontres qui vous épuisent, à ne pas vous perdre dans un dialogue de sourds, qui tourne en rond, à accepter que vous n'êtes pas obligé de satisfaire les « besoins » d'autrui... Vous pouvez l'écouter, mais c'est lui qui doit choisir sa solution, pas vous.

Ne portez pas la responsabilité de la vie d'un autre ! D'une part vous ne l'aiderez nullement et, par ailleurs, vous l'empêcherez d'avancer sur son propre chemin. Comprenez-moi bien : je ne dis pas qu'il faut laisser l'autre se débrouiller tout seul. Vous pouvez l'accompagner avec présence et respect, mais ne portez pas son histoire sur le dos, elle n'y a pas sa place. Restez à l'écoute, recevez et laissez repartir : c'est déjà beaucoup et bien suffisant. L'autre restera libre et gardera sa responsabilité, ça sera à lui d'en faire quelque chose.

Apprendre à développer sa propre présence au quotidien est d'une importance capitale. En regardant au présent on acquiert un point de vue nouveau, ouvert. Si on essaye d'accompagner une situation présente, cela permet de mieux saisir l'essentiel de l'instant. On reste en contact avec nous-mêmes et notre espace intérieur.

La maladie, comme la vie, est faite de cycles

La nature connaît un mouvement universel, qui est celui des cycles naissance-mort, qui se suivent de manière ininterrompue. Ce sont des vagues d'activité productive : à peine ont-elles atteint l'état de repos qu'elles préparent le lit d'une prochaine activité.

Nous connaissons bien cette alternance, c'est celle des saisons, du jour et de la nuit, du beau temps et de la pluie. Ce mouvement cyclique existe également au niveau du corps. Celui-ci est à l'écoute de son horloge interne, réglée parfaitement en fonction de l'équilibre naturel.

Il faut accepter que la maladie connaît elle aussi des cycles. Il y a la traversée du désert, souvent accompagnée d'une forte tempête de sable au moment du diagnostic, de longues périodes sèches et arides pendant le traitement, et enfin le calme, sans savoir forcément ce qui nous attend après la prochaine colline d'évaluation.

Ces cycles de croissance et de destruction sont présents à toutes les échelles de l'univers. Dans notre vie, cela revient à reconnaître le flux naturel omniprésent, qui a lieu malgré nous. Nous pouvons essayer de le bloquer, mais ne serons capables ni de l'arrêter, ni de revenir en arrière. Vivre en intégrant une dimension spirituelle au quotidien, c'est se laisser porter avec confiance, mais non aveuglément, par ce flux intelligent et accepter que chaque situation nous fera voir la leçon qu'elle cherche à nous faire apprendre.

Développer la volonté de guérir

Même s'il existe des personnes qui s'enferment réellement dans l'impasse qu'elles se sont choisie, avec parfois pour seule issue possible la mort, en règle générale, le désir de guérir est bien présent. Encore faut-il savoir le stimuler et l'entretenir.

Le désir à lui seul ne suffit pas pour enclencher une nouvelle dynamique. Il faut une volonté de travailler aux changements effectifs nécessaires. Il faut se donner les moyens de mise en œuvre et donc confronter ses résistances intérieures, sa peur de la transformation, sa peur de ne plus contrôler la situation, pour enfin faire face à la peur de la mort.

Cette volonté s'accompagne toujours d'une capacité à analyser un événement et à savoir lui accorder sa juste place, celle qui lui correspond, ni sur-, ni sous-évaluée. Décider de passer à l'action, en revitalisant au départ l'espace intérieur, s'appliquer à le sortir des mécanismes figés, en réapprenant l'expérience d'une nouvelle présence, ample, globale, qui permette au flux de vie de circuler sans encombre. La volonté de guérison ne peut faire l'impasse sur la nécessité d'intégrer la maladie au quotidien. C'est en acceptant sa présence qu'elle pourra devenir le catalyseur d'un nouvel élan vital.

Cette volonté de guérison, de transformation, doit souvent être reformulée. Notre désir d'habiter véritablement notre vie finit ainsi par l'emporter sur la peur du changement.

Élargir sa conscience

Qu'est-ce qui nous empêche d'ouvrir notre conscience ?

Tout au long de notre vie nous cherchons à faire progresser notre conscience. C'est encore un processus. Nous sommes incapables de dire pourquoi une étape donnée de notre croissance se trouve franchie dans telle situation et pas dans telle autre. La croissance est un phénomène éminemment personnel qui obéit à ses propres lois mystérieuses. Ce qui est certain, c'est qu'on ne peut pas forcer le pas, décider d'aller plus vite, ou plus loin. Il faut respecter la cadence, la disponibilité et la capacité d'intégration de chacun.

La conscience est présente dans chacune des multiples dimensions de la vie, dans le système corps-esprit. Chaque niveau intervient de façon déterminante dans la construction de ce que l'on appelle le moi. Nous nous identifions à ses aspects, qui définissent chacun une partie du moi, différente et complémentaire à chaque étage. Ainsi, la conscience que nous développons au niveau du corps définit notre moi corporel, qui nous met en relation avec nos impulsions, nos sentiments, nos sensations physiques immédiates. Si notre conscience s'identifie à l'esprit, l'on voit émerger le moi raisonnable, mental, qui décrit la perception que nous avons de nous-mêmes, en relation avec les rôles que nous assumons et les règles que nous acceptons. Lorsqu'il s'agit de la conscience développée au niveau du corps subtil, elle donne naissance à l'âme, sensation d'être au-delà de l'atmosphère conventionnelle et terrestre.

La conscience est à chaque instant l'expérience du spectre

de la vie, dans la richesse de tous ses états, expérience contemplative, méditative.

Chaque petite chose contribue à l'ensemble du tout et le reflète. Être pleinement ancré dans la vie, c'est intégrer chaque expérience dans une pratique, faire résonner sa propre mélodie, faite des petits riens du quotidien, en écoutant sa musique.

Oublier cela, ou le négliger, ou encore ne pas s'en satisfaire, c'est se soustraire au flux naturel de la vie en essayant de le détourner, ou encore de le modeler à notre guise.

Sortir faire ses courses, s'arrêter pour prendre de l'essence, faire les devoirs avec les enfants, préparer les repas, la moindre activité, le moindre travail, quels qu'ils soient, demande à être fait avec présence et conscience.

Développer l'intention d'être dans la présence avec conscience à chaque instant de notre vie et dans chacune de nos dimensions corps-esprit, tel est le meilleur moyen de nourrir notre joie de vivre. Cela nous met en contact avec la simplicité essentielle de la vie. Les choses deviennent plus légères, il nous est plus facile de rester en mouvement, notre énergie circule, la source est fraîche et continue. Souvenez-vous de l'histoire du voyageur, encombré de poids multiples, incapable de voir que tout ce dont il a besoin est présent, à profusion, à côté de lui.

L'espace psychosomatique de la guérison

La recherche psychosomatique a développé ces dernières années un modèle du patient psychosomatique. C'est un type de personnalité bien particulier, dont la structure se caractérise par un espace intérieur dépourvu de résonance, vidé de sa substance, appauvri en créativité et en essence vitale. Le corps encaisse et répond par la maladie, par manque de capacité de réponse intérieure.

Notre corps peut en effet être considéré comme un espace de résonance naturel qui vibre et répond à notre environnement.

Il est fonction de notre expérience, de notre manière très personnelle de vivre ou de ne pas vivre cette expérience.

Ma pratique confirme cette notion. Je constate régulièrement que, face à la maladie, il y a d'abord déformation et appauvrissement de l'espace de présence intérieure. Le mental se surdéveloppe, cherchant à comprendre rationnellement l'inexplicable être-là, avec une certaine confusion qui ne manque jamais de s'installer. La surface naturelle d'échanges d'information se rétracte peu à peu, en éliminant pour de longues années certains sentiments, jugés indésirables ou dangereux, ou encore tout simplement en s'interdisant de vivre certaines expériences. Les raisons de ces exclusions sont la peur ou encore un désir de perfection ou d'attente projetée, des attitudes mentales qui n'autorisent pas de vivre avec présence le quotidien.

Progressivement, cet espace de vie se fige, ne respire plus librement, perd son ampleur naturelle et rétrécit. Le processus de créativité inhérent à toute vie humaine est suspendu. La personne perd peu à peu le contact avec sa dimension profonde. Dans le meilleur des cas, sa vision est déformée. Dans le pire des cas, le contact est coupé pour de bon. Le sujet ne peut exprimer ce qui le touche, ce qu'il ressent. Il ne va pas bien, mais il ne sait pas vraiment pourquoi. La plupart du temps on trouve de bonnes raisons pour expliquer son manque vital. Les émotions sont bien là, mais l'espace intérieur ne résonne plus, ne lui renvoie plus les informations nécessaires qui permettraient d'élaborer de manière constructive une réponse adaptée, d'accompagner une situation donnée. Le circuit complexe de l'intelligence vitale naturelle est coupé, déconnecté. L'entité corps-esprit n'est plus honorée, elle ne peut se compléter, intégrer ses multiples dimensions. Il y a deux routes, mais à sens unique.

Le corps, sous l'impulsion d'un ébranlement d'une des dimensions corps-esprit, se rétracte et nie une partie de sa présence énergétique, faisant ainsi le lit d'une manifestation physique, qui dans notre réalité correspond à l'état physique de maladie.

D'un point de vue énergétique, la maladie traduit une perte d'énergie, soit continue et à petit feu, par exemple par la répétition d'une attitude qui installe la non-résolution d'un conflit, la plupart du temps perdu dans l'inconscient, mais qui continue à se manifester par des vagues plus ou moins importantes à travers nos hormones de stress, elles-mêmes déterminantes pour la régulation et les échanges du système neuro-immunitaire.

Voilà pourquoi, je le dis et le répète : pour guérir son corps, il faut guérir sa vie, soit avant, soit après, soit en même temps. Mais l'un ne va pas sans l'autre.

Guérir c'est (re)devenir entier, avec la reconnaissance de tout ce que nous sommes, de toutes les parties de nous-mêmes que nous avons ignorées. C'est faire resurgir à la lumière tout ce qui était plongé dans l'obscurité inconsciente, parce que cela nous était trop difficile, ou nous semblait inaccessible.

La capacité de guérison est présente en chacun de nous. Mais il faut l'activer en s'engageant à faire réellement connaissance avec soi-même, avec ses besoins, à se questionner sur son attitude dominante face à la vie. Face à la maladie, nous ne pouvons plus faire l'impasse sur notre vie en général, et sur l'état de résonance de notre espace vital en particulier.

Nous vivons, certes. Mais comment ?

Comment abordons-nous le quotidien ? Comment vivons-nous notre vitalité ? Qu'est-ce qui la restreint ? Qu'est-ce qui l'empêche de se développer ?

Trois attitudes principales bloquent le mécanisme d'autoguérison et l'empêchent d'entrer en jeu : la peur, la recherche de la perfection et l'attente et le jugement envers soi-même et les autres. Toutes correspondent à des attitudes dont la conséquence est de perturber fortement, voire de suspendre le mouvement intérieur, ample et naturel.

Ces trois attitudes sont à méditer individuellement. Quelle place occupent-elles dans nos vies ? Quel pouvoir leur avons-nous accordé ?

Nous devons découvrir et pratiquer le lâcher-prise indispensable face au flux intelligent de la vie. Nous pouvons nous autoriser à nous laisser porter par l'expérience d'une confiance de base dans notre capacité de réponse et de réparation. Ceci devrait accompagner favorablement toute situation de maladie, mais cela est également important si l'on désire développer une meilleure qualité de vie au quotidien.

Nous nous devons de rester en vie, soigner notre vitalité en veillant à la qualité des échanges qui sont à la base de la balance énergétique. C'est l'équilibre de cette balance qui nous aide à stimuler et à orienter notre réponse d'autoguérison.

Vous l'avez bien compris, faire résonner son espace intérieur, garder le lien avec son être profond, sa créativité, sa sensibilité, tout cela exige une grande sincérité envers soi. Il faut accepter de partir activement à la rencontre de notre authenticité, d'accepter et d'intégrer toutes les parties qui nous constituent, celles que nous connaissons et aimons, mais aussi et surtout celles que nous avons essayé d'ignorer ou de nier.

La relation mutuelle entre notre corps et notre esprit est présente et active à tous les niveaux de communication, conscients et inconscients. Elle relie la matière physique à nos émotions, pour ne former qu'un tout. Il existe un véritable langage du corps, presque une matérialisation physique de notre troisième dimension, mais que nous avons souvent du mal à comprendre. Nous avons oublié cette intelligence naturelle et complexe, qui se manifeste dans chaque cellule de notre être. Nous nous en sommes éloignés, malgré nous, et n'exploitons qu'une infime partie de cette intelligence qui nous relie au Tout.

L'engagement conscient dans la guérison impose de déchiffrer et de surveiller les messages de notre système corps-esprit. Nous avons besoin de les examiner du point de vue de leur clarté et, surtout, d'interroger leur fréquent double sens. Ce chemin ne peut se faire à moitié. Nous nc pouvons pas le suivre un petit peu, puis faire demi-tour. Cela signifierait que nous continuons à fonctionner en demi-teinte. L'honnêteté envers soi nous l'interdit. Réfléchir à ce qui est vraiment important et essentiel en ce moment de notre vie, retrouver et installer un mouvement léger dans le quotidien, en habitant pleinement son corps et son esprit, tels sont les fondements de la bonne santé.

Mais qu'on me comprenne bien : je ne suis pas en train de dire que cette attention que nous nous portons permet d'éviter la maladie. Elle nous aide tout simplement à y répondre de manière plus appropriée. Elle nous invite à nous engager activement dans notre processus de guérison, dont nous devenons responsables. Mais chaque personne doit trouver sa propre réponse, car il n'y a pas de recette universelle. Il s'agit d'une remise en question individuelle, avec prise de responsabilité. Ceci est essentiel et ne saurait être assez répété : chacun doit trouver SON propre chemin à suivre, qui le guidera vers SA réponse.

La maladie fait partie de la vie. Elle n'est ni bien ni mal. Elle *est,* tout simplement. Nous ne pouvons l'exclure de nos vies. Elle s'installe sans demander notre avis et, quand elle est là, nous n'avons d'autre choix que nous en occuper, l'inclure dans l'expérience vitale au quotidien. Nous devons prendre conscience que la partie malade de nous-mêmes nous impose de partir à la recherche d'un nouveau mouvement dynamique. Elle nous signale qu'une partie de notre vie a été oubliée, négligée ou maltraitée et qu'elle demande réparation et considération.

La maladie devient ainsi une période d'introspection, point de départ possible d'un processus alchimique de transformation de la matérialité du corps par le souffle de l'esprit.

Accepter de ne pas se limiter à la prise en compte des facteurs extérieurs, prendre le risque de s'aventurer dans la dimension complexe et subtile de notre espace intérieur, voilà qui exige déjà une ouverture importante.

Le lit de la maladie

Certains thérapeutes, comme Gerd Hamer ou Claude Sabbah, ont développé une théorie qui, de manière extrêmement simplifiée, réduit une maladie particulière à un conflit particulier. Ce conflit est toujours le même en fonction du siège de l'atteinte corporelle. Selon ces chercheurs, il suffit de résoudre ce conflit pour obtenir la guérison.

J'estime que c'est nier une grande partie de l'intelligence du corps humain, qui se retrouve face à une impasse au moment de la maladie. Pour moi, cette impasse renvoie toujours à un espace intérieur dévitalisé, carencé, individuel, différent et représentatif des difficultés de chaque personne.

Il suffit de pas grand-chose pour réactiver cet espace, des petites prises de conscience qui conduiront à de plus grandes. L'essentiel c'est qu'une dynamique s'installe à nouveau. Il faut réfléchir à ce qui fait défaut ou empêche la résonance. C'est une démarche toujours individuelle, forcément personnelle : se remettre en marche en fonction de sa propre situation, de sa propre histoire. Bien sûr, des conflits sont en jeu, mais ces conflits s'installent sur un terrain dont la fragilité, la vulnérabilité et la capacité de réponse seront déterminantes. Ce qui fait notre différence face à la maladie, c'est l'intensité de notre écho avec nous-mêmes, avec notre désir vital et notre compétence à prendre la responsabilité de la situation que nous affrontons. Chaque partie de notre maladie est une partie de nous. Écoutons ce que nous dit notre corps en rébellion, soyons cette rébellion, accompagnons-la. Peu importe qu'elle soit physique, psychique ou spirituelle. Restons à l'écoute de notre raison. Elle nous dit, ensemble avec notre cœur : « Nous voulons trouver un autre chemin. » C'est en acceptant de regarder cette énergie pervertie que la transformation peut commencer. La douleur nous parle dès lors que nous sommes prêts à l'écouter. Qu'elle soit physique ou émotionnelle, elle nous signale notre non-prise en considération d'une partie de nous.

Mon expérience ne me permet pas d'affirmer que c'est le même conflit qui fait le lit de la même maladie. Notre individualité nous protège de cette simplification. Il existe bien une symbolique du corps humain, développée merveilleusement par Annick de Souzenelle. Elle peut et doit nourrir notre réflexion, mais cela va bien au-delà du conflit tel qu'il est compris et présenté par l'école de Claude Sabbah, pour qui le cerveau constitue la centrale de commande du fonctionnement biologique et a pour objectif de maintenir la vie le plus longtemps possible. Le cerveau ferait ainsi le lien entre le psychologique et le biologique. Pour Sabbah, la maladie correspond à une situation de stress devenue ingérable. Le stress psychique, conséquence d'un conflit primaire, s'inscrit au niveau biologique. Le cerveau en fait une programmation qu'il est prêt à activer à chaque résonance du conflit. Ce stress physique qu'exprime la maladie serait plus facile à gérer énergétiquement que le stress psychique originel. La maladie devient stratégie de survie, ce avec quoi je suis tout à fait d'accord. Le point sur lequel je diverge, c'est que nous ne sommes pas que corps et cerveau. Notre système immunitaire est un deuxième cerveau, et les trois systèmes, endocrinien, immunitaire et nerveux, sont en équilibre. Il n'y a donc pas de réelle suprématie du cerveau par rapport au système global. C'est plutôt notre capacité à vivre de manière intégrée toutes nos dimensions — physique, psychique, émotionnelle et spirituelle — qui détermine notre aptitude à répondre à une situation de stress. Il est important de reconnaître le conflit, mais encore faut-il savoir faire résonner ce conflit au niveau du corps, de l'esprit et de l'âme, afin de l'intégrer et permettre à une nouvelle vérité vitale d'émerger, ressentie, éprouvée dans toutes les dimensions du système. C'est un travail dans lequel la prise de conscience du conflit n'est que la première pierre soulevée. Pour continuer sur cette route il faut un espace intérieur vivant, créatif, processus dans lequel le cerveau ne joue pas de rôle exclusif. Il n'intervient en fait que partiellement et relativement peu. Nos émotions s'expriment à travers la sécrétion de peptides spécifiques, qui ont une action directe sur notre système immunitaire.

Nous devons intégrer l'expérience douloureuse dans toutes nos dimensions avec, par la suite, une pratique au quotidien, pour faire le ménage de nos vieux sentiments ou manières de réagir, stockés à l'aveuglette. Le conflit peut être aussi bien réel qu'imaginaire, mais ce que nous avons construit autour, ce que nous en avons fait, nous appartient en propre. Ce que nous faisons ou ne faisons pas face à un conflit donné, c'est-à-dire les sentiments qui accompagnent le conflit, aura la même importance que le conflit lui-même, sinon plus. Résoudre un conflit c'est dénouer ce que nous avons bâti autour, élaborer une réponse adaptée, prendre en compte tous les aspects de l'existence, en respectant ses quatre cadrans. À nous de découvrir progressivement les multiples facteurs qui sont entrés en jeu, à nous de décider volontairement de procéder à leur transformation par une pratique intégrative de chaque niveau de l'existence et ainsi ne plus les autoriser à nourrir et entretenir une situation devenue à sens unique. Comprendre qu'un conflit a fini par paralyser notre dynamique énergétique est la première pierre à déblayer sur le chemin personnel vers notre intégrité et notre authenticité. Il est essentiel d'évaluer ses conséquences en mesurant l'impact de ces sentiments refoulés agglutinés autour du conflit, mais ce qui est véritablement déterminant, c'est la qualité du travail intérieur qui se mettra en place. Celui-ci consiste à dépouiller le conflit de son enveloppe émotionnelle protectrice, à l'accepter dans sa dimension complexe en se mettant à l'écoute des sentiments et émotions qui l'accompagnent, à les ressentir et à leur permettre de suivre leur évolution naturelle, c'est-à-dire apparaître, grandir et partir enfin. Une nouvelle dynamique globale se trouve ainsi enclenchée, qui va bien plus loin qu'une résolution cérébrale, mentale d'un conflit.

Le lâcher-prise, ou accepter le cours de la vie

Notre culture occidentale ne connaît pas bien cette notion de détachement ou lâcher-prise. Le terme lui-même peut être perçu parfois comme négatif, traduction d'une attitude froide ou distante.

Lorsque nous parlons de guérison, cette notion se révèle indispensable. Le lâcher-prise nous met en relation avec notre faculté à nous détacher de nos peurs mentales et de nos pensées qui tournent en rond, et nous permet de vivre une situation donnée comme une expérience en évolution et comme quelque chose de statique, qui contrôle notre vie physique.

Chaque situation de la vie peut être considérée comme une leçon à apprendre.

Accueillir une difficulté donnée avec présence, c'est accepter en même temps de prendre sa place dans la roue de la vie, en lui permettant de tourner, de faire confiance à la dynamique inhérente à tout processus vital, l'expérience que tout change, rien n'est permanent. Si nous sommes convaincus du contraire, c'est-à-dire si nous nous sentons englués dans notre histoire, si nous faisons du sur-place en répétant la même situation de base, c'est que notre mécanisme d'approche ou de réponse est lui-même dominé par le contrôle ou la peur, qui ont un caractère restrictif en général.

Face à une situation donnée, il est toujours intéressant de l'examiner en se demandant quelle partie du problème on a surajoutée du fait de son attitude mentale et quelle part est bien réelle.

Demandez-vous de même à quels niveau et degré vous êtes énergétiquement lié à ce problème. Combien cela vous « coûte »-t-il au quotidien ?

Prendre conscience que chaque problème porte sa solution, qu'un problème tout comme sa solution sont ainsi déterminés par notre vision de la réalité, par notre aptitude à nous détacher et à affronter les obstacles de manière plus objective et neutre en le libérant de la tourmente émotionnelle qui l'accompagne.

Si je vois une situation comme une situation, alors je peux exercer ma créativité. Si je vois une situation comme un problème, alors je crée un problème.

Blocages du processus de guérison

En ce qui concerne la situation particulière de la maladie, qui n'a fait l'expérience de la faible marge de manœuvre que laisse une attitude de peur ou de contrôle ? Si notre intégrité physique nous paraît menacée, la peur est une réaction naturelle. Peur de l'impuissance, peur de perdre ses moyens, peur de la souffrance, peur de la déchéance : tous ces sentiments cachent notre profond questionnement par rapport à la mort.

La peur est naturelle et souvent saine, mais il ne faut pas qu'elle verse dans la névrose, qui est synonyme de panique et de résignation. Si la peur va plus loin que sa fonction d'alerte, celle qui nous réveille pour faire face à une menace réelle ou imaginaire, alors nous lui abandonnerons notre puissance intérieure et lui conférerons un pouvoir décisif. Souvenez-vous que cette peur malsaine est toujours paralysante, elle gèle la dynamique de la réponse et suspend l'écho intérieur naturel.

De même, si nous rencontrons la maladie en essayant de la contrôler, de la maîtriser, si nous restons dans le faire, nous risquons de nous priver d'une partie importante de notre répondant, voyant seulement ce que nous avons envie de voir. Nous risquons aussi de développer une vision parcellaire de la situation, sans parvenir à être à l'écoute de notre dimension profonde, intérieure, la seule qui nous permet de renouer avec la confiance dans le mécanisme de guérison que nous portons en notre sein.

Le troisième mécanisme de blocage du processus de réponse intérieure est celui de la dimension de l'échec face à la maladie. La maladie vient nous extirper par la force de notre paradis de perfection, que nous avons construit avec acharnement et persévérance. Nous avons tout fait comme il faut, avec une grande exigence sévère envers nous-mêmes. Nous nous sommes privés de certains aspects de l'existence, nous recherchons à satisfaire un idéal de perfection, nous sommes insatisfaits des résultats que nous pensons mériter au vu des efforts consentis, et voilà que la maladie fait surface malgré tout.

Notre attente est déçue. Pour tendre vers la perfection, il faut obéir à un engagement permanent à répondre à certaines lois que nous avons édictées pour nous, mais aussi pour les autres. Ces lois traduisent nos attentes et nos jugements, chacun de ces deux facteurs ayant pour conséquence une perte d'énergie considérable, énergie utilisée pour le maintien de structures rigides et qui est perdue pour le mécanisme naturel du flux vital. Le désir de perfection est une construction d'échafaudages complexes pour préserver l'illusion qu'on est à l'abri des aléas de la vie. En réalité, cela revient à se soustraire au risque de vivre avec présence.

Le contrôle extrême que nous pouvons exercer est celui de faire confiance au processus vital et d'accepter de se laisser guider par lui. Rester en relation vivante avec le tissu quotidien, qui nous donne force et énergie, rester en écho avec l'énergie universelle que nous portons en nous sont les bases du processus vital et de l'autoguérison, mais ils nous demandent de lâcher prise quant à la peur, au contrôle, à la recherche de perfection, dont l'effet malsain est de nous couper de notre potentiel intérieur.

Il est important de savoir nouer des liens intelligents et complémentaires tout en restant prudent, en veillant à ne pas s'empêtrer dans ses propres liens, de ne pas nouer sa propre corde à partir de notre histoire qui tôt ou tard finira par nous faire trébucher.

Il existe une affirmation spirituelle qui s'est révélée très utile face à toutes les difficultés que la vie nous réserve. La voici :

Je suis très curieux de voir comment l'esprit universel va résoudre ce problème.

Bien sûr, chaque situation demande notre intervention active, notre implication directe. Mais c'est la manière, la façon dont nous nous impliquons qui fait la différence. N'oubliez jamais que nous sommes nos propres témoins. Notre position peut être celle d'un observateur neutre qui évalue, mais ne juge pas, seule attitude qui permet de cultiver un certain détachement, seule approche qui ouvre en même temps à une vision plus large, dévoilant de nouvelles perspectives.

Appliquer les principes de base simples de la vie nous permet de partir à la découverte de la complexité du vivant, de reconnaître que notre univers intérieur est fondé sur ces principes solides et est ancré dans l'authenticité.

Si nous sommes authentiques — c'est-à-dire sincères tout d'abord envers nous-mêmes, et c'est bien le plus difficile — alors le message que nous faisons circuler est celui de notre cohérence entre ce que nous affirmons et notre vie au quotidien.

Les doubles messages dans lesquels nous disons une chose, tout en faisant ou pensant autre chose, font partie de ces pièges d'autosabotage que nous nous tendons tous les jours.

Lâcher prise, c'est rendre la main aux principes universels de la vie, avec confiance et amour. En acceptant une situation, on peut se réapproprier son potentiel de développement et de changement et permettre à l'intelligence universelle de se mettre au travail.

7

L'amour

L'intelligence sans amour est froide
L'amour sans intelligence est naïf
L'intelligence avec amour est sagesse
Sri Maharaj

La vie c'est l'amour et l'amour c'est la vie

L'amour reste la plus essentielle des leçons à apprendre.

L'amour est l'expression parfaite de l'unité que nous cherchons tous. C'est la plus grande force de l'univers, celle qui modèle tout par son souffle infini. L'amour rend tout possible au présent, c'est la communication universelle.

Notre vie entière nous prépare à mûrir dans cette intelligence de l'amour. Installons-le dans le quotidien, aussi bien dans notre cœur que dans notre vie publique.

Mais si nous regardons et écoutons autour de nous et en nous, nous constatons que cette vaste énergie nous pose bien des problèmes au quotidien. L'amour comme état continu est aussi exceptionnel qu'une vie en pleine conscience.

Pourquoi cela reste-t-il une épreuve pour beaucoup d'entre nous ? Nous pouvons apprendre à utiliser cette force à chaque instant et veiller à ce qu'elle ne devienne pas une dépense énergétique démesurée du fait d'une mauvaise utilisation, drainant nos ressources intérieures, résultat qui serait contraire à la force naturelle inhérente de l'amour.

L'amour est, comme tout est

Vivre l'amour, c'est tout simplement vivre au présent, sans oublier de regarder son ombre, laquelle se manifeste dans le ressentiment, la jalousie, l'impossibilité de pardonner. Ces émotions nous renvoient toujours à la qualité d'amour que nous avons pour nous-mêmes.

Souvent, on confond l'amour et une attente démesurée fondée sur le jugement, la croyance. Nous continuons à imposer nos conditions, qui nous semblent le prix à payer pour aimer et être aimé. Nous ne le réalisons pas, mais ces conditions font que nous nous éloignons de l'état de liberté et de légèreté qui caractérise l'amour.

« Le potentiel humain est fait d'intelligence et d'énergie, un maximum de potentiel humain est atteint si un maximum d'amour est libéré » (R. Egli).

L'amour est en nous et hors de nous. Il est partout et universel, mais pour l'amplifier et le faire entendre, nous devons être honnêtes avec nous-mêmes : quel est l'amour que je me porte à moi-même, suis-je aimable envers moi ?

S'aimer soi-même est nécessaire pour que l'unité puisse s'installer, car c'est la seule force capable de nous débarrasser des jugements qui nous ont causé tant de douleur. Cet amour que nous nous portons n'est pas de l'égoïsme ; c'est l'humble reconnaissance que nous pouvons seulement aimer l'autre si nous avons reconnu cette force pour nous-mêmes.

Nous empruntons le chemin de l'amour si nous vivons ce qui semble en être le plus éloigné. Nous ne pouvons choisir la lumière, sans avoir conscience de l'obscurité.

On ne peut se forcer à aimer, on ne peut que l'admettre. Donner vie à notre réalité physique dans toute sa richesse potentielle en admettant la présence de l'amour à chaque instant est un des aspects vitaux les plus libérateurs.

La peur exclut l'amour et vice versa. À nous de déterminer comment nous allons aborder notre vie : avec amour et compassion ou encore peur, agressivité et repli.

Les sentiments d'amour et de compassion naissent lorsque nous reconnaissons et vivons l'expérience que nous sommes les enfants de l'univers, lorsque nous nous sentons reliés à lui. La peur a toujours pour conséquence un repli sur soi, un isolement de la vie, un éloignement du cœur rempli d'amour. N'oubliez pas que la peur est une mauvaise herbe qui pousse partout. Restez vigilants et soignez votre jardin intérieur, pour qu'il puisse fleurir librement dans la chaleur et la lumière de l'amour.

Retrouvons l'amour de la vie, avec sa spontanéité, sa force et sa générosité qui sont tous présents, pour peu que notre cœur soit ouvert et en confiance.

Une présence généreuse et rayonnante nous invite à une conduite consciente dans le respect de nous-mêmes mais aussi de l'autre, même si trop souvent nous sommes en guerre contre ce que nous recherchons le plus.

Comment grandir pour devenir celui que je suis ?

En arrêtant d'être celui que je ne suis pas.

Honorons la vie dans chaque rencontre, d'instant en instant et de personne en personne.

Ceci est la base d'une pratique spirituelle active qui nous permet en toute simplicité, pas après pas, d'avancer vers un esprit d'amour, d'ouverture et de liberté.

Autoriser l'expérience de l'amour, c'est exprimer dans notre existence la joie de vivre avec souplesse, c'est accepter la complexité de la vie avec ses paradoxes, ses ambiguités, c'est se laisser porter en confiance par ce flux naturel, sans se compliquer la charge du quotidien.

Une règle d'or : *Vivre la complexité, pas la complication.*

En développant la confiance dans la sagesse intelligente, présente à chacun des niveaux de notre vie, qui englobe tous les aspects du quotidien en résonant subtilement avec l'univers, nous nous trouvons placés face à notre responsabilité, aux choix que nous faisons, ainsi qu'aux moyens que nous nous donnons pour mettre en œuvre ce que nous désirons. L'attitude fréquente consistant à dire : « Je me fais du souci pour ceci ou cela » nous renvoie en fait à notre méfiance, au manque de confiance que nous avons envers l'autre ou en nous-mêmes — et à notre besoin de contrôle.

Pour la plupart d'entre nous, l'amour est une intention émotionnelle positive, qui nous met en relation avec tous les aspects de notre affectivité. Nous tombons amoureux et parfois nous avons la chance de vivre la grâce d'un coup de foudre, mais l'amour nous parle également à travers une simple rencontre, un échange, un contact qui nous invite à répondre. Il est présent dans le plus banal comme dans le plus extraordinaire.

Comme tout ce qui concerne le processus vital, l'amour se fait l'écho du vivant. Il se transforme avec les années de vie en suivant les étapes de notre croissance individuelle. Il est d'abord enfant, et il devient adulte.

Et cet espace intérieur de transformation, vous ne pouvez pas l'obtenir par la force. La seule chose que vous pouvez faire, c'est vous ouvrir à la création d'un espace permettant la transformation. C'est en prenant conscience du fait que vous n'êtes pas en paix que vous permettrez à la paix de s'installer.

Ces passages de maturité que connaît notre faculté d'aimer nous renvoient au constat général suivant : notre société est encore bien infantile. Elle est en attente, elle demande à recevoir de l'autre, qui est supposé savoir arranger les choses. En attendant, la société se replie, régresse, voire déprime. La prise de responsabilité individuelle se heurte à une prise en charge au niveau politique qui se veut sécurisante et se révèle en fait perverse à bien des égards.

Il y a dans la vie un temps pour chacune des différentes qualités de l'amour. Pour reprendre les termes grecs, il y a l'amour-*philia*, l'amour-*éros*, et l'amour-*agapé*, les trois se complètent mutuellement. Ils nous accompagnent sur notre chemin vers la plénitude et nous ouvrent à nos dimensions intérieures les plus essentielles. Chaque cycle possède sa valeur et a sa propre raison d'être intrinsèque.

L'amour-enfant ou *philia*

L'amour que l'enfant porte à ses parents a une dimension absolue. C'est l'énergie primaire qui nourrit et dont tout va naître. C'est l'amour à l'état pur, celui qui fait en permanence résonner notre espace intérieur, en nous reliant au souffle.

Ce langage universel de l'amour s'exprime par le toucher, le regard, la voix, tout ce qui fait notre présence physique et émotionnelle. Dans les premiers temps de la vie, le corps est notre diapason de rencontre avec le monde environnant. Il est l'espace primordial des échanges affectifs, miroir de toute la complexité potentielle. Donner et recevoir : tout est déjà présent.

J'adore ces instants dans mon cabinet lorsque des parents me présentent leur nouveau-né. Cette rencontre se place tout de suite au niveau de l'énergie essentielle et unique des premières semaines de la vie. Le petit corps dégage une force, il est en confiance dans le contact et ouvre l'accès à la dimension absolue d'amour. Au cours des trois premiers mois de la vie, l'enfant a une qualité de présence très particulière, qui se caractérise par sa profondeur. Par la suite, l'échange s'élargit, la communication évolue et d'autres dimensions sont intégrées. Ces espaces de rencontre avec le nouveau-né sont des instants de pure grâce, qui nourrissent mon âme et pour lesquels je suis infiniment reconnaissante.

Cet amour, inconditionnel au départ, apprend cependant rapidement les conditions. Il évolue et se transforme avec la frustration que l'enfant rencontre inévitablement et apprend à gérer. L'amour que les parents portent à leur enfant reste toujours le miroir de l'amour qu'ils ont pour eux-mêmes, lequel est parfois insuffisant. Voilà pourquoi il arrive qu'il soit marqué par l'attente et le jugement que nous perpétuons et répétons faute d'en avoir acquis conscience. Un mécanisme pervers apparaît qui impose à l'enfant de porter le masque de l'amour : l'enfant répond à l'attente de ses parents, et cache ses propres priorités. La peur d'être privé de l'amour dont il a besoin s'installe. L'enfant peut renoncer rapidement à son authenticité, il refoule ce qu'il sait. Il se tait et accepte finalement de jouer le rôle de l'enfant « sage comme une image » souhaitée par tant d'adultes.

L'amour perd ainsi sa qualité essentielle de force naturelle de rencontre et d'ouverture. Il devient « payant », sujet de toute sorte de négociations. L'amour que les parents témoignent à leur enfant suit un processus évolutif. Il a besoin de s'enrichir de l'expérience de la confiance que nous partageons avec notre enfant et du profond respect que nous avons pour ce qu'il est.

C'est la dimension spirituelle de notre propre vie qui nous aide à considérer l'enfant comme une étoile rayonnante d'énergie vitale qui croise notre chemin et nous offre la chance, à nous parents, d'accéder, par elle, à la transformation intérieure, en faisant l'expérience de l'amour. Nous avons le devoir d'honorer l'enfant dans son essence, en échangeant avec lui confiance, sécurité et respect. Les enfants sont les témoins de nos vies, de ce que nous en faisons. En même temps, nous avons besoin d'accepter que le chemin de l'enfant soit le *sien*, qu'il lui appartient, tout comme ses choix.

Le regard que nous portons sur nos enfants nous amène à tourner un regard lucide sur nous : Suis-je vivant dans ce que je sens ? Est-ce que je m'autorise à ressentir de manière vivante mon quotidien ? Est-ce que j'aide mon enfant à s'épanouir à son tour dans le vivant ? Voilà ce que devrait être à mes yeux une préoccupation importante d'un adulte face à un enfant. Car elle seule nous permet de ressentir quand l'enfant sort du vivant, se coupe de ses émotions et bloque le courant de la vie. Les parents qui sont figés dans leurs propres vies ne sont guère de bon conseil pour aider leurs enfants à vivre en eux-mêmes, en dialogue avec leur espace créatif et intuitif intérieur, à développer toute la force vitale contenue dans ce processus. Savoir établir le lien qui l'aide à confirmer le dialogue avec son âme lui permettra d'affronter les aléas de la vie, sans que son élan vital s'en trouve brisé.

Mais cela suppose que nous, adultes, avons emprunté volontairement la route qui ouvre l'espace de la transformation intérieure. Nous acceptons que nos enfants nous guident sur le chemin de la connaissance. Nous avons fait la paix avec notre propre enfant intérieur, après avoir reconnu ce dont il a souffert et manqué. Nous sommes devenus attentifs à ne pas perpétuer certains schémas émotionnels qui nous ont fait du mal ou paralysés. Nous avons reconnu et affronté nos sentiments douloureux, emmagasinés dans notre corps et notre esprit. Nous avons rangé et nettoyé le tiroir de notre enfance.

Pour valider notre propre place parentale nous devons effectuer un travail émotionnel mais aussi spirituel par rapport à nos propres parents. C'est à ce prix seulement que l'on pourra affirmer et finalement intégrer ceci :

« Merci pour tout ce que nous avons partagé : joie, amour, peine et souffrance. Vous étiez présents avec la conscience dont vous disposiez à ce moment-là. C'est ma vie qui, comme toutes les autres vies, traverse des épreuves qui m'invitent à grandir, à aller à la rencontre de mon potentiel. Mais à aucun moment je n'oublie ma richesse intérieure. Je m'engage au contraire à vivre au quotidien ce qui est. Je suis le seul responsable de ce que je vis, je porte la réponse en moi, en résonance avec mon cosmos intérieur. Je veille à mon intention d'être présent avec conscience. Il est dans ma possibilité de rencontrer et de libérer toutes les émotions douloureuses, rentrées et oubliées qui, à mon insu, m'ont arrêté tant de fois sur le chemin de la vie. Je les regarde et les accepte. Je peux les intégrer dès à présent, mais je ne leur céderai plus aucun pouvoir. Ma vie m'appartient, j'en suis le seul responsable. À moi de reprendre mon pouvoir intérieur, de prendre soin du trésor d'amour qui est le mien. »

Se rencontrer soi-même par la rencontre avec l'enfant est quelque chose de souvent difficile pour des parents, jeunes et moins jeunes, insuffisamment préparés à cette tâche délicate qui consiste à accueillir un enfant sans soupçonner que cela va exiger d'eux qu'ils poursuivent leur propre chemin de maturation et de prise de conscience.

La naissance d'un enfant résonne directement avec l'histoire de vie des deux parents, avec leurs désordres généalogiques respectifs. Elle peut raviver d'anciennes blessures ou situations, qui jusque-là ont pu être contournées ou évitées, au prix d'efforts plus ou moins grands. L'adulte se retrouve submergé par des sentiments ambivalents, confus. Rapidement la culpabilité s'installe, avec le sentiment angoissant de ne pas être à la hauteur, de ne pas être le parent parfait qu'il pensait être. Le désir de perfection vient souvent semer la pagaille dans notre sentiment d'amour. Être un bon père, une bonne mère suppose d'accepter que les parents parfaits n'existent pas. C'est un jonglage permanent entre exercer une autorité respectueuse et contribuer au développement individuel épanouissant.

Nous avons besoin d'apprendre à vraiment écouter ce que nous disent nos enfants, à les écouter avec nos oreilles, mais aussi avec nos yeux et notre cœur. La vérité sort de la bouche des enfants, nous avons tendance à l'oublier. Redonner un juste poids aux paroles des enfants leur permet d'accéder à leur place dans le triangle familial.

Notre société a tendance à placer l'enfant sur un piédestal. Trop souvent la place qu'on lui attribue est celle d'un adulte : nous l'élevons à notre taille, en l'idéalisant et le valorisant, mais aussi en fonction de ce que nous attendons de lui, de ce que nous voulons faire de lui. Nous oublions ou négligeons ce qu'il est : un enfant, un être authentique, en contact vital avec ses sentiments, sa créativité. Nous renonçons à exercer notre autorité parentale naturelle, structurante et sécurisante pour l'enfant.

Ceci constitue en fait un manque de respect total pour l'enfant. Nous lui demandons de se placer à notre niveau, qui souvent est bien plus pauvre que le sien. Il se retrouve privé de son expression propre, difficile à rétablir par la suite.

Je me souviens d'un petit garçon de cinq ans que sa mère amenait en consultation pour des otites récidivantes. La mère s'était présentée d'emblée comme thérapeute et m'avait expliqué qu'elle proposait des cours de développement personnel et de relaxation, afin de permettre aux autres de profiter de son augmentation de conscience, acquise alors qu'elle devait affronter sa propre difficulté de vivre. Ma petite lumière rouge s'était déjà mise à clignoter. Nous avons continué à parler. Comme d'habitude, je me suis adressée à l'enfant, qui est resté blotti et muet dans les bras de sa mère. Il n'arrêtait pas de lui caresser les cheveux, une image que j'ai trouvée très régressive pour un enfant de cet âge, dans cette situation. J'ai essayé de nouer un dialogue avec lui, sans grand résultat. La mère répondait à sa place, tandis que le petit garçon me regardait fixement avec un regard triste et en même temps provoquant, du genre « ma mère m'appartient à moi tout seul ». Son histoire était celle de nombre d'enfants d'aujourd'hui. Très désiré, surinvesti. Comme me l'a dit sa mère : « Nous n'avons pas voulu lui donner une place d'enfant. Dès le début nous avons considéré qu'il méritait d'être notre égal. Nous lui avons parlé comme à un adulte, nous l'avons emmené partout avec nous depuis qu'il est né. Je ne cesse de le stimuler. Nous lisons de bons livres, écoutons de la bonne musique, il fait du judo, etc. » Vous devinez sans doute la suite. J'ai eu envie de demander à l'enfant « Et toi, que veux-tu ? » et de dire à la mère qu'à mon avis chaque enfant avait besoin d'être entendu dans ses besoins essentiels d'enfant, qui ne sont pas ceux des adultes. L'enfant a besoin de faire l'expérience du jeu spontané, sans but éducatif précis, celui qui lui permet de ressentir et d'exprimer ses émotions, et surtout de le confirmer dans son besoin de se détacher du premier lien avec ses parents, afin de pouvoir en construire un autre de confiance et d'autonomie. Il a aussi besoin de développer sa capacité de rencontrer et gérer la frustration, de réaliser qu'il occupe effectivement une place d'enfant, qu'il n'est pas le centre du monde, ni l'unique centre d'intérêt de ses parents, qui ont leur propre histoire individuelle et de couple. Cela suppose que nous, adultes, sommes vivants pour nous-mêmes, et honorons nos besoins propres, c'est-à-dire en vivant notre vie d'adulte, notre vie de couple et en laissant à l'enfant sa place d'enfant, seule place juste qui lui permettra de développer tout son potentiel d'être vivant au monde.

Au niveau symbolique, l'otite séreuse illustre un souhait de mettre de la distance, avec un sentiment de ne pas être entendu. Ce cas est un exemple de dévoiement malsain de l'intérêt que l'on porte à un enfant qui se trouve pris en otage, en le privant de l'expression naturelle de son enfance.

Chaque étape de la vie comporte son potentiel d'épanouissement spirituel propre, avec sa part intime d'expérience et de sagesse, laquelle peut nous permettre de nous rapprocher de ce que nous sommes véritablement en nous invitant à repartir à la découverte de notre être authentique tout en restant en écoute intérieure.

L'enfant possède un lien inné, naturel et immédiat avec la dimension sacrée de la vie. Je me souviens de mon fils Ivan qui, alors qu'il avait à peine deux ans, adorait s'installer dans le jardin sous un grand cèdre bleu centenaire dès que l'été arrivait. Il contemplait longuement l'arbre et se laissait caresser par le soleil. Le soir, il faisait de même avec les étoiles. Il était connecté et heureux de l'être, on ressentait cela très fortement. Il y a peu, il nous a déclaré que le petit village où nous habitons maintenant est pour lui le lieu le plus merveilleux au monde et que rien ne le rend plus heureux que de partir à la découverte des mystères de la nature. Il sent qu'il est à sa place, tout comme nous, ses parents, le ressentons aussi.

Comment entretenir cette joie, cet esprit ludique et cette curiosité qui, chez l'enfant, sont nécessaires pour qu'une expérience s'intègre peu à peu dans une pratique et s'enracine ainsi profondément ?

L'adolescent, pour sa part, apprendra qu'il doit trouver sa propre place, sa propre réponse, tout en quittant l'enfance, ce qui l'aidera à affirmer son indépendance et à assumer peu à peu les responsabilités d'un jeune adulte. Tous ces passages répondent aux cycles naturels de la vie. Une partie de nous-mêmes meurt en quelque sorte. Nous la laissons derrière nous, pour donner naissance à autre chose. Là encore, la peur de l'inconnu est forte en général et domine pendant un long moment.

C'est la relation entre les parents qui sert de modèle aussi bien pour l'enfant que pour l'adolescent. Si elle est imprégnée d'amour et de respect, elle procurera à l'enfant une sécurité de base pratiquement inébranlable. Si, au contraire, elle est marquée par des dysfonctionnements, ou bien l'enfant préférera se retirer sur lui-même, étouffant tout germe d'éveil, et restera trop longtemps enfermé dans un cocon mal nourri, ou bien il saisira définitivement cette occasion pour exiger encore plus de lui-même. Il en profitera pour développer sa force et exprimera sa résolution de vivre. Il sera apte à vivre ce qui est bon pour lui.

On sait que la vie adulte est comme les montagnes russes. Il faut accepter avec conscience nos responsabilités existentielles, faire l'expérience des cycles de vie et de mort. Cela va nous permettre de développer sagesse et détachement. Mais en réalité, nous le savons par expérience, nos réactions face à une crise sont fréquemment tout sauf sagesse et détachement. Nous résistons de toutes nos forces. Nous avons peur de nous laisser porter par la difficulté. Nous ne pouvons la regarder en face, de peur de nous y perdre.

L'enfant qui naît nous aide à donner naissance à nous-mêmes

Pendant une dizaine d'années j'ai pratiqué l'haptonomie périnatale, que son fondateur Frans Veldman définit comme « la science de l'affectivité à travers le toucher ». Celle-ci consiste à accompagner un couple qui attend un bébé en établissant un contact affectif avec l'enfant *in utero* à travers leur sens du toucher. Cette rencontre a lieu dès le troisième mois de grossesse et permet au couple de faire connaissance avec son enfant, un être bien réel et non fantasmatique, de sentir que l'enfant répond à leur invitation, qu'il sollicite leur présence et entre dans un dialogue-jeu avec eux. À partir de ce moment, une reconnaissance mutuelle peut s'installer. Cette rencontre a lieu dans le respect et la prudence, mais l'émerveillement de découvrir toute sa subtilité, de vivre la profondeur qu'elle nous révèle est quelque chose d'exceptionnel. Ce sont de grands moments de bonheur. À travers ce contact les parents occupent tout naturellement leur place de parents avec joie, présence et amour. La compagnie intra-utérine de l'enfant et les échanges qui se créent avec lui les aident à devenir parents à leur tour.

Je trouve bien regrettable que notre société, en raison de la sur-médicalisation de l'accouchement et de la naissance, ait tendance à suspendre le mouvement naturel de maturation qui se révèle toujours dans ces moments forts de la vie. Un accouchement vécu en conscience nous met en relation avec toute la force de notre dimension intérieure. C'est une des seules occasions qui nous restent dans notre vie moderne de rencontrer cette force. Tout dépend de la manière dont nous l'abordons et ce que nous en ferons. Pour peu que nous acceptions de la suivre, de nous confronter à elle, en restant présent aux côtés de l'enfant qui suit son chemin de naissance, elle nous aidera à grandir. Si, au contraire, nous résistons à ce processus naturel, c'est la souffrance qui paraît. Bien sûr, le travail physique de la naissance est ressenti comme douloureux au niveau du corps, mais la douleur physique est différente de la souffrance psychique, l'écho psychique qui cristallise notre peur du lâcher-prise, du laisser-faire en accompagnant le mouvement. Cette différence me paraît fondamentale et très représentative de notre époque, qui fait l'amalgame entre douleur et souffrance. Notre société préfère souvent anesthésier ces moments forts exceptionnels, au lieu de leur faire une place, à laquelle les femmes sont de moins en moins préparées.

Un accouchement devient naissance si nous le comprenons dans son essence symbolique pour chacun de nous comme pour le devenir de la société en général. Cela suppose une présence de maturité qui malheureusement n'est souvent qu'une ébauche. Elle donne un sens à un événement exceptionnel et n'exclut pas l'aide médicale qui devrait être une aide attentive, respectueuse et discrète. On a beaucoup parlé du nécessaire accueil du bébé, mais on oublie trop souvent la femme qui rencontre l'essence maternelle à ce moment-là. Un très grand nombre de choses se mettent en place dans ce processus ; la réussite de l'accouchement signifie pour beaucoup de femmes un vécu en conscience de l'arrivée de leur enfant. On sent que l'on franchit une limite intérieure, que s'ouvre un nouvel espace à explorer et à investir. La présence du père est tout aussi fondamentale, car lui aussi est mis en relation avec une partie de lui-même qu'il ne connaissait pas encore. J'ai constaté que les hommes sont très sensibles et demandent à partager ce processus d'attente, d'accompagnement et d'accueil. C'est une place qu'ils occupent volontiers, pour peu qu'on leur donne l'occasion de le faire. La présence du père au moment de la naissance aide la mère à rester en relation avec son enfant, à rester présente autour de l'enfant, à l'accompagner véritablement. Cela devient une histoire à trois, qui dépasse de loin le cadre habituel d'un accouchement standard médicalisé et permet à l'enfant, tout comme à ses parents, de faire cette première expérience d'accueil en toute sécurité.

Dans ces moments de rencontre et de partage, la douleur a tendance à s'estomper, elle perd une grande partie de son pouvoir. Si elle reste bien réelle, elle ne peut plus devenir souffrance, elle ne réussit plus à nous éloigner de nous-mêmes. Nous avons retrouvé pleinement le contact avec notre puissance intérieure.

Cependant, notre société semble de moins en moins prête à vivre cette expérience de venue au monde. Une forme de tabou s'installe autour de cette force de vie présente chez toutes les femmes. On essaie de la court-circuiter par la technique médicale. Il est vrai qu'elle fait peur aux femmes et aux hommes, car elle dépasse ce que nous connaissons et nous impose de rencontrer un point extrême en nous, inquiétant et mystérieux, comme tout ce qui touche aux origines, mais aussi à la fin de vie. Pour affronter cela il faut une certaine maturité et cela semble exclu du discours dominant dans notre société. Il me semble essentiel de prendre conscience que l'adulte peut occuper sa nouvelle place de parent pour peu qu'il accepte sa dimension de croissance personnelle, ce à quoi vient l'inviter cette situation qui demande à être vécue.

Accueillir son enfant, c'est le reconnaître et le conforter dans son existence à lui, écouter ses besoins et y répondre avec amour et tendresse. Se mettre au rythme de l'enfant est un de ses besoins fondamentaux. Le parent apprend à honorer cette priorité, avec patience et présence. Dans mon expérience, les deux parents remplissent des rôles complémentaires face à l'enfant qui vient de naître. La mère occupe bien sûr sa place nourricière, de contact de tendresse et de chaleur, d'enveloppement. Le père, pour sa part, présente son enfant en ouverture au monde. C'est lui qui fait le lien avec l'extérieur, tout en respectant sa sécurité affective de base, qu'il s'agit de développer et maintenir.

Pourquoi tant de couples sont-ils dépassés par l'arrivée de leur enfant, pourtant désiré ? Ce n'est pas l'amour qui manque. C'est le processus naturel de maturation vers l'accueil du bébé qui n'a pas été assez stimulé et soutenu. C'est un fait que bien des parents sont encore immatures à la naissance de leur enfant et le restent souvent pendant de longues années, hélas !

Je ne porte pas un jugement, c'est un simple constat. La difficulté réelle qui les attend se cache derrière une idéalisation de l'enfant-illusion, et la relation se complique dès les premiers jours. On veut faire quelque chose, on veut être dans l'agir, au lieu d'apprendre à accompagner avec confiance, amour et présence. Or cela suppose que l'on sache gérer son doute et que l'on accepte de se laisser guider en confiance et avec patience.

Nos enfants nous apprennent à nous écouter. Ils nous aident à chercher cette nouvelle ouverture créatrice en nous-mêmes.

Se retrouver face à face avec leur grande force naturelle nous confronte souvent douloureusement au fait réel que nous fonctionnons en restriction de notre propre force vitale, que nous essayons de la diriger et de la contrôler à travers les divers masques que nous portons en fonction des situations rencontrées, tandis que notre potentiel authentique reste en friche, en *stand-by*.

Nos enfants nous bousculent et c'est très bien ainsi. Encore faut-il que nous réagissions.

L'arrivée de l'enfant est l'occasion pour le couple d'entrer dans l'expérience de la *philia*, l'amour entre parents et enfants qui vient compléter l'amour-éros. L'amour-éros est la découverte émotionnelle et sensorielle de l'amour tout court. C'est la dimension du plaisir, être aimé par l'autre et le vivre dans son corps et par ses sens. Devenir parent marque un nouveau cycle de la vie d'adulte, de nouvelles perspectives se dévoilent à nous, qui me semblent particulièrement importantes : l'amour-*philia* libère de nouvelles énergies qui peuvent entre autres être utilisées à régénérer l'amour-éros, qui, s'il reste seul, est comme un feu qui se consume lentement si nous ne le nourrissons pas intérieurement. Une fois que l'énergie sexuelle primaire est consommée, il y a perte d'entrain, il n'y a plus de ressources regénératrices et si une autre dimension d'amour ne peut s'installer, c'est la séparation qui guette.

Le fait que tant de couples, avec et sans enfants, se séparent actuellement, très, trop rapidement, est le signe général d'une attitude de fuite ou d'une incapacité à élaborer et à « nettoyer » un conflit, souvent signe d'une mauvaise utilisation énergétique. Nous recherchons tous, à la base, le partenaire idéal, notre complémentaire, celui qui nous procurera ce dont nous pensons manquer par nous-mêmes. L'autre devient responsable de notre situation de vie, de ce qui nous arrive, mais aussi de ce qui fait défaut. L'amour-éros se retrouve rapidement dépassé par cette tâche lourde et se résigne.

Ces situations extrêmement douloureuses sont vécues la plupart du temps comme un échec. Elles ne font pourtant que refléter en partie l'infantilité de notre être psychospirituel. Celui-ci doit grandir, et nous sommes aidés dans cette maturation par le travail de transformation de l'amour-éros en amour-*philia*, développement naturel de toute vie qui cherche à nous réconcilier avec nous-mêmes.

L'amour parental et familial

Nous avons donné la vie à nos enfants, mais ils n'appartiennent qu'à eux-mêmes.

Aidons-les à découvrir qu'ils peuvent « être l'empereur de leur vie », comme le dit joliment une expression chinoise. À condition que nous travaillions à notre tour sur l'évaluation du poids que notre famille continue à nous faire porter, que nous cherchions à l'alléger et ainsi à nous dégager de l'emprise du destin familial. Cela ne va pas sans une introspection et une prise en compte de la dynamique énergétique transmise et validée par la famille.

Il existe au sein de chaque famille une mémoire tribale, allègrement nourrie par tout ce qui n'a pas trouvé sa résolution. Ces engrammes collectifs concernent surtout les malheurs ou drames qui ont touché la famille dans ses générations successives : les graves injustices, les dépressions, les suicides, les secrets de famille, et les différentes dépendances pour ne citer que les situations les plus fréquentes. Il est effarant de constater que nous restons malgré nous attachés à cette même mémoire. Nous la perpétuons et la reproduisons fidèlement, nous y sommes liés par une forme de « loyauté » à tout ce qui a été « malade » dans les générations précédentes et le transmettons à nos enfants, qui deviennent à leur tour gardiens de ce patrimoine pathologique.

Comment s'en sortir ? Comment ne plus être le légataire des pots cassés ?

Il existe différentes approches transgénérationnelles, comme la psychogénéalogie, la méthode de Stan Groff, ou encore une prometteuse synthèse récente entre la thérapie transgénérationnelle et la médecine énergétique chinoise traditionnelle, fondée sur des lois énergétiques millénaires (ce travail a été élaboré par mon ami Philippe Nicolas). Tous ces outils nous permettent d'entrer enfin en contact avec ces énergies enfouies, de les laisser émerger pour trouver leur résolution et redevenir libres.

Là encore, on retrouve un principe qui commence à nous être familier : ce qui reste caché, inconscient, est bloqué et ne peut bouger ni changer. Le résultat est un nœud énergétique plus ou moins serré, qui interdit et empêche la circulation de la créativité vitale.

Nous trouvons souvent difficile de questionner notre propre histoire, car souvent nous ne disposons que de peu d'éléments. Nous n'avons pas connu nos arrière-grands-parents et ne savons pas grand-chose sur eux. Mais la guérison du « roman familial » est nécessaire et possible. À trois conditions, cependant :

1. *Nous devons donner naissance à nous-mêmes.* Apprenons à nous affirmer dans ce qui nous appartient en propre, à nous séparer du groupe tribal, à marquer notre différence et à entrer avec conscience dans le processus d'occuper notre place. Cela veut dire sortir de la dépendance familiale et de ses liens qui nous empêchent d'aller vers nos désirs et nos priorités, à quelque niveau que ce soit.

La différenciation devient possible dès lors que nous comprenons que nos difficultés dépendent de nous-mêmes et ne proviennent pas d'un extérieur menaçant. Nous ne sommes pas les victimes innocentes d'un jeu de circonstances malheureuses, mais bien la projection de notre histoire.

2. *Partir à la rencontre de l'inconscient familial.* C'est en prenant conscience peu à peu de la complexité de notre histoire familiale que nous pouvons mettre au jour ses programmations, laisser certains aspects inconscients atteindre la conscience. La rencontre de cet inconscient familial va libérer de l'énergie qui pourra manifester la dimension créatrice de

notre être intérieur, donc soutenir le processus d'individuation, nécessaire pour vivre sa propre destinée.

3. *Comprendre ses racines et rééquilibrer les relations familiales.* Nous sommes les parents de nos enfants, les oncles et tantes de nos neveux et nièces, les marraines et les parrains de nos filleuls et filleules. Selon les lois énergétiques chinoises, l'énergie se transmet de nous vers eux, dans cette direction-là, et qui est à sens unique. Nous n'avons pas le droit d'être en attente envers eux, d'attendre qu'ils nous nourrissent en retour. Notre devoir est d'être attentifs à leur chemin de connaissance, de les soutenir et de partir ainsi de ceux qui nous sont le plus proches pour aller vers la collectivité, toujours avec générosité, amour et respect. Se couper d'une partie de la famille est rarement la bonne solution. Le plus souvent cela revient à perpétuer et à nourrir des conflits installés depuis déjà plusieurs générations. La véritable maturité se révèle dans la capacité de rétablir un lien, de prendre ce risque-là, malgré la douleur encaissée, inhérente à cette situation.

Si nous parvenons à ce stade de l'amour, nous aurons véritablement intégré la dimension de l'amour-agapé, c'est-à-dire l'amour pour la collectivité, qui fait résonner en nous l'énergie universelle. Nous aurons dépassé l'affectif primaire, avec les grands et petits drames qui le nourrissent, nécessaire à l'amour vivant, mais qui a bien du mal à résister à l'usure du quotidien, avec toutes les réminiscences du passé qui troublent notre vision du monde.

Cette autre dimension de l'amour nous autorise à sortir de l'esclavage de notre histoire de vie, tout en nous permettant de nous la réapproprier. En réunissant toutes ces énergies multiples mais parcellaires que nous portons en nous dans le but final de nous réaliser nous-mêmes, nous aidons la génération suivante à le faire à son tour.

Celui qui ne se vit pas soi-même ne peut dans la même proportion laisser vivre l'autre.

En général, l'énergie intérieure nous fait ressentir le besoin d'aborder ce qui est à travailler autour de nous et à travers le monde.

La violence quotidienne qui attire tant d'êtres humains est en fait le reflet d'un profond sentiment d'impuissance qui nous pose en victimes. Il est tout à fait illusoire de penser qu'effectuer ou fantasmer des actes violents nous met en relation avec notre puissance intérieure. C'est le langage du pouvoir extérieur qui s'exprime ainsi. Il préserve au contraire notre vide intérieur et nous permet pendant un certain temps de ne pas le regarder en face.

Seule la progression vers notre propre conscience nous aide, par des choix qui réflètent de plus en plus cette conscience, à créer une distance saine entre notre être intime et nos émotions négatives, autorisant enfin la guérison, réfutation ultime de la violence.

L'amour est l'âme de l'univers, c'est la force qui nous invite à retourner vers la source de notre être, vers l'unité que nous portons en nous, conscient-inconscient, esprit-âme. Il nous permet de réaliser notre dimension créatrice, de transcender notre roman familial avec ses blocages et ses limitations.

Donner et recevoir de l'amour, voilà l'expérience ultime de la vie, ce vers quoi nous aspirons tous. C'est la seule énergie qui nous autorise, par la conscience qu'elle nous donne, à transformer tous les conflits.

Comment aider nos enfants à développer leur force intérieure ?

Quel est donc le message que nos enfants ont le plus besoin d'entendre ?

On ne peut le répéter assez : si nous n'assumons pas notre place dans la vie, donc dans la société, si, pour une raison ou une autre, nous nous retirons de nous-mêmes, si nous abandonnons notre être intérieur, alors nous cédons notre pouvoir personnel et perdons la force vitale qui permet d'accueillir chaque situation avec une révérence pour la vie. Nous ne pouvons demander à nos enfants de vivre ce que nous ne vivons pas nous-mêmes.

Les dernières élections présidentielles françaises nous ont montré que la jeunesse est bien présente, forte et capable de se faire entendre, si elle veut. Elle est décidée à vivre son potentiel et en a assez de nos préoccupations, construites en grande partie sur la peur de ce qui pourrait arriver, bien davantage que sur ce qui est. Malheureusement une autre partie de la jeunesse est désœuvrée et vit difficilement ce qui est ressenti comme échec scolaire et social. Mais le plus frappant, il me semble, c'est qu'énergétiquement le jeu est fondé sur le pouvoir extérieur, le paraître. Difficile de savoir ce que les jeunes sont vraiment : leur monde intérieur est caché, nié, noyé dans la logique du groupe qui impose son code de comportement (verbal, vestimentaire) sous peine d'exclusion. Vivre des sentiments, des émotions, ne fait pas partie de leur code d'expression.

Nous sommes tous, parents et enfants, soumis à de puissantes forces sociales qui modèlent nos vies, mais nous avons également la capacité de faire des choix conscients individuels en réponse à des circonstances données. Nous avons tous la capacité de rendre notre vie plus vivante en y apportant une intention, une attention et une présence, tant pour nous que pour nos enfants.

Qu'avons-nous à leur transmettre ? Quelles sont les valeurs qui continuent à faire sens dans le difficile contexte actuel ?

Le travail de parents est une confrontation permanente, exigeante et difficile, mais c'est bien de lui que dépend la capacité de la prochaine génération à trouver sa place dans un monde en perpétuel changement, avec courage, en assumant et en exprimant ses sentiments profonds, mais aussi en écoutant la voix de son cœur.

Être parents est une expérience que nous sommes le plus souvent obligés d'apprendre sur le tas. Comment faisons-nous pour ne pas être submergés, noyés par nos doutes, notre insécurité, submergés par les problèmes et conflits du quotidien ?

C'est un travail intérieur sur nous-mêmes qui vient nécessairement compléter le travail extérieur de prise en charge des besoins de nos enfants.

Aidons notre autorité intérieure à s'installer. C'est elle qui nous donne à comprendre que, malgré des situations hors de notre contrôle, c'est bien notre manière personnelle d'y répondre, de nous sentir concernés, qui fait de nous les auteurs de notre vie, tout en assumant les conséquences de nos choix.

Être parents est un travail éminemment personnel. Il faut tâtonner à travers sa propre histoire, l'éclaircir et l'intégrer, pour enfin trouver sa façon de faire. Faisons confiance à notre intuition et restons surtout à l'écoute du moment présent. Ce qui était vrai hier ne l'est plus forcément aujourd'hui.

Être parents nous demande de rester créatifs jour après jour, de laisser venir à nous le quotidien, d'écouter la voix du cœur et de la raison.

Si nous ressentons de la fatigue, voire de l'épuisement, donnons-nous les moyens de récupérer ou, mieux encore, régénérons-nous en cherchant à comprendre ce qui nous a fait perdre autant de force ? Est-ce le travail extérieur ou bien un de nos parasites intérieurs préférés qui a court-circuité le flux vital ?

Il est tout à fait possible d'aborder l'éducation comme le point de départ d'une pratique spirituelle. Il s'agit après tout de savoir témoigner au quotidien du respect pour chaque être qui partage notre vie, de rencontrer son enfant avec conscience. Cela est essentiel, et la seule manière de vivre le lien d'amour sans répéter ce que nous avons subi dans notre propre enfance.

Plus que jamais, nous, adultes, avons besoin de montrer, dire et surtout témoigner l'estime et l'amour que nous portons à nos enfants, comme celui que nous avons pour nous-mêmes, la confiance que nous avons en eux et nous-mêmes, le désir profond de faire de notre vie une vie épanouie. Nous devons manifester notre croyance en leur créativité et en la nôtre. Surtout faisons passer le message que la vie est un apprentissage fondé sur la réalité au jour le jour. Nous avons besoin de développer cette puissance intérieure en résonance avec notre créativité. C'est ainsi que nous devenons responsables de ce que nous vivons, trouvons notre réponse personnelle à une situation donnée, en privilégiant la puissance intérieure plutôt que le pouvoir extérieur.

Vie familiale rime beaucoup avec renoncement, patience, fermeté et générosité. Cette pratique quotidienne nous extrait de notre ego (pour peu que nous le souhaitions), elle nous aide à vivre de manière plus consciente notre propre présence, et nous permet de devenir attentifs aux échanges avec nos enfants, à la qualité de notre communication verbale et non verbale, à la tendresse qui circule ou ne circule pas. Nos enfants nous confrontent tous les jours à ce que nous sommes. Parfois de manière impitoyable.

Comment pouvons-nous penser que nos enfants vont bien se « débrouiller », si nous ne sommes pas nous-mêmes fermement ancrés dans la vie, si nous avons du mal à nous dépatouiller au quotidien ? On dit que la vie de famille est essentielle pour le devenir de l'enfant, mais j'ai envie de demander à mon tour : quelle vie de famille ?

Il y a toujours moyen de concilier ses propres besoins avec ceux de sa famille. Je suis plutôt agacée par la situation trop fréquente dans laquelle les enfants deviennent les « otages » de leurs parents, sous prétexte d'une forme de vie choisie prétendument pour le bien des enfants, mais qui cache en fait la peur d'affronter cette autre partie de nous qui cherche à se réaliser.

Il est très important pour un enfant de comprendre que ses parents ne sont pas que leur mère et leur père, qu'ils sont aussi uniques en tant qu'êtres humains. Ils ont des besoins émotionnels, affectifs, des aspirations, des désirs et un besoin constant de rester sur leur propre chemin, en contact avec leur potentiel.

Rester fidèles à nos valeurs les plus profondes, celles que nous communiquons autour de nous à travers notre vécu. C'est à notre être de résonner, autant si ce n'est plus que notre faire.

L'amour et le lâcher-prise ont beaucoup à nous apprendre : la famille est le lieu privilégié pour explorer cette sagesse.

Accompagner son enfant avec amour, tendresse et respect, mais aussi avec une autorité naturelle tout en l'encourageant à suivre son chemin vers l'indépendance. N'oublions pas que la famille est la représentation du genre humain en général : ce que nous sommes dans notre famille, nous pouvons l'être à l'extérieur.

Nos enfants ont besoin de nous, mais c'est leur présence qui nous fait grandir.

L'amour et l'âme sœur : le quotidien du couple

L'amour est le trésor que nous cherchons chaque jour. Nous parcourons le monde extérieur dans tous les sens à la recherche de celui ou de celle qui pourra nous l'offrir.

Les crises et les déceptions que nous rencontrons au cours de ce voyage nous renvoient à cette leçon très importante : *Mon bonheur est* mon *affaire, personne d'autre que moi n'est responsable de la réalisation du bonheur que je souhaite dans ma vie.*

Le sentiment d'amour évolue selon un processus naturel de croissance ascendant :

L'enfant vit pleinement son potentiel d'amour naturel. Très tôt, cependant, il commence sa longue quête du bonheur perdu : amour et séparation se suivent dans une spirale apparemment sans fin. Nous sommes condamnés à rester dans cette spirale aussi longtemps que nous chercherons dans l'autre ce que nous n'aurons pas développé en nous-mêmes.

L'adolescent découvre et résonne avec son éros en pleine éclosion : c'est l'éros qui va le pousser à se mettre en mouvement, à quitter le giron familial et à se tourner vers l'extérieur, en quête de sa complétude, qu'il pense trouver chez autrui. Il s'agit d'une véritable force de la nature qui s'exprime à tout prix, toujours à la recherche, chez l'autre, de ce dont il ne dispose pas. La pression érotique déploie toute sa force pour aboutir à l'union sexuelle, censée permettre la complétude à travers la rencontre avec l'autre. L'amour-éros nous aide à nous mettre en marche vers l'amour tout court. Une sexualité épanouie est une conséquence logique pour deux personnes qui se sentent attirées l'une par l'autre. Partager avec l'autre le désir et le plaisir corporels est essentiel pour la connaissance de soi. Mais la sexualité est un outil, une fonction, non pas un but. L'expression « faire l'amour » exprime bien l'activité sexuelle. C'est un faire et non pas un être.

La dimension sexuelle est une manifestation essentielle de la nature intime de l'homme. Si elle est vécue et exprimée pleinement, en conscience, elle résonne en profondeur avec notre être, elle dépasse la frontière du corps et ouvre l'accès à une nouvelle dimension de conscience qui est celle en lien direct avec l'expérience spirituelle. En cela, elle peut s'approcher de l'état d'extase.

Tout n'est qu'une question de profondeur dans la quête de soi. Chacun décide de vivre cette profondeur en fonction de son état de conscience.

L'éros est notre énergie primaire. Il tend à se transmuter en agapé non pas en détruisant l'éros mais en l'accomplissant. Ne pas parvenir à l'intégrer dans quelque chose de plus subtil, de plus vaste, revient en quelque sorte à refuser le potentiel que nous portons, à nier notre désir de maturation et de croissance.

La relation amoureuse du couple existe en parallèle avec la *philia*. C'est l'amour qui intègre le groupe, allant du tu au eux, c'est-à-dire que l'amitié, l'empathie, et la chaleur humaine viennent approfondir et compléter l'attirance sexuelle et affective, et s'étendent aux relations humaines en général, aussi bien familiales qu'amicales ou professionnelles. Notre capacité d'amour se développe, nous ouvrons notre cœur à notre prochain.

Peu à peu *éros*, *philia* et *agapé* prennent leurs places. Ils se complètent mutuellement et cherchent à s'intégrer en nous, faisant de nous « l'amant qui embrasse le tout ». Notre amour n'est plus seulement dirigé vers une personne en particulier, choisie parce que nous nous sentons attiré par elle, affectivement et sexuellement, ou parce que nous espérons trouver la complétude avec elle et elle seule. Il devient la rencontre avec le principe sacré de l'amour qui unit tout. Nous acceptons l'autre dans ce qu'il est, sans jugement, sans attente, sans critères sélectifs : tel est l'amour-agapé, qui trouve en lui-même sa source d'énergie, sans cesse renouvelée et intarissable.

Il est très difficile de parler d'amour, sans tomber dans la mièvrerie et en même temps rares sont les sujets qui nous donnent autant de fil à retordre. Soyons sincères : ce que nous désirons véritablement, c'est d'aimer et d'être aimé. Pourquoi est-ce si compliqué ?

Entrer en relation avec l'autre chaque jour à nouveau, prendre le risque de se dévoiler, permettre à deux âmes d'entrer joyeusement dans la danse de la vie, tout cela demande une disponibilité réciproque et une volonté de communiquer de manière authentique.

Pourtant, c'est toujours le même problème qui revient sur le devant de la scène : nous ne pouvons demander à l'autre ce que nous n'avons pas encore développé chez nous. Accepter l'autre ne devient possible que si nous nous acceptons nous-mêmes, si nous pouvons témoigner pour nous-mêmes l'amour que nous méritons. Nous devons prendre conscience que nous sommes aimables.

L'amour renvoie à ma conscience et non pas à mes actes. Conscience que je ne suis pas parfait et que je n'ai pas besoin de l'être, ni moi ni les autres. Sans elle, l'unité ne peut se réaliser, et le doute — suis-je encore aimé ? — s'installe allègrement. Intuitivement, nous devinons les désirs de notre partenaire et nous entreprenons de nous modeler nous-mêmes, pour correspondre à la supposée image idéale. Mais le poids devient progressivement trop lourd à assumer : nous sommes obligés de larguer une partie de nous-mêmes, partie que nous acceptons de laisser tomber dans l'oubli. Nous ne nous aimons donc pas assez pour accepter ce que nous sommes.

Vivre à deux n'est pas une symbiose. Un couple est la rencontre et le partage de deux personnalités bien différentes, avec des besoins différents, des croyances différentes, des sentiments et des histoires différents.

Se reconnaître dans son individualité, accepter la différence, l'honorer même, tel est le fondement d'une relation amoureuse saine. Le principe d'action-réaction nous dit que nous sommes en permanence en résonance : l'autre nous renvoie ce que nous portons déjà en nous. Si je ne me sens pas respecté ou considéré à ma juste valeur, c'est que je me méfie de l'image que mon ego me renvoie. Quant à mon être profond, il ne connaît rien de méprisable ou de critiquable.

La société suggère que l'ouverture vers l'autre avec sincérité est quelque chose de potentiellement dangereux. Pour se montrer tel que l'on est, on doit surmonter la peur d'être blessé.

Si nous aimons, nous ne jugeons pas et n'avons pas peur d'être jugés.

Si nous aimons, nous acceptons la responsabilité de notre vie, nous ne demandons pas à l'autre de l'assumer à notre place. Tout ce qui nous arrive nous concerne.

Vivre aux dépens de l'autre nous rend dépendant. Nous nions notre créativité propre, notre énergie vitale s'appauvrit et qui sait ce qui peut nous nourrir ? Notre partenaire ? À première vue, sans doute, sauf que ce n'est absolument pas son rôle. Cette attente est un détournement de son énergie vitale. Nous nous branchons à l'endroit le plus destructeur et malsain, car fortement lié au sentiment de culpabilité.

Apprenons à exprimer en des termes clairs et justes ce que nous avons envie de dire, sans accuser l'autre, sans le juger, sans double message, donc sans lui prendre son énergie.

Travailler sur un conflit de couple, c'est travailler sur soi. C'est savoir ne pas demander à l'autre de trouver la solution, de porter seul une situation.

Vivre un conflit ou simplement une différence d'opinion, cela peut intervenir de manière constructive, dans la mesure où vous vous écoutez avec respect, le même respect que vous témoignez bien sûr à l'autre. Certaines personnes alimentent leurs dépenses d'énergie vitale en se plaçant dans un état de conflit permanent : attaques, critiques, méfiance. Rien n'est plus épuisant que de s'enfermer dans une attitude de persécution et de rester sur la défensive. Vous l'aurez compris : vous êtes unique et précieux ! Ayez pour vous l'estime que vous méritez et cessez d'être en guerre avec vous-mêmes !

Faire confiance à l'autre, lui confirmer qu'il est capable d'assumer sa propre responsabilité pour sa vie, en le confortant dans sa croissance, son développement. Hélas, bien des personnes occupent leur quotidien à essayer de prendre l'autre en charge, d'arranger ce dont il a besoin en s'oubliant, donc en se négligeant.

Ne cédez pas à l'amertume, qui distille doucement son poison. La déception naît du sentiment qu'un de nos désirs les plus chers n'a pas été satisfait par l'autre. Nous restons dans une attitude d'attente. « Il me doit bien ça, après tout ce que j'ai fait pour lui. » Nous pouvons toujours attendre, la seule issue est de changer notre attitude, notre manière de penser : faire porter à l'autre la responsabilité de notre bonheur ne peut que conduire à l'échec. En refusant de perpétuer cette attente impossible nous nous retrouvons enfin face à nous-mêmes. Cela est une invitation à chercher notre réponse en nous.

Croire en son propre potentiel permet de croire en celui de l'autre.

L'échec d'une relation, qu'il soit uni ou bilatéral, n'est pas une question de culpabilité. C'est le résultat de deux histoires de vie qui n'ont pas été suffisamment éclairées par une prise de conscience, et qui risquent de continuer à tourner en rond, dans la détresse et le désespoir.

Si nous nous sentons concernés par le roman de notre vie, si nous le prenons en main et le lisons en conscience, nous redevenons les créateurs de notre vie à nous, acceptant les leçons qu'elle nous demande de vivre, et sortons enfin de l'état de victime que nous avons perpétué jusque-là.

La vie à deux est un miroir tendu par l'autre, qui montre, entre autres, le travail sur soi qui reste à accomplir.

L'intimité

Le désir d'atteindre la complétude nous dynamise et fait de nous des chercheurs éternels. Leçon après leçon nous nous retrouvons face à nous-mêmes et aux contraintes que nous nous imposons. Il est essentiel de comprendre que la quête éperdue de l'autre, de celui qui saura nous rendre heureux, traduit bien la quête de rencontrer notre être profond. Seule notre source intérieure est capable d'épancher notre soif.

Nous reposons en nous. Nous portons en nous notre moitié oubliée.

L'amour est un chemin de croissance qui fait partie de nos devoirs incontournables. Tout autour de nous nous signale sa présence : de la plus petite fleur au souffle universel, l'océan de l'infini donne naissance aux vagues de l'amour.

La mission de notre vie n'est pas d'être aimé, mais de devenir à notre tour des amants inconditionnels.

Le fait de donner vie à cette force nouvelle, sortie de la profondeur de l'infini, nous aide à déployer les ailes de l'amour. Nous voilà prêts pour survoler sans peur ni désespoir l'étendue de notre vie.

L'amour est notre essence la plus intime. Il est notre lien de communion avec nous-mêmes et les autres. Vivre la dimension de l'amour, c'est faire une place à l'autre dans sa propre vie, accepter d'être en partage avec lui.

Être intime avec quelqu'un c'est lui permettre de nous approcher, de nous demander un partage. Accepter de communiquer, ouvertement et en confiance, nos sentiments et pensées les plus personnels. C'est pouvoir développer notre aptitude à partager les expériences et les événements importants avec ceux qui nous sont proches. Nous n'avons pas besoin de suivre notre route tout seuls.

Une vie épanouie ne peut se vivre isolément.

Construire l'expérience commune de l'intimité c'est permettre à une autre personne de nous rencontrer. Nous sommes tous engagés dans de nombreuses relations humaines, qu'elles soient privées, professionnelles ou aussi banales qu'avec la caissière du supermarché, à qui nous pouvons répondre en lui montrant par une petite réaction de notre part que nous avons bien vu sa présence, que nous l'honorons. Saluer l'autre dans sa présence humaine fait partie de ces gestes peu coûteux du quotidien qui rendent la vie tellement plus agréable. Souvenez-vous : action-réaction. Toute rencontre s'en trouve ainsi transformée. Cela fait partie de l'intimité de base que nous pouvons admettre dans nos vies.

Je travaille dans une petite ville. Pour me rendre à mon cabinet, j'emprunte la route principale, celle utilisée tous les matins par quelques centaines de lycéens descendus du train. Il y a plusieurs passages piétons et j'ai remarqué qu'il existe un code de passage chez ces adolescents. Ils déboulent sur le passage piéton, sans regarder ni à droite ni à gauche. Ils traversent, un point c'est tout. Pas un signe à destination de l'automobiliste pour lui signifier « m'as-tu vu ? ». Je perçois cette attitude comme carrément violente. Cela m'a surprise au départ. Je n'ai que rarement rencontré une situation similaire, avec tant de repli sur soi en tant que groupe, car c'est de cela qu'il s'agit. Ces adolescents existent pour eux-mêmes, la communication avec le reste du monde est suspendue. Faire une place à l'autre dans son rayon vital, c'est comme lui dire : « Tu existes, j'existe. » C'est une des formes de savoir-vivre qui sont à la base de la relation tout court. Chaque fois que je reçois un de ces adolescents en consultation, j'en profite pour lui dire : « Je t'ai vu à midi », et je réponds à son regard étonné : « Tu vaux la peine d'être vu, cela me fait plaisir de te croiser. »

Se retirer dans sa coquille de protection, interdire à l'autre de nous approcher, ne fait que nous éloigner de nous-mêmes. Pour devenir capable de vivre l'intimité dans sa vie, on a besoin d'entrer en relation avec autrui, à quelque niveau que ce soit.

Venir en aide à autrui, à un niveau plus profond, ce n'est pas simplement prononcer des banalités à la légère, censées apporter consolation. C'est plutôt réagir en montrant que nous cherchons effectivement et activement à comprendre les réactions émotionnelles de l'autre. Dans une relation intime équilibrée, c'est tantôt l'un, tantôt l'autre qui vient en aide et offre son soutien. Nous avons tous un besoin vital de ces relations qui nous portent et où un véritable échange est possible.

Savoir partager les moments forts, qu'ils soient agréables, légers ou difficiles et emplis de souffrance, tout cela fait partie de ce que nous avons à développer. Nous sommes une conscience en relation avec d'autres consciences. Profitons de cette communication, allons à des niveaux de rencontre de plus en plus aboutis, vivons la relation d'âme à âme, chaque fois que cela est possible. Toute relation est bonne à vivre, elle est, et c'est tout.

Notre déploiement personnel prend pour fondement cette reconnaissance du fait qu'une relation peut s'installer, que nous pouvons aller vers l'autre. Si nous restons trop méfiants ou si nous nous replions, nous brisons l'équilibre énergétique naturel, car nous sommes naturellement des êtres de relation et d'échanges.

En permettant à une forme d'intimité de s'installer, on reprend confiance dans la circulation naturelle du flux de la vie.

8

La sagesse, ou « l'esprit qui ne sait pas »

Dans une expérience on éprouve la lumière que l'on est.
Ce qui devient important est alors de construire la lampe dans laquelle elle doit vivre.

Karlfried Graf Durckheim

L'expérience ne se déroule jamais comme on le pense ; savoir cela, c'est la vraie sagesse.

Dicton soufi

Tout au long de notre vie, le monde nous entraîne au-dehors et l'être authentique nous appelle du dedans et vers l'intériorité

La sagesse : paradoxe qui connaît engouement et refus, engouement pour une recherche de sens et en même temps refus d'une morale des anciens.

La sagesse aujourd'hui s'est construite de nouvelles bases, elle réconcilie l'humain avec l'humanité, l'extérieur avec l'intérieur, ne parle pas de connaissance, mais d'incertitude.

Maturation et croissance sont des processus que suit chaque être humain et qui la plupart du temps se déroulent à partir du corps vers l'esprit et l'âme, dans un déferlement de vagues successives, chaque nouvelle vague englobant les précédentes. Malheureusement, chacune de ces vagues peut se briser avant d'avoir engendré la suivante, ce qui brise l'élan vital, l'expression de ce que nous ressentons.

Partir à la découverte de sa créativité peut représenter une excellente occasion d'entrer en contact avec son intelligence spirituelle, de ressentir directement le souffle subtil qui nous unit au vivant, de vivre à notre tour l'expérience de l'interdépendance.

Quelle direction voulons nous emprunter, quelle intention lui donner ?

L'action la plus radicale que nous puissions entreprendre est de décider d'ouvrir notre cœur. Si nous voulons guérir de la haine, du ressentiment, du racisme et de la discrimination, bref si nous cherchons à dépasser le vide de la souffrance, nous devons comprendre que la crise fondamentale est une crise de la conscience humaine.

Si nous ne pouvons vivre pour nous-mêmes dans la liberté créatrice de notre espace intérieur, dans la lumière de la conscience et de l'amour qui nous unit à nous et aux autres, comment pourrions-nous attendre cela d'autrui ?

En faisant votre « inventaire d'humain », demandez-vous où est votre don particulier, celui qui est votre lien sacré avec l'essence universelle. Chacune de nos actions porte le tout en germe : encore faut-il le savoir pour pouvoir l'honorer. L'essentiel est de donner une direction vivante à ce que nous entreprenons.

La société est malade de sa conscience : elle n'a plus la conscience d'exister en lien avec tout ce qui l'entoure. Plus nous avons accès au mondial, plus nous nous isolons de l'écoute universelle, présente dans le plus petit acte quotidien.

La véritable joie est d'habiter son espace intérieur, de savoir aiguiser sa vision des choses essentielles, d'apprendre à les reconnaître, au jour le jour.

Pour la plupart d'entre nous, cette présence simple qui se suffit à elle-même a perdu sa saveur pleine et subtile à la fois.

La conscience de la joie contenue en chacun de nous s'est évaporée.

Ni le temps ni l'espace qui m'entoure ne peuvent être des points de référence fixes dans ma vie. Leur changement est continu. Le seul repère qui puisse me servir d'appui est celui du moment présent, celui que je vis maintenant, avec la conscience que j'ai de mon esprit et du champ d'énergie qui est le mien.

Si nous restons ouverts, nous serons choisis par nos dons autant que nous les choisirons. Pour cela, nous devons écouter à l'intérieur et regarder vers l'extérieur. Un dicton indien nous le rappelle : « Parfois je me promène en m'apitoyant sur mon sort et, pendant tout ce temps, je suis porté par les grands vents à travers le ciel. »

Dès que nous réalisons que nous appartenons à cette terre, alors nous permettons à la confiance consciente de nous emporter avec le courant sacré de la vie. Nous sommes chez nous. Nous baignons dans la grâce, la danse de la vie nous berce par son jeu de mystère. La conscience est à la source de l'expérience. La sagesse n'a pas besoin d'explication, c'est notre être au monde qui modèle l'intelligence de la sagesse à travers la conscience.

La différence vient de notre capacité de développement. Chaque étape ultérieure va transcender les précédentes pour les intégrer et les compléter. On obtient une échelle de croissance fondée grosso modo sur trois étapes : l'une dirigée vers l'ego, l'autre vers la société et enfin la dernière ouverte au monde (on passe du je au tu, et du nous au eux). Ces étapes sont nécessaires et elles s'emboîtent naturellement. L'une suit l'autre. Chacune a sa dimension propre qui demande à être intégrée avant de passer à la suivante. Nous sommes appelés à aller toujours plus loin en nous-mêmes, à ne pas nous installer dans ce qui nous semble acquis.

Quant à la violence et à l'insécurité préoccupantes, je pense ceci : nous devons entrer en guerre, mais une guerre intérieure et non extérieure. Nous pouvons aller à la rencontre de ces énergies « monstrueuses » que nous portons tous en nous, à nous de les reconnaître, les écouter et permettre à leur transformation de commencer enfin. Aussi longtemps qu'elles sommeilleront en chacun de nous, nous serons les victimes de la peur qu'elles portent. À nous de comprendre que nous sommes coresponsables de ce qui se passe et nous fait mal : tout est le reflet de l'inconscience de l'humanité, qui est aussi la nôtre.

Nous sommes une conscience en relation avec d'autres consciences, nous sommes concernés, c'est notre problème. Nous sommes appelés à explorer notre noyau intérieur et nous finirons par réaliser que face à ce qui nous menace, nous n'avons guère le choix : muter et aller vers la conscience de l'humanité ou bien disparaître. La vie est, ou devrait être, une succession de mutations, de morts et de renaissances, avec à chaque passage l'intégration de la conscience préalable à la suivante. Nous rendre compte de ce que nous avons fait du souffle vital, comment nous l'avons fait grandir en nous, mais aussi comment nous l'avons étouffé.

Notre société, l'humanité, n'a pas encore atteint la dimension de l'homme, mais nous sommes à une charnière importante. Un changement collectif se profile : ce sont nos épousailles intérieures qui vont faire que nous pouvons, en retournant l'intérieur, retourner l'extérieur.

Nous baignons tous dans le mystère de l'homme, ses oppositions, ses doutes. Nous sommes uniques, et en même temps nous sommes la représentation du tout, de l'homme. Être « bons » ou « méchants », travailler intérieurement ou être en friche, tout ceci est le reflet de notre dimension individuelle, mais c'est bien la dimension du tout que nous sommes qui nous rend responsables de tout ce qui se passe sur terre.

C'est ce travail intérieur qui nous permet de nous sentir profondément enracinés dans la stabilité du sol, afin de nous élever sans crainte dans un mouvement vertical qui relie la terre au ciel, l'humain au sacré.

Retrouver sa responsabilité, réagir face aux crimes et aux injustices, les laisser résonner tout en ressentant profondément les émotions qu'ils font resurgir, pour les intégrer enfin au lieu de regarder toutes ces horreurs à la télévision, les absorbant sans les digérer.

Il est dangereux de penser que ces actes sont isolés, qu'il ne sert à rien de les intégrer dans une réflexion générale. Tout ce qui arrive est le reflet du tout que nous sommes. Nous sommes reliés à tout ce qui se passe. Cela nous concerne directement, et il faut que cela devienne le point de départ d'une autre énergie qui puisse donner sa place à tout un chacun. La vie moderne est marquée par un éclatement dans lequel chacun suit sa propre course et se perd dans son devenir individuel.

Comme le dit Adrienne Rich : « La sincérité et le respect ne sont pas des choses qui jaillissent d'elles-mêmes avec éclat, les êtres doivent les créer entre eux. » Reconnaître l'esprit de vie qui habite tout un chacun et est présent en chaque chose, voilà ce qui ouvre à la dimension spirituelle du quotidien.

Apprenons à nous relier au niveau du cœur : la compréhension de l'interdépendance grandit à chaque instant et nous aide collectivement à ressentir ce grand souffle de l'esprit.

La sagesse est un bien collectif. Résonner avec l'expérience collective ouvre la voie à une sagesse bien plus grande que celle qui peut se développer au niveau individuel.

9

Vivre est un art

La vie est un souffle permanent : inspiration-expiration, croissance-repos, jour-nuit, naissance-mort.

Notre Moi authentique résonne de manière continue avec ces cycles, les reprenant à sa façon. Vivre dans cette vaste étendue vitale signifie reconnaître, exprimer et intégrer, quotidiennement, ce qui est notre dimension créatrice profonde.

Tout ce que je crois, tout ce que je pense et sais, est encadré par la conscience dont je dispose à cet instant. Parfois cette conscience devient plus ample : elle prend une bonne inspiration et permet ainsi de regarder au loin, de voir un aspect supplémentaire ou de considérer une situation présente avec un regard qui englobe tout. La lumière apparaît là où était l'obscurité. Ce sont des instants magiques qui nous font pleinement ressentir que la vie nous inclut et nous porte.

Ce que nous comprenons est toujours fonction de nos propres limites : limites de perception, de pensée et de conscience. Décider de s'attaquer à ces limites, avec l'intention de changer à l'intérieur du cadre que nous nous sommes donné, c'est une des choses les plus difficiles qui soient. La peur du changement, la peur de perdre le contrôle que nous pensons avoir (une illusion ?) structure une résistance puissante. Il y a toujours une raison valable pour « remettre à plus tard ce que nous pourrions faire maintenant ».

Pourquoi, à un moment donné, sortons-nous volontairement ou involontairement du mouvement de la vie ? Souvent, nous nous interdisons de suivre l'expérience vitale jusqu'à ses racines. L'intention de vivre avec conscience se retrouve abandonnée.

La peur d'approfondir ce que nous devinons nous cloue sur place. Notre corps est en mouvement, mais la force de l'âme reste dans l'attente de voir son potentiel activé. Elle ne peut faire écho dans toutes les dimensions de notre existence. Nous fonctionnons au ralenti.

Comment rencontrer la force ? Être dans la puissance intérieure, sans privilégier plus longtemps le pouvoir extérieur, ne pas arrêter de se demander quel est mon rôle, où est ma responsabilité dans ce qui m'arrive, cela est sans doute un voyage difficile et douloureux. Mais la transformation qui ouvre à une conscience plus vaste est à ce prix. Suivre son chemin exige une implication personnelle, et il faut clairement énoncer l'intention de sortir de cette limitation, tout en partant à la découverte de notre potentiel. Le moment viendra où nous déciderons de travailler le changement en affrontant la ou les difficultés présentes, avec conscience et détermination.

Le remède à une absence est une présence. Examinez à chaque instant les choix que vous faites en vous demandant s'ils vous aident à développer votre présence. Ou vous font-ils rester dans l'absence ? Est-ce qu'il y a lumière, c'est-à-dire création et intégration, ou alors êtes-vous exposé à l'obscurité, qui rime avec vide et absence de résonance ?

Osez lever le voile noir de la peur, posé volontairement sur votre vie. Cela demande de vous accepter vous-mêmes avec amour, de rencontrer votre centre, qui inclut et dépasse l'ego, mais aussi de prendre conscience que vous faites partie du tout et devez donc toujours commencer par vous-mêmes. Telles sont les bases d'un état d'esprit qui nous permet de rester à l'écoute, présents à nous-mêmes, en toute circonstance.

Devenir responsable de son vécu, s'engager à vivre l'expérience, en l'autorisant à déployer toute sa force énergétique, tout ceci va nous aider à vivre le quotidien avec conscience et intention.

Vivre en harmonie avec son propre monde

Notre bien-être physique est constamment freiné par la subtile barrière des messages qui nous arrivent de l'extérieur et que nous avons du mal à évaluer à leur juste valeur ou dont notre appréciation est carrément erronée. Une de ces appréciations aux conséquences importantes concerne notre idée quant à la quête de la perfection dans ce monde.

Bien sûr que nous préférerions continuer à penser qu'il est possible d'être parfaits, d'effectuer un parcours sans faute, de ne pas se charger de culpabilité, de faire toujours les bons choix. Ou encore penser que nous pouvons définitivement et totalement laisser notre passé derrière nous.

Vivre en harmonie c'est savoir reconnaître les multiples aspects de l'existence humaine, apprécier leur juste dimension pour comprendre cette banalité que la vie est faite de bons et de mauvais côtés, que le bonheur et la souffrance existent, et que tout cela est inévitable et nécessaire. Cela implique que nous nous engageons à faire de notre mieux. Nos buts sont ambitieux, mais réalistes.

Afin de manier ceci habilement, il est important de se connaître soi-même. Avoir développé un sentiment sain d'autoestime, tout comme rencontrer ses limites, voilà les conditions à respecter si nous voulons aller au-delà de notre cercle de vie habituel.

Écoutons notre intuition, notre guide intérieur, celui qui nous oriente sur la voie. Trouver notre propre direction intérieure et s'y tenir par la suite est essentiel pour notre épanouissement. Cette direction intérieure est le résultat de tout un long travail d'intégration des multiples dimensions de la vie que nous avons rencontrées au fur et à mesure.

Pourquoi vos problèmes ne vont pas disparaître à tout jamais

Si la formule magique permettant une vie sans problème aucun existait, cela se saurait. Les conflits sont indissociablement liés au processus vital. Nous faisons partie de ce processus, nous y sommes activement impliqués, voilà pourquoi nous ne pourrons jamais complètement éliminer cette dynamique et connaître une vie définitivement débarrassée de ses difficultés.

Le travail personnel de nettoyage et de réparation que nous avons entrepris nous a mis en relation avec nos problèmes les plus complexes. Nous les avons décortiqués et résolus, du moins en partie. Malgré cela, il nous arrive encore de nous retrouver en déséquilibre. De nouvelles expériences déclenchent des réactions que nous espérions avoir laissées derrière nous. Et nous découvrons que nos relations continuent de faire naître des conflits. Le travail occasionne toujours tensions et stress. Le deuil est encore douloureux et les vieilles peurs tenaces. Les vieilles histoires se réveillent.

Notre société entretient la pensée magique selon laquelle il suffirait de comprendre ses problèmes pour les effacer. C'est ne pas comprendre que notre monde psychique se compose d'un très large spectre de sentiments et de souvenirs qui se sont construits en partie dans la toute première partie précognitive de notre vie, lorsqu'il n'y avait encore ni raison ni langage. Si un travail personnel bien accompagné permet de se rapprocher de ces moments de vie, il est quasiment impossible de les explorer de manière totale. Ce monde émotionnel de notre petite enfance nous marque à tout jamais, tout en se dérobant en grande partie à notre compréhension. Il continue à nous influencer et fait que nous retombons dans nos anciens comportements, même lorsque nous avons analysé correctement la situation présente et pensons avoir « compris ». Nous nous retrouvons face à des sentiments archaïques, absolus, auxquels nous avons beaucoup de mal à résister. D'un côté, il y a la raison et la logique, de l'autre une grosse marmite sur le feu, remplie de toutes ces émotions précognitives, mais dont nous ne savons pas au juste ce qu'elle contient. Que faire ?

Cela est dû au fait que ce monde précognitif échappe à notre compréhension. Nous pouvons néanmoins intégrer la partie accessible en veillant avec respect à ce que nous ressentons, et en restant attentifs aux problèmes qui surgissent, et ce même si nous les avons déjà élaborés avant. Une nouvelle rencontre !

Le maintien d'une bonne forme psychique demande de conserver une vigilance de tout instant par rapport à ce que nous vivons. Cela aussi fait partie du processus permanent de développement de la vie. Chacun de nous possède la capacité d'améliorer sa vie au quotidien à condition de rester en écoute intérieure, risquer l'aventure d'un engagement dans un échange vivant avec soi-même et les autres.

La joie de vivre

Vivre l'expérience qu'avec chaque inspiration nous sommes connectés au rythme de l'univers est une création sans cesse renouvelée.

C'est aussi simple que cela : être présent à soi-même et ouvert au monde, honorer notre unité corps-esprit, qui nous concerne profondément. Avoir le courage de réaliser la mission de l'âme, oser se tourner vers soi-même, ne pas oublier de reposer dans son centre, rester son propre témoin en toute circonstance, le tout en s'acceptant avec amour et indulgence.

La quête de croissance, de développement, ne s'arrête jamais. Ce processus permanent est dirigé vers l'amour, présent dans toutes les dimensions de notre être-là. Nous sommes des voyageurs sur le chemin de notre vie, nous marchons vers l'unité et assistons au mystère de sa transformation.

Souvent, nous sommes trop occupés à déguster le quotidien, nous sommes tendus, pressés par le temps et continuons à courir, faute de savoir mieux. Soyons actifs et en même temps présents au monde. Nous pouvons vivre chaque instant avec conscience et intention. Si nous développons cette présence, alors la beauté contenue dans chacun de ces moments va se révéler à nous.

Mais ceci ne va pas sans un renouvellement fréquent, quotidien, de notre lien universel avec le tissu créatif de la vie. Entrez dans le désir de vivre par l'expérience concrète. N'attendez pas avant de commencer. C'est de maintenant qu'il s'agit, et c'est ici que ça se passe.

Faites confiance à la beauté qui vous entoure, la vie n'est lourde et pénible que si on oublie le lien avec sa joie intérieure. Même dans les moments très douloureux qui viennent déchirer le tissu vital, il est possible et surtout utile de faire l'expérience que l'on peut reposer dans son centre, fort et paisible.

Les circonstances extérieures de notre vie ne viennent pas nous demander permission, nous n'avons guère le choix que de les affronter. Chaque fois que nous regardons l'obscurité en face, n'oublions pas qu'elle fait partie du tout, tout en sachant qu'elle n'est pas tout. Au-delà du bien et du mal, il y a la paix, véritable sentiment de profondeur intérieure que nous rencontrons dès lors que nous acceptons de lâcher prise, de vivre ce qui est, sans condition, sans jugement, sans attente. Être présent avec conscience, réaliser la véritable importance de ce que nous vivons, plonger dans l'authenticité que nous portons tous en nous.

Chaque fois que vous avez le sentiment de ne pas avoir le choix, de vous retrouver écrasé par les difficultés et par votre ombre, vous êtes en plein dans le scénario « drame ». Criez « stop ! » et arrêtez-vous. C'est un mauvais coup que vous êtes en train de vous infliger. Vous essayez d'éviter de prendre votre responsabilité et vous court-circuitez votre être intérieur qui vous habite en toute circonstance. Allez à sa rencontre et demandez-vous ce que vous voulez vraiment. Redéfinissez vos priorités, examinez-les avec conscience et surtout rencontrez sincèrement votre potentiel dans toute sa profondeur. Ne permettez plus à votre saboteur de continuer son travail.

Votre vie est votre enfant, aidez-la à grandir, à s'épanouir, ne l'abandonnez pas, aussi difficile que cela puisse vous paraître. Restez dans toute circonstance et à chaque instant à l'écoute de vous-même et demandez de l'aide afin de savoir répondre à la difficulté et à la douleur, mais ne vous abandonnez pas.

Votre vie est votre jardin. C'est vous qui décidez de ce qui va y pousser, c'est vous qui savez que si vous attendez trop, les mauvaises herbes vont proliférer. Soignez votre jardin intérieur et restez vigilants face aux mauvaises herbes prêtes à s'installer.

Si vous avez développé assez d'estime pour vous-mêmes, si vous connaissez votre valeur intime, alors vous êtes prêts à vivre sans frontières, donnant et recevant.

Vivez avec amour l'abondance de chaque instant, saisissez chaque chance que vous rencontrez et considérez-la dans la lumière qui est la sienne. La joie intérieure est celle qui nous fait accepter nous-mêmes et les autres avec amour. Votre vie est une fête, honorez-la.

Le chemin qui vous mène vers votre centre intérieur, votre espace créatif, s'est montré à vous. Apprenez de même à vous rendre compte lorsque vous vous trompez. Reconnaissez lorsque vous faites des choses destructrices, qui vous rendent triste et malade. Ne vous trahissez pas.

Soyez vous-mêmes. Votre vie intérieure résonnera avec votre vie extérieure. Laissez s'installer sa respiration ample qui embrasse tout ce qui est.

Le travail est là, commençons tout de suite, mais sans nous fatiguer. Laissons la joie naturelle nous habiter. La vie est un grand jeu merveilleux. Amusez-vous !

Si, par contre, vous ne vous amusez pas, mais pas du tout, si vous trouvez que tout cela est quand même bien trop sérieux, n'oubliez pas de questionner votre témoin. Qu'en pense-t-il ? Ce n'est pas parce que tout vous est difficile que vous êtes dans le vrai.

Si vous avez perdu la joie, si vous ne la percevez plus, faites une pause et demandez-vous où elle est passée. Respirez, regardez, ressentez et soyez là !

N'oubliez pas que nous sommes des êtres spirituels, que la lumière est amour, que la vie est amour et que la joie est amour.

Retrouvons-les !

Épilogue

L'audace de vivre

Notre durée de vie est limitée à quelques dizaines d'années et notre passage sur terre porte le sceau du grand mystère de la mort, qui suit inéluctablement celui de la naissance. La béance de cet instant inconnu nous préoccupe et, trop souvent, la peur de la mort finit par l'emporter sur l'amour de la vie.

Chaque jour nous sommes en contact avec les rythmes universels cosmiques. Ceux-ci nous enseignent que le principe de vie est énergie en mouvement. Nous investissons notre force vitale dans ce qui semble satisfaire notre quête de sens, à travers l'élaboration de buts, de valeurs et d'une manière de vivre compétente et efficace.

La vie est un processus de maturation. « Deviens ce que tu es » : formule de Nietzsche qui résume au mieux cette évolution. Cette trame de vie est présente à chaque instant et nous aide à relativiser les événements plus ou moins difficiles qui guettent sur le chemin.

L'art de vivre est avant tout un travail sur soi, qui nous offre une meilleure connaissance de nous-mêmes, ainsi qu'un engagement conscient dans ce qui nous est précieux, ce qui donne un sens à notre existence. Accepter de vivre ce qui est maintenant.

Pouvoir dire oui à sa vie, la confirmer dans son essence profonde, voilà la base du bonheur de vivre.

Moins nous nous accrochons, moins nous avons besoin de lâcher. Suivons le rythme en mouvement, ne nous identifions pas avec notre partie immobile, figée sur une situation ou des mécanismes de défense qui viennent alimenter notre peur. Choisissons plutôt de rester sur la vague toujours présente qui nous porte, en gardant la tête hors de l'eau. Faisons confiance à notre capacité de développement, ainsi qu'au rythme de la vie, et faisons l'expérience que nous sommes effectivement portés. La vie est un avec nous, sa grande pulsation est bien présente à chaque instant, sa sagesse intelligente est en nous et autour de nous. Écoutons notre voix intérieure et permettons-lui de s'exprimer.

Notre présence au monde est le miroir de l'unité, traduite par nos multiples dimensions physique, psychique, mentale et spirituelle. Le travail de notre vie est de les prendre toutes en compte, de veiller à leur épanouissement, à leur développement, et enfin d'assurer leur intégration, qui les réunit et nous guide sur le chemin de la complétude.

Le corps et l'esprit-âme : chaque aspect est important, aucun ne doit être oublié ou négligé. C'est notre conscience au quotidien qui modèle l'ensemble en fonction de nos priorités, de nos valeurs, de notre quête de sens. C'est un acte de balancement, de recherche d'équilibre, dont nous sommes responsables, que personne d'autre ne peut faire à notre place.

Soyons responsables, trouvons nos réponses, en travaillant notre potentiel de conscience, apprécions-le à sa juste valeur, prenons soin de lui et engageons-nous à poursuivre notre propre quête du bonheur.

Les limitations et les contraintes que nous rencontrons, nous nous les imposons souvent à nous-mêmes, par peur ou par crainte du changement. Il est plus facile de continuer ce que l'on connaît, même si cela ne nous convient plus, que de décider de garder notre place dans la grande aventure de la vie. Soyons authentiques et sincères avec nous-mêmes. Vivons l'amour que nous méritons, pour le voir s'installer dans notre quotidien.

Chaque épreuve qui nous attend fait partie du parcours. Accueillons-la et restons présents dans le mouvement de la vie. Nous pouvons choisir de la traverser soit comme une leçon à apprendre, un défi qui nous fait avancer, soit rester du côté de la paralysie, du blocage. Toute situation nous apprend quelque chose sur nous-mêmes, à nous d'entendre le message et d'agir en conséquence.

La vie est simple : si nous l'écoutons avec notre cœur, elle nous révèle sa saveur, sa simplicité. Savoir vivre au moment présent permet de cultiver en conscience ce que nous ressentons à chaque instant. Le bonheur n'est possible qu'au présent. La vie est une affaire de chaque minute. C'est ici et maintenant que la vague nous invite à la suivre. Elle nous propose de nous porter. Faisons-lui confiance.

Cette joie de vivre est notre essence intime. Alors soyons complexes, mais non compliqués. Acceptons de dire oui à la vie, acceptons de renouveler tous les jours cet engagement, essayons de libérer nos têtes de nos préoccupations, de nos pensées qui tournent en rond et font aussi tourner en rond notre vie. Retrouvons son rythme de base, son mouvement perpétuel et suivons-le à chaque instant. C'est lui qui nous montre le chemin de la profondeur.

Bibliographie

BARASCH, Marc, Ian, *The Healing path*, New York, Penguin Arkana, 1993

CORNEAU, Guy, *La Guérison du cœur*, Paris, Robert Laffont, 2000

CROMBEZ, Jean-Charles, *La Personne en écho, cheminements dans la complexité*, Québec, MNH, 1998

EGLI, René, *Le Principe LOLA, la perfection du monde*, Oetwil, CH, Editions d'OLT, 1995

HOROWITZ, Élisabeth, *Se libérer du destin familial*, Paris, Dervy, 2000

JANSSEN, Thierry, *Le Travail d'une vie*, Paris, Robert Laffont, 2001

KORNFIELD, Jack, *Périls et promesses de la vie spirituelle*, Paris, La Table ronde, 1998

ID., *Après l'extase, la lessive*, Paris, La Table ronde, 2001

LAUTERBACH, Ute, *Spielverderber des Glücks*, Munich, Kösel, 2001

MYSS, Caroline, *Why People Don't Heal and How They Can*, New York, Three Rivers Press, 1997

PESESCHKIAN, Nossrat, BOESSMANN, Udo, *Angst und Depression im Alltag*, Francfort, Fischer, 1998

RAY, Paul, ANDERSON, Sherry, *L'Émergence des créatifs culturels*, Barret-le-Bas, Yves Michel, 2001

REDFIELD, James, ADRIENNE Carol, *Les Leçons de vie de la prophétie des Andes*, Paris, Robert Laffont, 1996

REUTER, Liliane, *Votre esprit est votre meilleur médecin, préserver votre santé, favoriser l'autoguérison*, Paris, Robert Laffont, 1999

ROTH, Gabrielle, *Sweat your Prayers*, New York, Tarcher/Putnam, 1997

SCHNEIDER, Michel, *Big Mother, la psychopathologie du politique*, Paris, Odile Jacob, 2002

SOUZENELLE, Annick de, *La Parole au cœur du corps*, Paris, Albin Michel, 1993

ID., *Le Symbolisme du corps humain*, Paris, Albin Michel, 1991

WILBER, Ken, *One Taste, the Journals of Ken Wilber*, Boston, Shambhala, 1999

ZOIS, Chris, FOGARTY, Patricia, *Think Like a Shrink*, New York, Warner Books, 1992

Mes remerciements vont à :

Tous les enfants, hommes, femmes que j'ai eu le privilège d'accompagner et qui m'ont aidée à mieux me connaître moi-même.

Abel Gerschenfeld, mon éditeur, pour sa confiance, son amitié et sa patience dans la relecture du texte.

Tous ceux que j'aime et avec qui je partage le vivant à chaque instant, qu'ils soient proches ou loin.

Table

Impression réalisée sur CAMERON par

BUSSIÈRE CAMEDAN IMPRIMERIES

GROUPE CPI

à Saint-Amand-Montrond (Cher)
pour le compte des Éditions Robert Laffont
en mai 2003

Composition : Graphic-Hainaut

N° d'édition : 43782/01. — N° d'impression : 032522/4.
Dépôt légal : juin 2003.

Imprimé en France